U0576639

清代外務部
中外關係檔案史料叢編
——中美關係卷

·中國第一歷史檔案館 北京大學 澳大利亞拉籌伯大學 編·

第五册 · 留學辦校

中華書局

第五册编委会名单

主　　任　郝　平　胡旺林　John Rosenberg
副 主 任　李巖松　吴　紅　胡忠良　徐　凱　裴麗昆
委　　員　劉毓興　王郅文　劉赫芳　張静雯

編輯部

主　　編　郝　平　胡旺林　John Rosenberg
执行主編　胡忠良　徐　凱　裴麗昆
副 主 編　劉毓興　王郅文
編　　輯　王郅文　劉赫芳
數字編輯　李　静　葉　斌
參加工作人員　齊銀卿　李　麗　蔡　譽　張静雯　張瑋恩

目録

一　浙江巡撫任道熔爲候選通判方和自備資斧美國游學給發護照諮文事致外務部諮呈 …… 一

「光緒二十七年十二月二十二日」（1902.01.31）

二　軍機處交出原湘撫俞廉三請派員隨帶學生出洋考求礦物抄摺及所奉硃批 …… 三

「光緒二十七年十二月二十四日」（1902.02.02）

三　兩廣總督陶模爲核准驗填文童黄祐赴美讀書護照事致外務部諮呈 …… 六

「光緒二十八年正月初六日」（1902.02.13）

四　管學大臣張百熙爲辭退西教習并發給修金川資銀兩又西教習秀耀春因亂被戕亦籌恤銀轉付事致外務部諮呈 …… 八

「光緒二十八年正月初九日」（1902.02.16）

附件一：致華俄銀行函 …… 一一

附件二：致丁總教習函 …… 一三

五　管學大臣張百熙爲大學堂教習秀耀春恤款三千兩請移交美公使轉該家屬收領希查辦事致外務部諮呈 …… 一四

「光緒二十八年正月三十日」（1902.03.09）

六　山東巡撫周馥爲大學堂美教士赫士因未准通融不拜孔聖辭館現另聘學堂教師抄函備案事致外務部諮呈 …… 一四

「光緒二十八年九月二十六日」（1902.10.27）

附件一：赫士來函稿 …… 一六

附件二：復赫士函稿 …… 一六

附件三：赫士來函稿 …… 一八

七　駐美大臣伍廷芳爲請獎出洋學生照章開造履歷册事致外務部諮呈 …… 二一

「光緒二十八年十月十九日」（1902.11.18）

附件：請獎出洋學生履歷清册 …… 二三

四〇 留美學生司徒源成等爲自備學費告盡請撥入官費事致外務部稟文……一三〇
「光緒三十一年正月二十三日」（1905.02.26）
四一 外務部爲留美自費學生司徒源成等稟請撥入官費請諮商粤督撫酌辦事致駐美大臣梁誠諮稿……一三二
「光緒三十一年正月二十八日」（1905.03.03）
四二 留美學生歐陽月等爲學費無出請改官費學生事致外務部呈文……一三三
「光緒三十一年正月二十九日」（1905.03.04）
四三 駐美大臣梁誠爲粤省學生温應星等已准入美國陸軍學校事致外務部諮呈……一三五
「光緒三十一年二月十二日」（1905.03.17）
四四 駐美大臣梁誠爲派遣學生入外國軍校請由部轉飭駐外大臣查照辦理事致外務部丞參信函……一三七
「光緒三十一年二月十五日」（1905.03.20）
四五 美國駐華公使康格爲本館司事王景春有志在美讀書請轉駐美大臣附入留美學生之列事致外務部丞參信函……一四一
「光緒三十一年二月二十九日」（1905.04.03）
附件：住美地名字條……一四三
四六 留美學生嵇芩孫等爲在美留學費用繁重懇請加給學費事致外務部稟文……一四四
「光緒三十一年四月二十日」（1905.05.23）
四七 駐比大臣楊兆鋆爲瀝陳定學費一節爲學界詬病情形再任期將滿請賜簡放事致外務部慶王爺等信函……一四七
「光緒三十一年五月二十七日」（1905.06.29）
四八 美駐華參贊衛理爲前請留學美國之王景春并未列入留學生册内請轉致准其入册事致外務部丞參信函……一五一
「光緒三十一年六月初四日」（1905.07.06）
四九 美駐華參贊衛理爲王景春歸入使署班抑或學堂班請作速聲明以領經費事致外務部丞參信函……一五三
「光緒三十一年六月初六日」（1905.07.08）
五〇 總理學務處爲進士館學員陳煥章奉派赴美游學請查照給發護照事致外務部諮文……一五五
「光緒三十一年八月十一日」（1905.09.09）
五一 總理學務處爲浙江瑞安增生項驤自費赴美游學請查照給發護照事致外務部諮呈……一五七

「光緒三十四年八月二十七日」（1908.09.22）
附件一：劉慶雲履歷單及相片……三〇九
附件二：劉師震履歷單及相片……三一〇
一〇四　美國駐華公使柔克義爲湖北學生劉慶雲等再赴美國護照已簽字蓋印送還請交該員事致外務部信函……三一二
「光緒三十四年九月初二日」（1908.09.26）
附件：英文信函……三一三
一〇五　浙江巡撫增韞爲前派赴美留學包光鏞等六名改派赴英留學事致外務部諮呈……三一四
「光緒三十四年十月十二日」（1908.11.05）
一〇六　浙江巡撫增韞爲紹興余姚縣蔣夢麟自費赴美學習農科請查照事致外務部諮呈……三一九
「光緒三十四年十一月十四日」（1908.12.07）
一〇七　江蘇巡撫陳啓泰爲考送學生朱文鑫等二名赴美留學事致外務部諮呈……三二三
「光緒三十四年十一月二十八日」（1908.12.21）
一〇八　湖廣總督陳夔龍爲英教習馬振東等二人和美教工施布仁游歷護照由江漢關蓋印事致外務部諮呈……三二八
「光緒三十四年十二月二十五日」（1909.01.16）
一〇九　學部呈官費游學美英法德俄日比人員名册……三三〇
「光緒三十四年」（1908）
一一〇　美國駐華公使柔克義爲福建省辦理選舉事宜歧視美國學堂學生請轉飭照奏定章程辦理事致外務部照會……三三八
「宣統元年三月二十三日」（1909.05.12）
附件一：英文照會……三四〇
附件二：英文洋務局函件……三四四
附件三：抄函……三四八
一一一　軍機處抄録駐意大臣錢恂奏美國人投資設學一片及所奉硃批致外務部……三五〇
「宣統元年四月初三日」（1909.05.21）
一一二　外務部爲中國赴美留學事宜已派參議周自齊經理事致美公使柔克義照會稿……三五一

附件二：中文信函……六〇四
一九四　外務部爲華僑於海外興學困難在游美經費項下撥給一萬兩以資協助事致學部諮稿致游美學務處札稿……六〇六
「宣統三年二月初十日」（1911.03.10）
一九五　外務部爲選派學生二人赴美留學陸軍已准西六月十四日入學事致軍諮處諮稿……六〇八
「宣統三年二月十八日」（1911.03.18）
一九六　游美學務處爲呈報第二格學生姓名籍貫清册事致外務部呈文……六一〇
「宣統三年三月初九日」（1911.04.07）
附件一：各省諮送第二格學生姓名籍貫清册……六一二
附件二：在京考取第二格學生姓名籍貫清册……六二二
附件三：外務部庶務司信函……六三〇
一九七　游美學務處爲呈報第一次考取學生姓名籍貫事致外務部呈文……六三一
「宣統三年三月初十日」（1911.04.08）
附件：第一次考取學生姓名籍貫清册……六三三
一九八　江西巡撫馮汝騤爲留英學生黄炘祖稟請派往美國可否之處請核復事致外務部諮文……六三五
「宣統三年三月二十六日」（1911.04.24）
附件：抄稟……六四〇
一九九　外務部考工司爲遣派學生赴美肄業一節兹將美外部及議院決議各件請查照辦理事致軍諮處諮稿……六四五
「宣統三年四月初六日」（1911.05.04）
二〇〇　税務大臣「那桐」爲擬派税務學堂學生二名出洋肄業請轉游美學務處并見復事致外務部諮呈……六四七
「宣統三年四月初八日」（1911.05.06）
二〇一　軍諮大臣載濤等爲收到美國議院議准中國陸軍學生肄業印本等件請查照事致外務部諮文……六四九
「宣統三年四月十七日」（1911.05.15）
二〇二　游美學務處爲查核留英學生黄炘祖稟請列入赴美學額與定章未符礙難派送赴美事致外務部呈文……六五〇
「宣統三年五月初四日」（1911.05.31）

附件三：英文考題……六七八
二一二　直隸總督陳夔龍爲北洋大學堂畢業生朱焜等請以官費赴美留學事致外務部諮呈……六九七
「宣統三年六月十七日」（1911.07.12）
二一三　外務部爲陳善同奏請慎選高等實業優等生赴美就學一摺録旨抄奏事致游美學務處札稿……七〇〇
「宣統三年六月十八日」（1911.07.13）
二一四　農工商部爲陳善同奏請慎選實業優等生赴美就學片應由貴部主編會同學部及本部辦理事致外務部諮呈……七〇二
「宣統三年六月二十二日」（1911.07.17）
二一五　游美學務處爲第三次游美學生定期放洋請照會美使并美外部轉飭税關知照事致外務部呈文……七〇三
「宣統三年六月二十三日」（1911.07.18）
二一六　外務部爲第三次游美學生定于閏六月十三日由滬放洋希轉達政府事致美署使信函稿……七〇四
「宣統三年六月二十五日」（1911.07.20）
二一七　游美學務處爲直督請將北洋大學堂畢業生朱焜等并入派美學額之處礙難照辦事致外務部呈文……七〇六
「宣統三年閏六月初五日」（1911.07.30）
二一八　游美學務處爲派英文教員鐘文鰲等護送游美學生赴美事致外務部呈文……七〇八
「宣統三年閏六月十二日」（1911.08.06）
二一九　游美學務處爲考試添招清華學堂學生情形及開列取定學生姓名清册事致外務部呈文……七〇九
「宣統三年七月初五日」（1911.08.28）
附件一：英文考題……七一三
附件二：中文考題……七二一
附件三：數學考題……七二四
附件四：考取清華學堂學生姓名籍貫清册……七二七
二二〇　學部爲暨南學堂六名學生來京投考游美學生或清華學堂應一律收取事致外務部諮文……七三一
「宣統三年七月初八日」（1911.08.31）
二二一　外務部爲送留美學生蔡晉庸應考事致學部諮稿……七三二

一

咨呈事據秀水縣知縣方家澍稟稱卑職長子候
選通判方和現年二十歲係福建侯官縣人向在
天津水師學堂學習語言文字並普通各學上年
因京津亂作輟學回籍温習漢文舊業因其性質
尚不甚劣欲遣出洋現願自措資斧遣令赴美國
遊學稟請給咨前往並札上海道給發護照等情
到本部院據此除繕給
出使美國大臣咨文給領起程外相應咨呈為此
咨呈

貴部謹請査照轉咨施行須至咨呈者

右　咨　呈

外　務　部

光緒貳[illegible]年拾貳月十二日

預用空白

二

欽命頭品頂戴留任湖南巡撫臣俞廉三跪

奏為派員隨帶學生出洋考求礦務恭摺仰祈

聖鑒事竊臣伏讀光緒二十七年八月初五日

上諭前據江南湖北四川等省選派學生出洋遊學

用意甚善著各省督撫一律仿照辦理務擇心術

端正文理明通之士前往學習一切專門藝學認

真肄業其附學經費著各省妥籌發給准其

作正開銷等因欽此仰見我

皇上作育人才振興實學之至意跪誦之下欽

佩莫名查湖南講求洋務後於他省適值風

氣之初開復際時艱之孔棘財竭匱竭公私交困

礦產一項本湖境自然之利人人皆思整頓若於未

得良法湖北光緒二十二年創辦以來各屬礦
産或因石堅水湧或因本錢利微收效未能
咸宜成效遂難大著亦嘗購備機器冀收便
捷之功卒以未諳運用擱置山洞殊為可惜又
反覆思維求所以倡導之術非派幹練人員隨
帶學生游歷外洋博訪周諮殫求精蘊斷
難獲有用之人才收利益於無既前又月間已派
學生吳煥彝張孝準二名赴日本成城學堂
肄業茲復由辦理礦務洋務各局司道詳加
遴選查有委員候補同知黃忠績堪以派令出洋
游歷並應帶學生三名隨同前往擬令先至日本
再赴美洲之舊金山澳洲之新金山等處隨地參

稽查務求實效。或將所帶學生選入學堂，學有

俟肄習有成，飭取憑單回湘，以資器使。至此次

游歷經費，自應遵

旨籌給。第為時之久暫難以劃期，即需用之多寡

不能懸定。現經先行籌給銀四千兩，仍飭撙節

支用，核實造冊報銷，上以廣

朝廷甄陶之量，下以備湘省指臂之需。以區

區微意，實在於此。除分咨查照外，謹恭摺具陳，伏乞

皇太后

皇上聖鑒。謹

奏。

光緒二十九年十一月二十四日奏

十二月初十日

硃批：外務部知道。欽此。

三

[illegible]咨

咨呈事案照承准

總理衙門咨行出使美日秘國楊大臣與美國使署律師科士達詳酌擬定華人赴美漢洋文護照程式咨粵照辦嗣後華人往美一體仿照所擬程式飭由粵海關發給等因茲有文童黃祐請照前往

美國金山埃市丞利埠讀書稟由粵海關驗填護照並無騙拐頂冒情弊且有殷實鋪保具結存案核與章程相符准粵海關咨請核咨前來應准給照前往除咨復飭遵並照章咨行

出使美日秘國大臣駐美金山總領事查照辦理
外相應咨呈爲此合咨
貴部謹請察照備案施行須至咨呈者
右　咨　呈
外　務　部

欽派大學堂管學大臣張，為咨覆事。前准

貴部咨稱，據大學堂西總教習丁韙良等呈稱，穴功教習等前

曾稟請補發修金，今該學堂既

派有大臣管理，請轉行該大臣按照合同如數補發等因。查大學所延各洋教習均經訂有合同，上年因亂停課，本非意料所及，該教習等事後並未遠離，所請補發修金之處，應由貴大臣查明自上年未經請領之月起至本年十二月止，照數給發，以示體恤。咨行到學。查大學堂文卷大半殘燬，所有一切賬目無從查悉，當函向華俄銀行詢問明晰

據云各洋教習修金領至二十六年九月為止是各洋教習修金應從二十六年十月起扣至二十七年十二月共十五箇月當函致該銀行照數補發惟現在大學堂開辦需時各洋教習閑住一月即需一月修金大學堂經費無多不能不設法撙節是以將各西教習不論去留目前概辭退按照合同於辭退之日另行給三月修金並川資一百兩一併知照該銀行發給一面仍函致大學堂前西總教習丁韙良知會各西教習即以函到之日作為辭退並告以補發十五箇月修金另給三月修金川資百兩已知照銀行照付又西教習秀耀春前年因亂被戕亦

格外籌出存卹銀三千兩交美國欽差康大臣轉付該教習家屬，以示體恤等情。相應抄錄致華俄銀行並致前兩總教習丁韙良原函，咨行

貴部查照可也。須至咨者。附抄件

右　咨　呈

外　務　部

附件一

致華俄銀行函

啟者昨日接到

貴行來函並摘錄丁總教習一函及大學堂各教習

領款帳目一單 諸費

清神容當面謝此事究因去年匪亂致使各教習受

屈數月之久本大臣惻然於心已稟商

慶親王無論大學堂經費如何支絀亦宜籌提補

放各教習束修至本年十二月底為止再按合同致

送三箇月修金並川資壹百兩即希

查明按數發交丁總教習轉為分放為盼查秀

耀春教習因亂被戕尤為可憫擬由本學堂致

送銀叁千兩交駐京美使康大臣轉付該教習家屬

以示存卹專泐順頌

日祉 名另具 十二月二十九日

附件二

致丁總教習韙良函

啟者大學堂因去年匪亂以致停課今本大臣奉
命接管一切事宜非一時所能就緒故已秉商
慶親王將原聘各總分教習辭散以節經費昨准
外務部咨開所有大學堂各教習束脩應由本大
臣補放至本年十二月底止照數給發以示體恤等因
查去年因亂停課本非意料所及雖經
貴總教習於上年向華俄銀行領足各教習束脩
並另領原訂合同所載另致送之三箇月一款亦有領
川資者本可作為當時截止祇以
諸位教習因亂受屈本大臣惻然於心現於經費支
絀之時極力籌畫於例外備送至本年十二月底為止即以
此作為辭謝各教習之期並照合同另送三箇薪俸又

川資壹百兩已函致華俄銀行照數付交
貴總教習並分致
諸位教習收領即煩
查照辦理並即日通知諸位教習為荷再者秀耀春
教習去年因亂被戕本學堂亦格外籌出存卹銀叁千
兩交　美國欽差康大臣轉付該教習家屬以示體恤
並以奉聞惟
貴總教習蒞華多年學問優長著述宏富久為
中外欽仰一時賢士大夫出於門下者項背相望尤徵
教育之宏本大臣接管學堂獨以經費艱難未能
勉留
文從實屬五中抱歉想
貴總教習必能曲諒及之專泐敬頌
日祉　名正肅

五

欽派管理大學堂事務大臣張　為咨行事前大學
堂教習秀耀春因上年京師匪亂被戕身故本
大臣接管學堂查悉前情深為憫惻現經商請
慶親王在於華俄銀行息欵項下酌提京平銀
叁千兩咨請
貴部移交
美國欽使康大臣轉給秀耀春家屬領收以示
體恤希煩
貴部查照辦理並望
咨復備案盼切施行須至咨呈者
右　咨　呈　附呈京二兩平足銀叁千兩票壹紙
外　務　部

光緒貳拾捌年正月三十日

六

咨呈事案查山東大學堂總教習係由升任袁撫院
募聘美國教士赫士承充當訂立合同時曾經載明
不准將他項教務牽涉在內並於奏定學堂章程第
二章第一第三等條內載明凡遇謁
聖日期均由中學教習率同學生齊班行禮又經學堂
總辦等稟定規條凡有堂內學生遇謁
聖日期三次託故不到堂行禮者即行扣除名額各等
因歷經遵照辦理旋於本年春間因學生張奎文三
聖行禮有違定章當經學堂總辦照章開除總教習赫
士不以為然屢次商請設法通融均未照允赫士遂
以有意逼迫阻擋不准教民入學堂等詞慫恿諸美國
駐京康使由康使函達
大部承准

大部函查到東當由前任張撫院詳晰查明據實函
復各在案本部院到東以後赫士又申前請並詢有
無通融辦法本部院告以祀拜
孔聖係屬中國至重典禮
功令所布奉行已久本部院無可通融旋於八月二十
一日赫士來函辭館並謂帶來分教習等俱願離差
且約以年底為期以為學堂易延教習地步本部院
當即復函慰留赫士未肯照允自應聽其年底辭退
現在本部院督同學堂總辦道員陳恩燾商議以後
總教習一差應選華人精西學而有品望者充當如
不得其人暫以總辦兼攝現在已函託駐美大臣伍
京堂訪雇美國大學堂教師四人來東充當分教習
不用教士惟恐赫士辭館之日又以不准教民入學
堂等詞慫慂諸康使致煩辯論特將本部院現與赫士
來往信函一併抄稿咨呈

大部謹請查照備案施行須至咨呈者
計抄呈赫士來[illegible]稿二件　復赫士函稿一件
右咨呈
外務部
光緒
日

附件一

赫總教習來函

敬稟者竊以大人既未能允准通融謁拜孔聖章程士應稟請大人另聘総教習分教習及醫生接差因該分教習及醫生均係為士延訂始肯来就是差也士亦不欲使陳総辦為難致有措手不及之處如大人要士等現時仍在堂幫同陳道辦事至年終離差士等自當遵諭而行 赫士稟 八月二十一日

附件二

復赫總教習函

敬復者昨由陳道台交到華翰備悉一切貴總教習學問優長教導有方在堂諸生方將仰賴裁成何至遽然請退披閱之下歉仄難安至謂本部院未肯通融禮節一事查敬拜孔聖乃中國數千年來至重典禮國家功令所在本部院何能另訂通融辦法前總署通行各省准教民一體應試即應准其服官治民若學堂不拜

孔聖則自棄於聖教之外除非仿照中國釋道二教不取
仕進則可本部院於中外載籍間亦略加考究中國祀典昭垂
不外報謝與景仰二意祭神如在並非誤以木偶為神似
與教堂祭禮大致相彷何至一拜
孔聖即犯教規

貴總教習此來係為官學堂造就人才非教堂設立義學
可比教民子弟係中國百姓既入官學堂自應遵學堂章
程何必強以教規相繩查
外務部昔年開辦同文館時所聘教師亦未聞使教民子
弟廢此禮節今各省設立官學堂胥聽教民一體入學

國家本末歧視而
貴總教習必欲教民不拜
孔聖不但違背學堂章程事體不合且恐嗣後民教畛域
益因而顯分矣側聞
耶穌垂訓有誡傳教人入某國從其國俗之語又有敬其

國君守其國法之訓
貴總教習前受　袁宮保之聘合同內載有總教習遵
守學堂章程暨不牽涉他項教務等語山東學堂章
程早已入奏奉
旨飭令各省仿行京師大學堂章程近日亦刊列報章

貴總教習豈不知之本部院深願
閣下推與人爲善之心宏舍己從人之量仍留
臯比啓迪諸生以副 袁宫保當日聘請之意至合同
三年期滿是否願留鄙人亦不敢相强今欲中道辭
歸毅然截然並蒙許至年底爲期爲學堂另延教
習地步感荷
盛情至周且渥然究非鄙意所安尚祈 俯採愚瞽之言
復加斟酌不勝盼禱之至近日因勘河離省途中作復
稍遲祈 原諒專此佈復順頌
近祉 名另具 八月二十三日

附件三

赫總教習來函
撫憲大人閣下敬禀者日前接奉
憲台覆函備聆種切承
示士等所請通融辦法未能照准應作罷論
並蒙
温諭慰留照舊供差至合同期滿等因奉此
竊思士等所請既未蒙
允准則留差之
命實難遵從惟是堂課未便驟停如欲士等
仍舊供差至年底止士與諸分教習自應

遵從蓋士等非特不敢因此致荒諸生功課即至離差時亦深望堂中諸事無所為難也細讀
憲台覆書間有一二誤會之處請為
大人縷晰陳之一士未嘗强人入教令章程所行實阻教民入堂士所求者不過聽諸生各行其是此凡文明之國莫不皆然士亦未嘗阻人拜
孔子不過以身在官學堂竊謂凡此官學堂不應專以一教繩人令不變通士竊為中國不取也一
憲台以此責生事之人不無誤會原其始非士之過也竊考今昔無論耶穌天主教會中人率以叩拜
孔子為有違耶穌天主教規職是之故敢以不拜為請若各學堂必照
張撫台諭令而行士竊恐禍患之機將不旋踵而至也一誠如
憲台所言耶穌教規有誡其教徒勿擾他國不同教之俗禮然此指俗禮而言固非教

禮可比若謂教禮可以不拘則暹羅西藏之教民亦必拜佛而後可何也以佛為彼之國教也今彼處之教民則不然是教禮從一之道信行已久士等實不能遵從叩拜孔子之禮也一當士受袁宮保聘時現行章程尚未訂定查各省從前所有書院皆係專課中學而於謁拜孔子之禮極其鬆泛士以為新設之大學堂注重西學此禮更自不拘迨讀訂定章程竟以此節另列專條士即爭辯以有告於士者曰此條章程與教民無干士乃已而孰知不然今國家立學堂興西學而以教民来學日多為慮故驟然特列拜謁孔子之專條嚴緊若是直藉此以阻教民之来學耳肅稟祗請

鈞安

總教習赫士謹稟 九月初八日

七

欽差出使美日秘古國大臣伍　爲

咨呈事。竊照本大臣於光緒二十八年十月十九日附奏請奬出洋學生

照章開造履歷清册，隨案咨呈

貴部察核施行。須至咨呈者。

計履歷清册一本

右咨呈

外務部

光緒　　十九　日

附件

附件

出使美日秘古國大臣伍　造

請獎出洋學生履歷清册

十二月二十六日

出使美日秘古國大臣伍　為造送事茲將

清冊謹請

察核施行須至冊者

學生鄭廷襄現年三十九年係廣東廣州府香山縣人[illegible]

前南北洋大臣曾李選派出洋赴美國肄業考[illegible]

臺差遣兩年隨即自備資斧返美考入窩士特藝學書院學習機器電汽等學

四年期滿考取優等於光緒十三年經書院監督給發藝學博士文憑考取之

後即在美國各處練習機器暨督理講求製造之法曾手造電機暨各項機器

並能製造專門機器以及電車等藝所用之器具經美國政府考驗給發專利執

照曾在紐約各公司幫造炸礮以及各項水雷魚雷海底水雷船之法現在充當美

國各廠製造專門機器工程等事須至履歷者

四品銜選用同知學生施肇基現年二十六歲浙[illegible]
在江蘇賑捐請獎案內報捐監生並州同職銜經部核[illegible]
前出使美日秘國大臣楊　奏調出洋派充學生七月到差八月考入華盛頓高等學
堂是年在江甯紳商籌餉捐第十一次請獎案內由州同職銜報捐州同雙月選用
十一月二十四日經部核准給發執照二十二年九月十六日三年期滿蒙
前出使美日秘國大臣楊　奏保免選本班以知州不論雙單月遇缺即選並請
賞加四品銜十一月十六日奉
硃批依議欽此二十三年五月高等學堂四年期滿考取優等於是月二十五日經華盛
頓府尹給發文憑是年八月考入紐約省義的卡埠康乃爾大學堂學習英法德
三國文字經濟學財政學政治學商務學古今史記公法等門歷經考取優等於
二十七年五月初五日大學堂監督給發秀才文憑是年夏季赴哈福大學堂肄業

學習政治學八月復進康乃爾大學堂專門學習歐洲近三百年史記中西交涉及

文犯條約章程二十七年因勸辦順直善後賑捐出力蒙

護理直隸總督袁 奏保免選本班以同知不論雙單月選用於是年十月二十三日奉

旨著照所請欽此二十八年四月考取優等五月十四日大學堂監督給發舉人文憑須至履

歷者

光緒三

十九

日

八

十二月十六日收

呈文外務部伍廷芳片

再光緒二十七年八月初五日欽奉

上諭選派學生出洋遊學著各省督撫一律辦理學成領有憑照回華按其所學分門考驗如實與憑照相符即行出具切實考語咨送外務部覆加考驗據實奏請獎勵其有自備資斧出洋遊學者如果學成得有優等憑照回華准照派出學生一体考驗獎勵均候旨分別賞給舉人進士各項出身以備任使而資鼓舞等因欽此欽遵在案　臣查有同治十三年由南北洋大臣選派出洋學生鄭廷襄曾在美洲高等學堂畢業回華旋自備資斧赴美藝學書院潛心研究復在各大机器廠親歷印證領有藝學博士文憑二十年來益加邃密其製造各項新式机器炸礮及魚雷水雷潛行海底之水雷船等類率皆精良利用西人亦為折服各公司爭相延致委以製造繪圖監督工程等事該生性情淡泊不求聞達流寓美洲自食其力[illegible]

聖恩酌賞出身俾往南北洋廣東等省差遣專委辦
製造机器電汽各件優給薪俸埒於西人不必
限其拘習儀文俾飾边幅徒得屏絶應酬專意
研造必能自出新裁別創新法有裨時局然勝
於求資異地還用楚材又四品銜選用同知施
肇基曾在前使臣楊儒任內充當學生隨員旋
在美国高等学堂大書院自備資斧讀書畢業
拘領有三次優等憑照經臣飭令呈繳考覈实
屬相符該員現已回華應否請
旨飭下外務部覆加考驗賞給出身以示獎勵之處
恭候
聖裁除將該生該員履歷列冊咨呈外務部查核外
理合附片具陳伏乞
聖鑒訓示謹
奏
光緒二十八年十二月十六日奉
硃批外務部議奏欽此

九

為移知事。本年十二月初七日奉

護理撫憲誠 批：

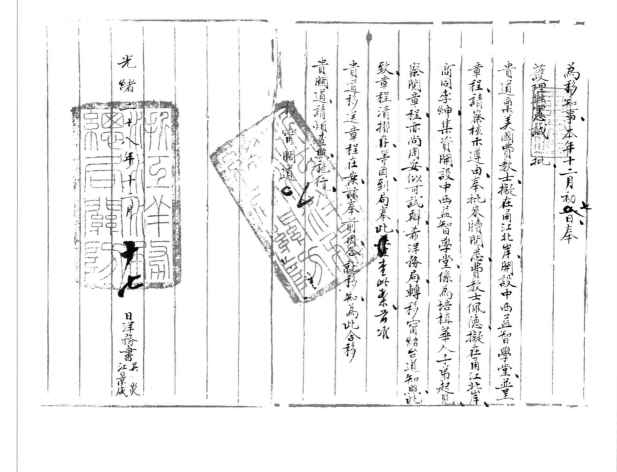

貴道稟美國貴教士擬在甬江北岸開設中西益智學堂，並呈章程，請察核示遵由。奉批：來牘閱悉。貴教士佩德擬在甬江北岸商同李紳集資開設中西益智學堂，係為培植華人子弟起見。察閱章程，亦尚周妥，似可試辦。希洋務局轉移甯紹台道知照。此致。章程清摺存。等因到局。奉此，查此案前准

貴道移送章程在案。兹奉前因，合就移知。為此合移

貴關道，請煩查照施行。

移甯關道

光緒二十八年十二月十七日 洋務書 吳炎 江景成

一〇

欽差出使美日祕國大臣梁　為

咨呈事。光緒二十八年十一月初四日承准
貴部十月二十九日咨開：准
吏部咨取本大臣咨調出洋學生候選郎中繼先等九員履歷，並聲明新章候選郎中繼先暨江蘇試用同知劉仕清等六員應於起程之日扣資停選等因，相應咨行貴大臣查照聲覆，以便轉行吏部等因，併抄錄來文二件。奉此，理合將候選郎中繼先、江蘇試用同知劉仕清等六員先行開具履歷清册一本，請煩轉行
吏部查照停止選補。其無關選補之張琬徵等三員，應俟本大臣到差後連同參隨各員另行

彙造履歷清册咨呈

貴部轉行

吏部察核存案可也須至咨呈者

計咨送履歷清册一本

右　咨　呈

外　務　部

光緒貳拾捌年拾貳月　拾捌　日

一一

欽差出使美日祕國大臣梁　爲

咨呈事。竊照本大臣前次咨調出洋學習之候選郎中繼先等九員，業經咨明有案。查出洋學生爲儲材之急務，使費雖萬分支絀，亦宜格外撙節，遴選穩練之員隨同出洋，以資造就。兹查有工部郎中李福海、分省試用縣丞鄭垣、監生容顯、人監生唐虞年、監生梁慶鑾等五員，堪以隨帶赴美學習。至前咨調之五品銜候選知縣孫汝衡，據稱因親老不能遠離。查有貴部供事分省試用知縣張樹榮，辦事勤能，堪以調充。合就咨呈

貴部查核，並請咨明吏部立案，及分咨各該省各部旗

查照可也須至咨呈者

右咨呈

外務部

光緒貳拾玖年正月貳拾肆日

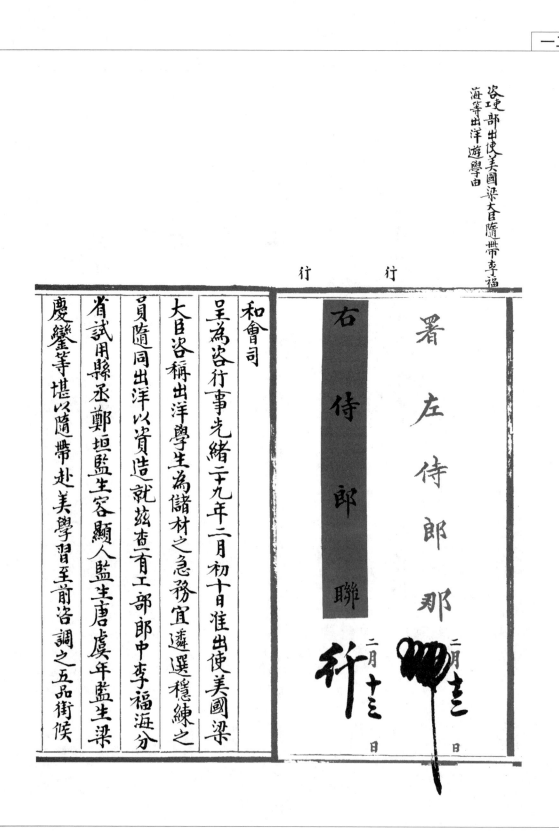

一二

咨吏部出使美國梁大臣隨帶李福海等出洋游學由

行　行

署左侍郎那

右侍郎聯

二月十三日　二月十三日

行

和會司

呈爲咨行事。光緒二十九年二月初十日准出使美國梁大臣咨稱：出洋學生爲儲材之急務，宜遴選穩練之員隨同出洋，以資造就。茲查有工部郎中李福海，分省試用縣丞鄭垣，監生容顯，人監生唐虞年，監生梁慶鑾等堪以隨帶赴美學習。至前咨調之五品銜候

選知縣孫汝衡據稱因親老不能遠離查有貴部供
事分省試用知縣張樹棠辦事勤能堪以調充請轉
咨等因前來相應咨行
貴部查照備案可也須至咨者

吏工部

光緒二十九年十二月 日

附件

知

為咨行事光緒二十九年二月初十日准出使美國梁大臣
咨稱出洋學生為儲材之急務宜遴選穩練之員隨同出
洋以資造就茲查有工部郎中李福海今有試用縣丞鄭
垣監生容覲人監生唐廣年監生梁慶鑾等堪以隨
帶赴美學習至前咨調之五品銜候選知縣孫汝衡據
稱因親老不能遠離查有貴部候事今有試用知縣張
樹棠辦事勤能堪以調充請轉咨等因前來相應咨行
貴部查照備案可也須至咨者

咨吏工部　出使美國梁大臣隨帶李福海等出洋游學由

摘抄李福海一員咨工部

一三

[illegible]部尚書[illegible]都察院右副都御史巡撫湖北[illegible]

咨呈事竊照欽奉光緒二十八年九月初四日

上諭朕欽奉

慈禧端佑康頤昭豫莊誠壽恭欽獻崇熙皇太后懿旨前經降

旨飭令各省調派學生出洋遊學以資造就聞近來遊學日本者尚不乏人泰西各國或以道遠費多咨送甚少亟應廣

開風氣著各省督撫選擇明通端正之學生籌給經費派往

西洋各國講求專門學業務期成就真才以備任使將此通

諭知之欽此欽遵通行在案又於光緒二十八年十一月二

十八日
外務部具奏遵議出使各國大臣議覆呂大臣奏出洋
學生章程一摺奉
硃批依議欽此欽遵並刷印原奏咨行亦在案查原奏辦理

章　　一項如京師大學堂及
各　　者皆是應於各學堂中
擇　　優長器宇純粹年在三
十歲以下者略照同文館奏派學生辦法先期將該生
銜名年籍派學何項專門逐一咨會使館俟該生到洋

面加查考後即派參贊一人爲之監督安置住所尋覓
學堂稟商咨送所有學生經費由原派大臣先期咨送
使館即派該監督妥慎經理年終造册報由出使大臣
覆核出咨學生功課行爲由該監督隨時稽察切實稟
報每年大考一次由使臣親自考校其季考三次即委
該監督代考並面加訓廸勖以忠孝廉節要指曉以綱
常倫紀大經俟專門畢業呈驗文憑報由使臣定期面
試如果相符即將該生人品學問數年中有無過犯出
具切實考語咨覆原送大臣並報明外務部轉咨管學

大臣存案各等因查鄂省前派出洋學生大抵就近派
赴日本茲既恭奉
明詔自應欽遵辦理以期廣開風氣成就真才查有肄業兩
湖文高等學堂學生劉慶雲姚臣愨程毓璘文普通
中學堂學生陶德琨武高等學堂學生朱啟烈徐家
琛張繼業方言學堂學生楊恩湛雷以綸工藝學堂
學生盧靜恒等曾習普通學及美國語言文字堪以
派往美國習專門學即以楊恩湛為領班並派候選

同知施肇基率同前往東[illegible]

費六千五百兩學生學費每年二萬六千[illegible]

員每年薪水四千八百兩雜項每年四千八百兩學

堂保費二萬兩均已交給施丞帶往以憑隨時支用

並飭半年具報並就近呈報出使美國大臣考核除

恭摺具

奏並分別咨行外相應咨呈為此咨呈

貴部謹請察照施行須至咨呈者

計咨呈清單一紙

右　咨　呈

外　務　部

光緒

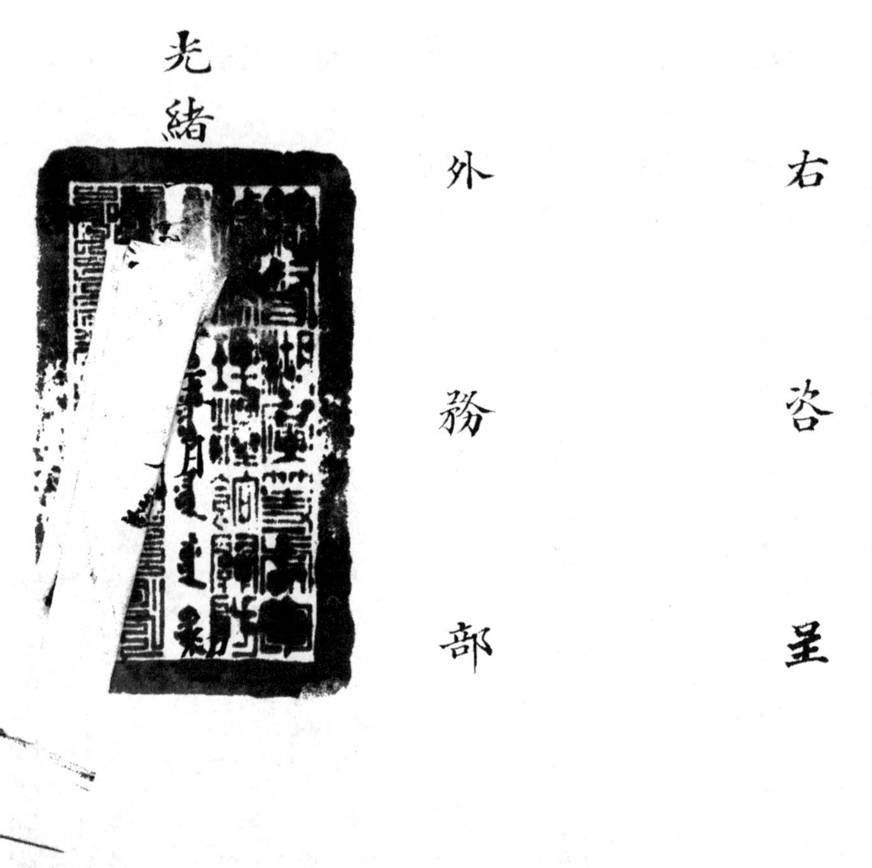

日

附件

計開

劉慶雲年二十三歲湖北沔陽州附生
曾祖耀先　祖本生在莊均　父本生中鏡鐸

姚臣懃年二十四歲湖北漢陽縣監生
曾祖必遂　祖有和　父良楨

程毓璘年二十一歲湖北江夏縣附生
曾祖文湛　祖之楨　父景勳

陶德琨年十九歲湖北襄陽縣廩生
曾祖天爵　祖宏本　父際唐

朱啟烈年二十二歲湖北監利縣附生
曾祖揆任　祖世楨　父象洪

徐家璪年二十一歲湖北穀城縣附生
曾祖占鼇　祖強宗　父佐廷

張繼業年二十歲湖北鄖縣附生
曾祖馨遠　祖肇益　父丕基

楊恩湛年二十五歲江蘇武進縣監生
曾祖燮和　祖福堃　父起瑞

雷以綸年二十三歲湖北蒲圻縣貢生
曾祖炳蔚　祖凌霄　父澤鈞

盧靜恒年二十歲湖北竹谿縣人
曾祖佐　祖際運　父箎

一四

頭品頂戴兵部尚書湖廣總督兼署都察院右副都御史巡撫湖北武昌等處地方提督軍務兼理糧餉 為

咨呈事。竊照湖北省欽奉

懿旨飭令選派學生游學歐美，亟應欽遵辦理。業經本兼署部

堂選派兩湖大學堂學生劉慶雲、姚臣懿、程毓璘、文普

通中學堂學生陶德琨、武高等學堂學生朱啓烈、徐家

璪、張繼業、方言學堂學生楊恩湛、雷以綸、工藝學堂學

生盧靜恒十生，以楊恩湛為領班，同赴美國游學在案。

查該生等遠涉重洋，必須〔……〕亦

易考查。查有候選同知〔……〕熟，

悉堪以派委。該員為管理，該員務要慎重，將事約束學

生應需川資保貴脩金薪水等項由北洋道支給銀五萬四千一百兩以利遄
行除札委并分行外相應咨呈
貴部謹請查照施行須至咨呈者

右　　咨　　呈

外　　務　　部

光緒二十九年八月初七日

一五

[illegible]

咨呈事竊照本兼署部堂於光緒二十九年二月二十二

日會同南洋大臣署兩江督部堂張 專弁具

奏遵

旨選派學生前赴美德俄三國游學一摺所有奏稿相應

咨呈為此咨呈

貴部謹請察照施行須至咨呈者

計咨呈奏稿一本

右 咨 呈

外 務 部

光緒 九 日

附件

坿旧

奏派學生出洋遊學摺

頭品頂戴兼署湖廣總督湖北巡撫臣端方跪

奏爲遵

旨選派學生前赴美德俄三國遊學恭摺具

奏仰祈

聖鑒事竊臣伏讀光緒二十七年八月初六日

上諭造就人材爲當今急務前據江南湖北四川等省選派學生

出洋遊學用意甚善著各省一律辦理務擇心術端正文理明

通之士前往學習學成領有憑照回華即由該督撫學政分門

考驗咨送外務部覆加考驗奏請獎勵分別賞給進士舉人各

項出身以備任用而資鼓舞等因欽此仰見

一

朝廷培養人材振興實學之至意查同治年間美國所立條約第七條內載中國人欲入美國大小官學學習各等文藝須照相待最優國人民一體優待等語維時前大學士李鴻章與曾國藩會奏選派聰穎子弟赴美肄業又選派遊擊卞長勝等赴德肄習軍械技藝又與船政大臣會奏選派閩廠生徒分赴英德官廠學堂及兵船學習均經奉

旨允行在案近日中國人士怵於日本之自强往往徑赴東洋遊學其不由官派自備資斧者亦復不少人類既衆學術易歧實則日本學制亦皆步武泰西惟其厚視同洲故於學生不無寬待泰西則中國肄業者較少功課亦極認眞臣每接見從前在歐美遊學之人其得有卒業文憑者大半學問精深心術純正頗多可用之材現在中國力行新政所求正在此輩若不廣圖造就勢必習於近便繼往無人臣欽奉

明綸追思前事謹就湖北各學堂學生中選得錦銓楊祖謙李人鐸吳連慶善明賓步程陳籙馬德潤等八人派往德國遊學其陳籙一名並擬令順道至法國考求學問又選得劉慶雲姚臣懿程毓璘陶德琨朱啓烈徐家琛張繼業楊恩湛雷以綸盧靜恒等十人派往美國遊學蕭煥烈夏維松嚴式超劉文彬等四人派往俄國遊學該學生等志趣遠大於各國語言文字及各種西學門徑已有基緒使其盡心講求不難儲

爲大用臣於臨行接見時勗以淬厲忠愛之忱深究國論之要並於其出洋入塾時派令曾在美國肄業學成而歸之候選同知施肇基偕往經理其英法兩國遊學學生俟派定後再行

奏明辦理至學費一層泰西各國本較爲浩大近年鎊價奇貴受虧尤多統計此次出洋學生每年約需銀六七萬兩再三撙節無可裁減明知鄂省用款支絀萬狀此項費用甚屬不貲然爲大局起見不敢惜此鉅款惟有飭司局竭力籌畫以備應付其餘一切事宜悉遵照外務部議覆出使各國大臣籌議出洋學生章程辦理除咨外務部並咨行出使美國德國俄國大臣隨時照料考察約束外所有選派學生出洋遊學緣由謹會同南洋大臣署兩江總督臣張之洞恭摺具

奏伏祈

皇太后

皇上聖鑒謹

奏

光緒二十九年二月　二十二　日

一六

欽差出使美日秘古國大臣梁　為

咨呈事光緒二十九年閏五月二十六日承准

貴部咨開光緒二十九年三月二十六日准出使胡大臣咨稱俄文學生郝樹基范其光張慶桐陳瀚甫經總理衙門奏派出洋肄業均於光緒二十五年十一月初七日到俄送入師範學堂嗣因學有進益復派入鐵路鑛務律例各學堂隨班聽課扣至二十八年十月初七日均已三年期滿查光緒二十一年奏定章程如三年學有成效出使大臣出具考語咨送回京考試應如同文館三年大考之例奏請獎敘又二十五年議准出洋學生應一律限定六年學成考得優等文憑方准咨送回華各等因現該學生等肄習專門之學應俟六年卒業咨送回華惟念該生等原係同文館考列優等學生派洋肄業從師萬里攻苦三年

功課認真考試入格隨時察看見其所造日深亦不染外洋習氣應否援章由部
奏請奬敘以示鼓勵擬請查核辦理等因前來本部查同文館前派出洋學生原
期造就真才可資實用該生等遠適異國攻苦三年果能力求精進自應量加甄敘
以示鼓勵惟自同文館歸併大學堂之後與奏定章程時情形既有區別辦法
亦宜變通查使署隨帶學生三年期滿向由出使大臣照章請奬此項出洋學生
經出使大臣隨時督察凡造詣之淺深人品之高下三年内知之最詳亦與使署
學生無異應由貴大臣認真考驗如已學有成效即行出具切實考語一體奏請
奬敘六年畢業得有優等文憑者續行奏奬一次嗣後或咨送回京聽候録用或
留於使館當差仍由出使大臣分别奏咨辦理庶可勵成材而收實效此係專指
同文館所派學生而言其餘不得援以爲例除咨覆胡大臣外相應咨行貴大臣

查照再自庚子兵燹後同文館案卷全行遺失希將光緒二十一年二十五年兩次
鈔送同文館原奏並咨派學生各文件録寄本部備案可也等因到本大臣承准此
查光緒二十一年二十五年兩次同文館選派學生出洋游學並無派來美國
肄業之人其原奏稿件美署無案可稽惟光緒二十三年同文館學生元章李光
亨二員隨同
前出使大臣伍　來美業經先後奏充繙譯期滿銷差回華應歸另案辦理奉文
前因理合咨覆爲此咨呈
貴部請煩詧核須至咨呈者

右　咨　呈

外務部

光緒二十九年閏五月二十七日

一七

欽命督辦鐵路總公司事務大臣太子少保前工部左堂盛　為咨呈事。照得本大臣

於光緒二十九年八月初九日在江蘇上海縣行館附

奏南洋公學洋總教習福開森訓迪有功，懇

恩賞給二等第三寶星一片，除俟奉到

硃批另再恭録咨行外，合先抄稿咨呈

貴部，謹請查照施行。須至咨呈者。

計粘抄奏

右　咨　呈

外　務　部

光緒　　　日

附件

再南洋公學總教習美國洋員福開森於創辦時督造工程訂定功課深資擘畫

上年臣與前兩江督臣劉坤一派赴泰西考究商學本年湖廣督臣張之洞又派

令繙譯礦務章程該洋員中西學問貫通不僅於南洋公學訓迪有功光緒二十

六年保護東南該洋員隨同臣與升任蘇松太道余聯沅與各國領事晝夜籌畫

頗資臂助先經劉坤一以辦理交涉奏保

賞給三品頂戴在案現值中院學生畢業遞開上院能使商務學生有所取材臣不敢

没其微勞查外務部所頒章程凡總教習出力准給二等第三寶星原爲鄭重教

育起見合無仰懇

天恩准將三品頂戴總教習洋員福開森賞給寶星以示優異而獎勤勞除咨外務部

查照外謹附片具陳伏乞

聖鑒訓示謹

奏

一八

和會司

呈為咨行事准軍機處抄交

貴大臣附奏請將美國洋員南洋公學總教習福開森

賞給

二等第三寶星光緒二十九年八月十九日奉

硃批

著照所請外務部知道欽此相應照製寶星一座並繕執照

一張咨送

貴大臣查收轉交該洋員祇領可也須至咨者

盛大臣

光緒二十九年八月　日

一九

欽命前赴散魯伊斯賽會正監督貝勒銜固山貝子溥　為

咨呈事據光祿寺署正黄中毅呈稱明年

美國散魯伊斯開設博覽大會寓京官紳有

志前往考察商務者曾蒙奏咨在案查該會

分門别類無所不賅其第三門第二十類列有内

外醫學各科凡各國赴會之人有講求此學者

無不前往觀覽以求進步職按中國醫學於

内科一門理路最精實為西人所不及職曾業

此有年今擬自備資斧屆期前往以資考求
惟職係在京供職人員合無仰懇恩准咨明本
署及吏部等衙門免其扣資以便遄行是所
深感等語查該員前往赴會考求醫學自
應准如所請除劄飭遵照美國訂定赴會章
程辦理外相應咨呈
貴部查照可也須至咨呈者

右咨呈

外務部

光緒貳拾玖年拾壹月　日

二〇

兵部侍郎兼都察院右副都御史巡撫湖南等處地方提督軍務兼理糧餉為

詳請事據湖南礦務總局布政使張紹華等詳稱竊照礦務為今日要圖各國均有專門學校以資探討中國尚未深求徒用土法開採往往地利未盡旋即棄之推原其故良以學校未立無由研究精深蘊藏雖富不能取供民用誠為可惜伏查美國礦產最多故求礦學亦最詳備當此財力困竭列強環伺之時使非選派學生前往學其所長歸為振興礦政之用不足以杜覬覦而裨

國計前憲俞　於光緒二十七年十二月　奏派
學生三名先往日本後赴美洲專為攷求礦學
之計奏
旨允准當即啓程東渡迄今已經年餘本年本局派
員前往考察擬即照案派往美洲旋據查得有
應酌量改派者仍得學生三名以之派往美洲
尚為當選查初次派往日本留學之學生梁煥
奎湘潭縣人年二十二歲在成城學校學習中
學普通畢業二次派赴日本留學之學生陳洪
鑄瀏陽縣人年二十二歲在各學校練習英文

英語頗見專長又自費留學日本之學生許崇
周善化縣人年二十二歲係江南格致書院畢
業生於英文算學深有所得以上三名堪以派
往美國留學礦業應請憲台咨明照案派往至
學生學費惟美國需用較繁以其一切飲食衣
服皆極昂貴不能過從儉嗇致損國體查湖北
留美學生歲給學費足銀壹千捌百兩又安家
銀弍百兩湘省籌欵較難擬囑令各學生設法
撙節定為每名每年寄付足銀壹千陸百兩毋庸
更給安家銀兩由滬赴美海程一月有餘船價

旅費整裝。擬各給足銀五百兩將來畢業回國
仍各給銀五百兩每年學費於先一年十一月
作一次寄請
欽差出使美國大臣轉發該學生等到美後必須送
入礦業專門學校畢業期限查照該校定
章由該學生查明稟報入校以前應否補習若
干時日方合程度亦由該學生等自行考察稟
明候核惟不得半途中輟致糜學費而負期望
所有每年學費應即欽遵光緒二十七年八月
初五日

上諭作正開銷本局為作育人才推廣礦務起見擬
請憲台咨明
外務部轉咨
駐京美國公使知照並還咨
欽差出使美國大臣請具照料仍飭滬道發給護照
照會駐滬美總領事查照俾各學生得於明年
正月內啟行實為公便所有選派學生三名前
赴美國留學礦業緣由理合備文詳請察核批
示祇遵等情到本部院據此除分咨外相應咨
呈為此咨呈

貴部謹請查照轉咨
駐京美國公使知照施行須至咨呈者
右　咨　呈
外　務　部
光緒

二十一
日

二一

照復美康使湖南選派學生梁煥彝陳洪鑄許崇周赴美留學礦業請查照由

行　行

左侍郎聯　二月初七日

右侍郎伍　二月初七日

考工司

呈為照會事光緒三十年二月初二日准湖南巡撫咨據湖南
礦務總局布政使張紹華等詳稱查美礦產最多欲求礦學
亦最詳備茲選派學生梁煥彝湘潭縣人年二十二歲陳
洪鑄瀏陽人年二十二歲許崇周善化縣人年二十二歲前往
美國留學礦業擬請咨明外務部照會

駐京美國大臣知照等情到本部院據此除分咨外應咨

請照會

駐京美國大臣知照施行等因前來相應照會

貴大臣查照可也須至照會者

美康使

光緒三十年十一月　日

二二

頭品頂戴兵部侍郎署理湖廣總督部堂湖北巡撫部院端　為

咨呈事竊照欽奉光緒二十八年九月初四日

上諭朕欽奉

慈禧端佑康頤昭豫莊誠壽恭欽獻崇熙皇太后懿旨前經降

旨飭令各省調派學生出洋遊學以資造就聞近來遊學日本者尚不乏人泰西各國或以道遠費多咨送甚少亟應廣開風氣著各省督撫選擇明通端正之學生籌給經費派往西洋各國講求專門學業務期成就真才以備任使將此通

諭知之欽此業經本兼署部堂遴派學生赴西洋各國游學分別咨

行在案茲據江蘇試用縣丞酈祐昌稟情願自備資斧派子監生

酈錦朝前赴美國游學懇請給咨等情前來查該生自備資斧

遠出重洋游學志趣洵堪嘉尚除批示外相應咨呈

貴部謹請察照施行須至咨呈者

計抄單

右咨呈

外務部

附件

計開

監生鄺錦朝年十八歲廣東新甯縣人

曾祖廷瑞 祖其猷 父祐昌

[illegible]爲

咨呈事竊照欽奉光緒二十八年九月初四日

上諭朕欽奉

慈禧端佑康頤昭豫莊誠壽恭欽獻崇熙皇太后懿旨前經降

旨飭令各省調派學生出洋遊學以資造就聞近來遊學日

本者尚不乏人泰西各國或以道遠費多咨送甚少亟應廣

開風氣著各省督撫選擇明通端正之學生籌給經費派往

西洋各國講求專門學業務期成就真才以備任使將此通

諭知之欽此業經本兼署部堂選派學生赴泰西各國游學分別
咨行在案茲復查有師範學堂畢業生石鴻翥文普通中
學堂學生石瑛松長方言學堂學生雷以綸南路高等小學堂學
生郭泰祺等曾習普通學及各
種實業專門之學除恭摺具
奏並分別咨行外相應咨呈
貴部謹請察照施行再方言學堂學生雷以綸上年派赴美國遊學
行至上海因病折回茲特再行派往合併咨明須至咨呈者

右咨呈

外務部

光

日

二四

計開

監生鄺煦堃廣東番禺縣人

曾祖廷瑞　祖其俊　父國華

咨

八月初十日

[illegible]為

咨呈事竊照欽奉光緒二十八年九月初四日

上諭朕欽奉

慈禧端佑康頤昭豫莊誠壽恭欽獻崇熙皇太后懿旨前經降

旨飭令各省調派學生出洋遊學以資造就聞近來遊學日

本者尚不乏人泰西各國或以道遠費多咨送甚少亟應廣

開風氣著各省督撫選擇明通端正之學生籌給經費派往

西洋各國講求專門學業務期成就真才以備任使將此通

諭知之欽此業經本兼署部堂選派學生赴泰西各國遊學分別咨行
在案茲據即選知府鄺國華稟稱願自備資斧帶同該員
之子監生鄺煦堃前往美國學習實業專門之學懇請給咨
前來查該員自備資斧帶子[illegible]重洋遊學應即照准給咨
外相應咨呈
貴部謹請察照施行須至咨呈者
計抄單
右咨呈
呈

外務部

光緒

八

日

二五

大亞美理駕合衆國欽命駐劄中華便宜行事全權大臣康　爲

照復事二月初七日准

貴親王照會以准湖南巡撫咨據湖南礦務總局詳稱兹選派學生梁煥彝陳洪鑄許崇周三人前往美國留學礦業請知照等因查該學生等前往美國應照章持有應得中國平日所發之執照於所出口岸請駐該口美領事官簽字蓋印俾其持至美國海口方得免阻登岸相應照復

貴親王查照轉行可也須至照會者附送洋文

右　照　會

大清欽命全權大臣便宜行事軍機大臣總理外務部事務和碩慶親王

一千九百肆年叁月貳拾伍日

光緒叁拾年貳月初玖日

考工司

呈爲咨行事光緒三十年二月二十日接准

咨稱茲有何育杰等前往英法俄等國又於二月二十

三日接准

咨稱據譯學館監督申稱學生林行規等前往英法

俄德等國肄業請給護照等因查華人出洋本部

向未發過護照除美國務須照章由各海關道衙門請

領護照交該處領事簽字蓋印到時方能登岸外其

餘派赴各國學生無須持有護照即可前往應由

貴學堂將該生等履歷名冊逕咨駐紮該國出使大

臣並將該生等起程日期知照本部以便照會該

國駐京大臣轉達外部並由本部函達出使該國大

臣隨時照料保護相應咨行

貴大臣總監督查照可也須至咨者

大學堂

光緒三十年二月　日

二七

二月初三日

奏　端方

〇

交外務部

二月初三日

頭品頂戴兼署湖廣總督湖北巡撫奴才端方跪

奏為鄂省續選學生派赴德美法比各國學習

實業恭摺仰祈

聖鑒事竊奴才遵

旨選派湖北各學堂學生前往德美俄法比各國

游學均經先後

奏明在案查東西各國實業學校講求實用

政為精深亟應陸續選派学生前往廣圖
造就以期早派一日早收一日得人之效茲復
選得武高等学堂学生恩康王相楚举人
劉宗佺曹宝恕鄒祖元將弁学堂学生占
魁武普通中学堂学生陳康時周大椿
張九維方言学堂学生金海等十名前往
德国游学又選得方言学堂学生雷以倫南
路高等小学堂学生郭泰祺等二名前往
美国游学又選得文普通中学堂学生举人
湯薌銘張書年李鍾蔚耿澤武普通中
学堂学生羅慶麐易鳳俊方言学堂学生
曹宏江張祥麟中路高等学堂監学举人
向国華等十名前往法国游学又選得師範

學堂畢業學生石鴻韶文高等學堂學生
李蕃昌潘宗瑞文普通中學堂學生朱人石
瑛松長秦國鏞王鴻猷方言學堂算學教習
胡鈞學生陳掖禮左德新祝乾達廣森
田英琨陳寬瑋農務學堂學生李作炳劉
方師範學堂附屬高等小學堂學生夏彥南
路高等小學堂學生馮啟鈞劉文彬羅前信
東路高等小學堂學生石龍川中路高等小學
堂學生龔承煌澤等等二十三名前往比國游
學以上各學堂學生共四十五名均曾習普通
學並分習德美法比四國語言文字堪以派習各
種實業專門之學路遠費鉅鄂省財力奇絀
惟冀培植人才自不得不勉爲其難隨附肯

飭司局力籌應付。其方言學堂學生雷以倫一名，上年曾派赴美國游學，行至上海因病折回，茲復派往合衆國所屬路政外務部大學堂，及分咨出使德美法比各國大臣隨時照料考察。除咨外，所有鄂省續遣學生派赴德美法比各國學習實業緣由，理合恭摺具陳，伏乞

皇太后

皇上聖鑒。再湖北按察使係奴才本任，此摺毋庸會銜，合併陳

明。謹

明。謹

奏。

光緒三十年三月初三日奉

硃批：該衙門知道。欽此。

三月初八日 陳學棻

二八

Ministers of Foreign Affairs,

Peking,

China.

寄中國北京 呈

外務部大臣 鈞启

美國卜忌利大學堂

留學生禮生寄

十壹月初八日

From K. S. Ke,
2209 Union St,
Berkeley, Cal.
U.S.A.

中堂王爺大人
美洲留學生嵇芩孫濮登青朱葆芬謹稟
鈞座為學費不給懇請設法佽助事竊惟時事孔
亟國勢岌岌欲濟時艱需求實學生等情殷報國
常切卧薪嘗膽之思而自悲學識菲薄徒懷愛國
虛誠生等向在南北洋兩大學堂肄業有年於中西
學業頗窺門徑惟念學科淵博非深造專門不足
以期實用爰是自籌資斧東渡美洲入彼卜忌利
大學校分習農工商諸專科奮學圖進以冀大成
伏讀年來
明詔獎勵游學無微不至
朝廷諄諄求治廣育人才之
盛德久為海內外所共欽生等負笈異域心繫母邦覩茲
明詔孰不感極而泣益自奮進以副我
國家作育人才之至意惟是生等家本寒素重以用度浩
繁故學業尚未深造乎專門而學費行將告竭于
半途始之冒險來美者滿冀恃傭工譯書以資膏火
乃傭工既干彼邦禁例而譯書又復荒學廢時用
力多而所獲少脫稿難而售稿更難二者均不足恃
大失初望竊自
明詔頒後各省大吏都仰體
朝旨樂育英才近如兩湖川粵咸盛派學生游學歐美

不惜鉅金以冀收效於十年之後生等竊幸預備較早已入大學二三年後畢業可期乃徒為學費所困欲留則勢有不能欲歸則徘徊依戀心有不捨萬里求學狼狽乃爾天下寒士同聲一哭素稔
中堂大人愛才下士以人事君是以生等不避瀆冒敢將留學
苦情上達
鈞聽擬請咨請江浙
大憲畧仿兩湖川粵之例酌籌學費津貼生等由
駐美欽使大人分別發給俾得遂其苦學之願二三年後
歸貢所學以報
國家較之特派新生亦可收事半功倍之効區區求學
之苦衷伏冀
垂憐而成全之不勝感切待命之至謹稟

光緒三十年四月　日　稟

附呈生等籍貫及學業單

姓名	籍貫	學堂	學科
嵇芩孫	江蘇常熟	卜忌利大學	商科
濮登青	浙江嘉興	同上	工商
朱楙芬	江蘇上海	同上	農科

二九

〇呈外務部　錫良函

啓

再以洋鐵路已設公司執政將興，凡車道之工程、路制、器用，皆應創設專理研求之學。並省礦產饒而罕能辨識，機械職而未抵精能，亦由本省向無專門學徹，選遣人員往習其實業也。雇洋匠、購洋械，終類隨人作計，以視自辦者，不可同年而語矣。茲擬另可議之，則遣之以示倡導。但查比國路礦之學，五洲推美，而遊學費亦較省，歐美等廠於製造、於礦尤屬擅長。遴募出洋士子十二名，查有江西議叙知縣銜劉鍾琳明通精實，夙具遠識，咨商江省調令赴鄂，據帶各員生前赴比國分習路礦，即以劉鍾琳爲監督，並揀繕譯某員隨同前行，又前經

東、澂道員等世恩指帶該員等二十名前赴歐
美考習機器製造俟委直隸州知州楊兆龍充
當監督先後渡洋該學生等畢業回華總在
三五年以後遠適異域又必專心研究深造自得
而歸儻能拔擢有加以生其感奮查外務部前
議出洋學生三年期滿由出使大臣考驗奏請
獎敘六年畢業即有優等文憑者續行奏獎
一次以前兩項出洋肄業之員等擬俟在
業滿回日考驗優等請與異常勞績保獎次等
請與尋常勞績保獎照章等亦應一併獎敘
核之外務出洋獎案雖為不遠猶不失鼓舞之
資重名器而勵人才二者庶可有合應懇

天恩俯准飭部立案遵照外務部新章咨

　出洋外，謹附片具陳，伏乞

聖鑒訓示。謹

奏。

　光緒三十年四月二十六日奉

硃批：外務部知道。欽此。

林[illegible]

三〇

鎮守廣東廣州等處[illegible]旗及步軍官兵興[illegible]為

鎮守廣東[illegible]

鎮守廣東廣州[illegible]步軍官兵春[illegible]

咨呈事印房協領劉紹基松英等案呈據貳品頂戴鑲黃正白旗漢軍協領王汝梅花翎正黃正紅旗漢軍協領黃國鼎貳品頂戴軍機處記名鑲紅鑲藍旗漢軍協領金海等呈據鑲黃旗漢軍佐領陳銓等呈據譯學館學生補用捌品筆帖式監生王敬秋稟稱竊敬秋現年貳拾貳歲係鑲黃旗漢軍下甲喇京城范懋彰佐領下人於光緒叁拾年叁月內蒙廣東學務處考取派赴日本遊學又據兼管正黃旗佐領劉紹基等呈據譯學館學生文生員金殿勳稟稱竊殿勳現年貳拾柒歲係正黃旗下甲喇京城豐年佐領下人於光緒叁拾年叁月內蒙廣東學務處考取派赴日本國遊學又據正紅旗漢軍佐領董濬等呈據譯學館學生楊永楨稟稱竊永楨現年貳拾貳歲係正紅旗漢軍上甲喇京城全志佐領下人於光緒叁拾年叁月內蒙廣東學務處考取派赴日本國遊學又據兼管鑲藍旗漢軍佐領王汝梅等呈據譯學館學生竇學勤稟

稱竊學勤現年拾陸歲係鑲藍旗漢軍下甲喇盧玉棵佐領下人於光緒叁拾年
叁月內蒙廣東學務處考取派赴美國遊學俱於本年伍月初叁日由廣起程
懇請轉報給發文照各等情呈報到職等據此覆查無異理合具稿呈請查
核咨報等由前來除呈請給發文照著令該學生等領賫前往遊學外相應
呈請咨呈
外務部等情據此相應咨呈為此咨呈
貴部謹請查照施行須至咨呈者

右　咨　呈

外　務　部

光

二十八　日

三一

考工司

呈為咨行事光緒三十年五月二十五日據美洲留學生稽芩生孫濮登青朱葆芬等稟稱生等向在南北洋大學堂肄業有年於中西學業頗窺門徑惟念學科淵博非深造專門不足以期實用爰自籌資斧東渡美洲入彼卜忌利大學校分習農工商諸專科奮學圖進以冀大成惟生等家本寒素重以用度浩繁學業尚未深造學費行將告竭竊自

明詔頒發各省大吏仰體

朝旨樂育英才如兩湖川粵咸派學生游學歐美不惜鉅金生等乃徒為學費所困欲留則勢有不能欲歸則徘徊依戀敢將苦情上達請咨江蘇浙江大憲仿兩湖川粵之例酌籌津貼寄由駐美欽使分別發給俾遂苦學之願等情本部當以該生等在美留學是否均專心向學電行梁大臣查明去後茲准電復稱該生等皆認真向學膏火實係不繼等語本部查留美自費學生稽芩生等業經查明皆能認真向學實係寒士難以從容畢業情殊可矜該生等雖非由官派往其才既堪造就自未便稍存歧視除分咨外相應鈔錄原稟暨籍貫咨行

貴撫仿照兩湖川粵等省派送學生游學歐美之例設法分別酌籌津貼學費寄由出使美國梁大臣分別轉給俾遂向學之志以免業廢半途並咨復本部以便轉行梁大臣暨學務大臣知照可也須至咨者 附鈔件

江蘇巡撫

浙江巡撫

光緒三十年六月　日

三二

頭品頂戴兵部尚書署理江蘇巡撫湖北巡撫部院端　爲

咨呈事。光緒二十八年九月初四日欽奉

上諭：朕欽奉

慈禧端佑康頤昭豫莊誠壽恭欽獻崇熙皇太后懿旨

前經降旨飭令各省調派學生出洋游學，以資造就。

聞近來游學日本者尚不乏人，泰西各國或以道遠

費多，咨送甚少。亟應廣開風氣，着各省督撫選擇明

通端正之學生，籌給經費，派往西洋各國講求專門

學業，務期成就真才，以備任使。將此通諭知之。欽此。

欽遵在案。兹據湖北候補知府施振元禀稱：情

願自備資斧前往美國游歷，遵章開具三代履歷，懇請給咨前來。查該員自備資斧遠出重洋游歷，志趣深堪嘉許，應即照准，除咨出使美國大臣梁 妥為導護照料，並分别咨行外，相應咨呈為此，咨呈

貴部謹請察照施行，須至咨呈者。

計抄單

右 咨 呈

欽命總理外務部

附件

訃聞

湖北候補知府施振元　浙江錢塘縣人年二十七歲

三代

曾祖夢飛　祖善昌　父則敬

三三

頭品頂戴兵部尚書署理江蘇巡撫湖北巡撫部院端 爲

咨呈事光緒二十八年九月初四日欽奉

上諭朕欽奉

慈禧端佑康頤昭豫莊誠壽恭欽獻崇熙皇太后懿旨

前經降旨飭令各省調派學生出洋遊學以資造就

聞近來遊學日本者尚不乏人泰西各國或以道遠

費多咨送甚少亟應廣開風氣著各省督撫選擇明

通端正之學生籌給經費派往西洋各國講求專門

學業務期成就真才以備任使將此通諭知之欽此

欽遵在案茲據候選州同顧維鈞候選布理問

孫嘉祿候選布經歷施炳元指分江蘇試用縣
丞朱斯芾鹽大使銜監生施贊元附生楊先芬
等稟稱情願自備資斧前往美國習各種實業
專門之學遵章開具三代履歷懇請給咨前來
查該員等自備資斧遠出重洋游學志趣深堪
嘉許應即照准兹有施守振元赴美游歷之便
即飭施守帶同該州同顧維鈞等前往以便沿
途照料除咨出使美國大臣梁　隨時照料並
分別咨行外相應咨呈為此咨呈
貴部謹請察照施行須至咨呈者

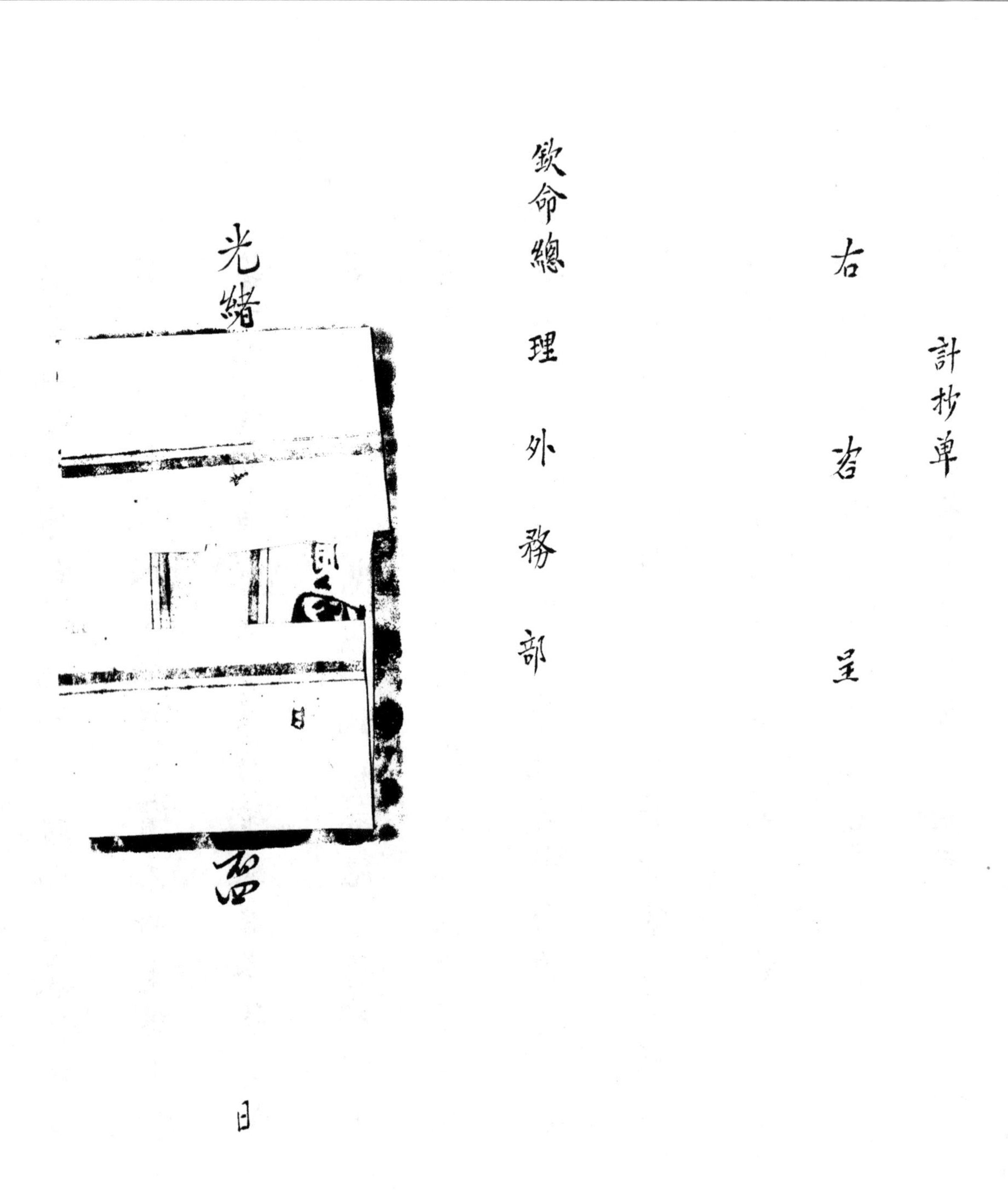

計抄單

右 咨 呈

欽命總理外務部

光緒 ... 四 ... 日

附件

計開

候選州同顧維鈞江蘇上海縣人年十八歲

三代

曾祖滙淮 祖晉恩 父溶

候選布理問孫嘉祿浙江烏程縣人年二十二歲

三代

曾祖寶峯 祖煥如 父懿錫

候選布經歷施炳元浙江錢塘縣人年二十一歲

三代

曾祖夢飛 祖善昌 父肇英

指分江蘇試用縣丞朱斯芾浙江烏程縣人年二十歲

三代

曾祖劍鳴 祖馮壽 父秉鈞

鹽大使銜監生施贊元浙江錢塘縣人年十七歲

三代

曾祖夢飛 祖善增 父肇曾

附生楊先芬湖北襄陽縣人年二十歲

三代

曾祖天彬 祖開炳 父紹時

三四

伯唐 任庭 夢陶 譜桐
仁兄大人閣下前月杪上一緘計登
記室比維
政履日新
嘉祥時集式如遠祝頃得
賜電敬悉學務摺已奉
硃批交 大部與學務大臣議奏矣顧前摺第為游學
歐美者會其通不專就比國言也且為隨時派生
出洋者立之準而各省派否不可知也歐洲國有
大小學無二致比利時學備費廉其待華生與比
國學生一律且加優視 弟 因與外文兩部大臣熟商
擬再由各省派生來比分入小學堂肄業合師脩房

餐零用一切計之每生歲需一千六百佛郎以近月鎊價衡之僅四百六十餘金良以各省需材非多派不足以濟用帑藏奇絀苟可省亦何必虛糜用竭鄙誠復上封事屆時尚乞

飭承繕就安摺轉交奏事處呈遞并祈俟奉

硃批仍賜電示不勝感荷弟時覲比主為言深願華生來比多多益善倘蒙

俞允當先告比廷預備一切也專此敬請

台安伏希

均鑒

愚弟制楊兆鋆頓首 八月初六日

三五

頭品頂戴兵部尚書革職留任署理兩廣總督岑
兵部侍郎兼都察院右副都御史巡撫廣東地方提督軍務兼理糧餉張　為
咨呈事案准
出使美秘古墨國大臣梁　咨開據美國自費留學生江順德稟稱
係廣東新安縣人向在北洋大學堂肄習礦學庚子事起自備
貲斧前往美屬檀香山埠遊學兼以傭工自給積有餘
資並承族兄相助遂來美國嘉厘福尼省卜技利埠嘉
厘福尼亞大學校專習礦學計期光緒三十一年夏間
可以卒業忽接檀香山來信族兄被人謀殺佽助無人
勢須輟學惟念重洋萬里歷盡艱辛攻苦數年轉瞬卒
業事故中阻心寔難安側聞大人培才念切粵省大府

百度維新，俯鑒下情，必能曲爲成就，生以有用之身，具有天良，何敢自甘暴棄。倘蒙栽植，俾竟所學，將來應盡義務，斷不敢忘。伏乞栽奪施行等情。本大臣查該生江順德在嘉厘福尼亞大學校肄習礦學，學詣品行均可造就，今距卒業學期僅有一年，適因資斧不充，勢將輟業半途，學廢殊爲可惜。與前准大咨查詢譚天池、王建祖二生事同一律，當此需才孔亟之際，若能比照一律由貴督部堂酌核籌給學費一年，聲明至光緒三十一年卒業，即行停止，並飭由該生出具甘結，卒業回粤供差若干年，以盡義務。本大臣爲速成培材起見，相應咨

會請煩查核施行又准咨覆内開准咨以在美國加厘
福尼亞大學校肄業之譚天池王建祖二名均係自費
出洋現因費用無出將次廢學如果該生等品行修飭
學業可期深造寔苦無貲擬即改爲官費應請就近查
明復辦等因查學生譚天池現在嘉厘福尼亞卜技利
大學校肄習農學將於光緒三十一年畢業學生王建
祖現在加厘福尼亞卜技利大學校肄習商學將於光
緒三十二年畢業以上兩名皆篤志用功品行素飭近
因資斧不給有輟業回國之意經本大臣訪聞確切捐
廉接濟並函達籌給津貼在案准咨前因相應將該生

等課程學行果堪造就寔在艱窘情形　備文咨復查照
施行又准咨覆内開准咨以順德縣紳士前駐美三等
參賛分省補用直隸州知州吳壽全之子吳迺杭自費
留學美國前後三年普通各學已知門徑並蒙教習奬
譽將次入高等學堂稟請准予特别選取咨請貴大臣
查明吳迺杭學行如何加具考語咨復等因准此本大
臣查吳迺杭自費留學美國前後三年普通學問已知
門徑現在希理士博學堂肄業頗蒙業師奬譽將次可
入高等學堂均是寔情並擬駐美二等參賛周道自齊
稟稱前月奉差金山曾接見該生察其資性沉潛篤寔考

其所學融會通曉洵堪造就與本大臣訪聞各情相符
惟查該生資斧不給亟應籌策津貼或逕作為官費學
生以免輟業半途致乖作人本意相應咨覆察奪又准
出使英國大臣張　咨復内開案照光緒三十年四月
十八日接准大咨内開自費留學生羅昌請改為官費
學生希即就近查察該生平日學行及其近況是否果
堪造就等因前來本大臣查該生於去年来英即入惡斯佛
大學堂肄業華文通順英文似堪造就其學費艱窘亦
係寔在情形相應咨復查核施行等因到部核咨請查
核前來即經轉行核辦去後茲據兩廣學務處詳稱竊

查出洋游學為造就人材至速之法顧概自內地選派耳目之前既懼搜羅不廣而重以言語文字學業功課之不同於是補習需時預備需時為日甚長非目前所能遽收速效惟自費出洋學生留學已久將近有成或因資斧告乏輟業半途最為可惜若助以公款俾竟所學則轉盼之間即有成材可供任使收效速而為益廣所謂事半而功倍者此也前經本處訪聞現在美國留學生譚天池王建祖二名暨據自行具稟英國留學生羅昌一名順德縣紳士分省補用直隸州知州吳壽全稟美國留學生吳廼桄一名均因留學在外費用不足勢

恐中輟稟求撥助學費俱經詳請分別咨查各在案茲查
梁大臣咨稱譚天池一名在嘉厘福尼亞卜技利大學
校肄習農學將於光緒三十一年畢業王建祖一名在
嘉厘福尼亞卜技利大學校肄習商學將於光緒三十
二年畢業皆篤志用功品行素飭近因資斧不給有輟
業回國之意既由
梁大臣訪聞捐廉接濟則艱窘自係寔在情形吳廼桄
一名現在希理士博學堂將次可升入高等學堂並據
駐美二等參贊周道自齊稟稱奉差金山曾接見該生
察其資性沉潛篤寔考其所學融會貫通洵堪造就與

梁大臣訪聞各情相符惟資斧不給應改為官費以免
輟業羅昌一名查
張大臣咨稱查羅昌於去歲來英即入悉斯佛大學堂
肄業華文通順英文似堪造就其學費艱窘亦係寔在
情形至江順德一名前據該生以學費不支懇請改為
官費等情自行郵寄函稟前來本處正擬詳請咨查適准
梁大臣咨稱該生在美國嘉厘福尼亞卜技利大學校
肄習礦學學詣品行均可造就請比照譚天池王建祖
成案由粵省撥給學費一年等語以上五名既經
出使英美大臣查明咨覆各生學業均堪造就學費均

屬不足當茲時勢艱難人材消乏之時似應曲予成全
量加資助上以宏
國家之作育下以遂其嚮學之心擬即查照本處前派歐
美各國游學生特別遣派之例一律改為官費生其學
費即在本處經費項下按年分別開支滙寄使館即請
出使大臣照前派各學生辦法一併派員經理並照章
卒業後酌定服務年限庶公款不至虛縻而人材可期
成就此譚天池王建祖吳迺桄江順德羅昌等五生擬
由自費改為官費之情形也查美國學生前定每人每
年學費美銀九百元約合華銀二千一百六十元英國

學生前定每人每年學費在蘇格蘭者華銀一千三百元在倫敦者英金一百八十磅約合華銀二千一百六十元茲譚天池王建祖吴迺梲江順德等四名即照美國成案每人每年給費美銀九百元查譚天池光緒三十一年畢業現改官費自本年九月初一日爲始算至來年光緒三十一年九月初一日爲一學年則譚天池一名應給學費美銀九百元王建祖三十二年畢業由本年九月初一日至三十二年九月初一日共兩學年吴迺梲卒業尚無定期以上二名均擬先給一年學費美金九百元其吴迺梲畢業年期並請咨由

梁大臣轉詢咨覆以憑立案江順德亦在三十一年畢業即照譚天池之例給學費美銀九百元計美國共四人共學費美銀三千六百元共約合華銀八千六百餘元羅昌現肄業英國惡斯佛大學校應照英國倫敦留學生成案辦理惟該生原稟未將畢業年限聲敘在先張大臣咨覆亦未開列此層擬一面咨請張大臣再為查覆一面將該生所需學費先自本年九月初一日算起至三十一年九月初一日為一學年照倫敦學生之例每年給予學費英金一百八十鎊惟江順德一名學費前奉憲台札飭核定數目刻日移會善

後局照數籌撥交由本處滙寄
梁大臣兑收轉給本應遵照辦理惟查本處從前選派出洋
各生所需學費均在本處經費項下按數撥給此次擬
給官費之譚天池等亦已照案核辦江順德一名學期
僅止一年需費有限本處竭力籌畫尚可措集如由善
後局籌撥轉恐周折現擬仍在本處經費項下支給以
昭劃一如蒙俯允則所有上項英美兩國學費當即均
由本處賸就滙單寄至使館擬請咨會
出使美英國梁張大臣派員兑收轉交咨覆並請將咨文發
下本處以便與該項銀兩同時滙寄以免參差此後遇

年所需之費即由本處按年匯解至該生卒業之日爲止此擬匯給英美兩國學生學費之情形也至服義務一節查本處招選游學生章程第十三條所定卒業返國服務年限係照

湖廣總督部堂張　奏准章程定以五年如有游學過於五年者則視其游學之年分爲差現改官費各生大抵卒業不能限以五年然亦須比照辦理擬受官費一年者將來即須盡一年之義務其二年三年以上者以此類推庶辦理不虞歧異應請並咨

各出使大臣轉飭各該生預先按計卒業年期立定服

務期限出具切結咨回本處收存備案此擬令卒業後服務之情形也再本處官派學生訂有游學規約必須共相遵守此次譚天池等既改官費即與前派學生無異應每人發給規約一本以便有所遵循謹呈五冊請咨使館轉交各該學生祗領所有遵札核議辦理各緣由理合將各生姓名履歷開具清摺詳請察核批示祗遵俯賜會同分咨查照計呈清摺一扣游學規約五本等由到本署部堂院據此除批飭准照辦理並會同分咨

出使英美國大臣張梁　查照辦理暨咨明

學務大臣外擬合咨呈為此合咨

貴部謹請察照施行須至咨呈者

計抄摺

右 咨 呈

外 務 部

附件

計開

羅昌廣州府新安縣人年二十一歲生長檀香山曾在該處小學中學卒業得有卒業証書光緒二十七年回國二十九年七月前往倫敦肄業懸斯佛大學校學政法學科

譚天池廣東人年約二十七歲北洋大學堂礦學畢業生曾在湖北充礦師後自往美國游學現在嘉厘福尼亞大學校學農學光緒三十一年可以畢業

王建祖廣東人年約二十五歲北洋大學堂律學生曾由北洋派赴日本法律學校肄業後又自費赴美留學現在嘉厘福尼亞大學校學商學光緒三十二年可以畢業

江順德廣州府新安縣人向在北洋大學堂肄業礦學後自備貲斧游學美國檀香山遂入嘉厘福尼省卜技利大學校學習礦學光緒三十一年可以畢業

吳乪梳廣州府順德縣人年十七歲現在美國嘉厘福尼亞省布理士博學堂肄業本年秋間可入高等學堂約計五年可在大學堂畢業

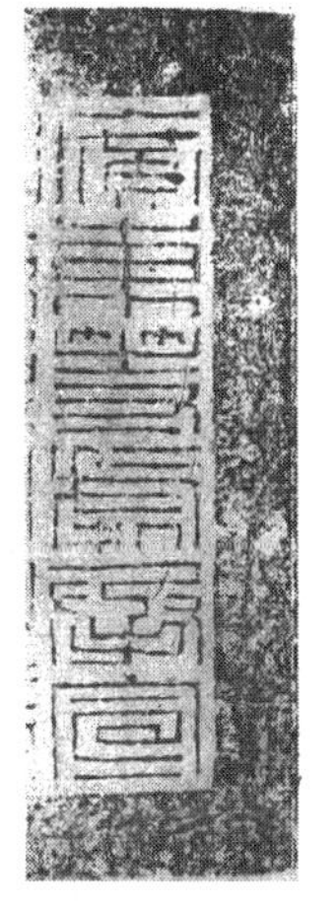

三六

鎮守福州等處將軍節制福建陸路鎮協各營事務兼管閩海關印務兼船政大臣世襲雲騎尉宗室崇　爲

咨呈事。据洋務局詳稱：案奉憲行，光緒二十三年五月十九日承准

欽命總理各國事務衙門咨：准出使美日秘國楊大臣咨稱：案查西一千八百八十四年七月五號美國議院增修一千八百八十二年五月六號限制華工新例第六款內開：凡華人非屬傭工，必先由中國政府所准授權發照之官查明應

將来美之人確有証据者給予執照將其姓名年歲身材相貌事業等項逐一塡註明晰本官親簽漢洋文名字並交駐紮該處之美國領事簽押作為来美確据等語咨請此後專歸出口處海關道發照如無海關道即由海關監督經理擬定華洋文護照程式送請核奪分咨仿辦等因應准如請辦理將該大臣所擬護照程式咨行一体仿辦等因到院行局奉經遵式編號刊

即存局并妥議辦法詳奉批准分咨照會各在
案茲准美國葛領事來函據蘭女醫稟擬送伊
螟蛉華女蘭馬利亞到美國讀書請給護照等
因並據蘭女醫帶同該華女及保人黃治基到
局請驗當經查詢確寔照章摹填執照並飭繙
譯代繕洋文簽字完妥除詳明
督憲會咨外合將華洋文護照各一紙具文詳請
察核蓋印照送美領事簽字發局轉給並請分咨

外務部

北洋大臣暨
南

出使美國大臣查照冥為公使計詳送華洋文護照各一紙等由到本將軍據此除將送到華女蘭馬利亞往美國讀書護照由本關蓋印照送美領事簽字蓋印照還即發交洋務局轉給承領并分咨查照外相應咨呈為此咨呈

外務部謹請察照施行須至咨呈者

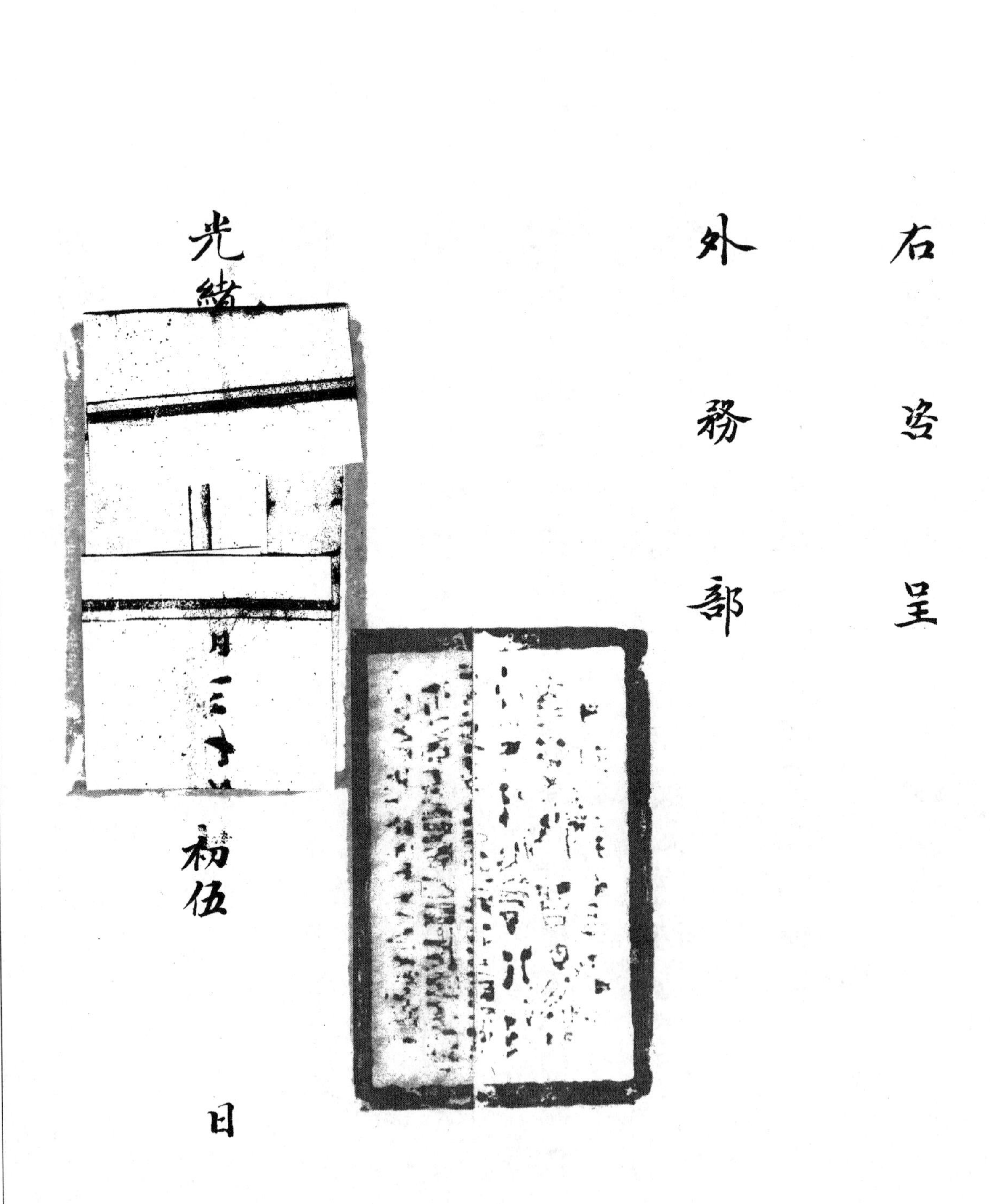

右咨呈

外務部

光緒　月　初伍　日

考工司

呈爲咨行事光緒三十年五月二十五日據美洲留學生稽岑孫濮登青朱葆芬等禀稱生等向在南北洋大學堂肄業有年惟念學科淵博非深造專門不足以期實用爰自籌資斧東渡美洲入彼卜忌利大學校分習農工商諸專科奮學圖進以冀大成惟生等家本寒素重以用度浩繁學業尚未深造學費行將告竭請咨江蘇浙江大憲仿兩湖川粵之例酌籌津貼俾遂苦學之願等情當經本部電行查明該生等皆能認真向學實係寒士難以從容畢業旋經本部據情咨行江蘇浙江巡撫去後茲准蘇撫咨復稱所有籍隸蘇省之稽岑孫朱葆芬二名已飭蘇省學務處每名每年酌給津貼學費銀元伍百元按年經寄使美大臣查收轉給又准浙撫咨復稱所有籍隸浙省之濮登青一名應每年由浙籌給洋銀伍百元飭由省城號商領匯至滬由滬設法電匯至美呈交使美大臣查收轉給各等因前來除咨學務處、梁大臣外相應咨行

貴大臣、學務處查照、辦理可也須至咨者

出使梁大臣

學務處

光緒三十年十月　日

三八

二 十月十八日

奏 端方
○ 咨外務部

十月十八日

頭品頂戴暫署兩江總督調署江蘇巡撫湖北巡撫端方跪

奏為選派學生分赴東西洋學習陸軍實業恭摺

具陳仰祈

聖鑒事竊查近年迭奉

諭旨飭派學生出洋遊學領有憑照回華考驗奏

請獎勵准以遊學經費作正開銷仰見

聖謨廣運，首以作育人才爲救時要策，薄海同欽。奴才竊見日本前四十年貧弱過於中國，維新以來，首派學生分赴歐美各洲遊學，歸而轉相傳授，一切工藝製造之門徑無不通知，因而精益求精，或且自出心裁，幾有出藍之譽。至其陸軍水師進步之速，則尤爲各國所稱異。頃即今國勢日強，而學生之萃處於英美各國學堂者，未嘗少減，其注重遊學如此。邇者中國行省文武實業各項學堂均已次第興辦，而規模粗具，研究未精，自能恪遵

諭旨，多派學生出洋，不能網羅英雋，宏濟艱難，早有一日之經營，即早收一分之效驗，斷未可置

另續開單飭蘇省各學堂挑選曾習普通學
並已習外國文語之學生送赴學務處嚴加考試
其有紳民自立學堂及曾在學堂已畢業諸
生亦准其報名投考並由江寧京口駐防旗生擇
尤送選凡得八十人以四十人送赴日本半習陸軍
半習實業以十二人送赴德國十人送赴英國十
人送赴法國八人送赴比國各令分習武學及
農工製造路礦商務各項實業其各入何項
學堂則咨商出使大臣分別妥定現已於本
年十月二十日由寧起程赴滬放洋即委江蘇
補用道徐乃昌送赴東洋並選內閣中書饒
智元送赴西洋各帶繙譯一人帶同照料並

委飭饒智元充當留學生監督責令隨時約束
學生督察課程按季報考核並於各生臨行時
諄諄勸以熱心愛
國
刻志勵學務成偉器勿誤歧趨所有此次選派
出洋學生八十人需用治裝川費及歸來按
年留學經費委員薪資合之為數頗鉅江南
庫帑支絀本不易籌惟于國根本至計蒙
旨籌辦要務不得不竭力挹注奴才已督飭司道熟
商撥即在司局各庫移緩就急隨時撥付按
年核實報銷除將學生姓名履歷咨外務部
練兵處學部戶部學務大臣各國出使大臣
查照外理合恭摺具陳伏乞

皇太后
皇上聖鑒訓示謹
奏
光緒三十年十月十八日奏
硃批該衙門知道欽此

十月二十日

[illegible]

董[illegible]

三九

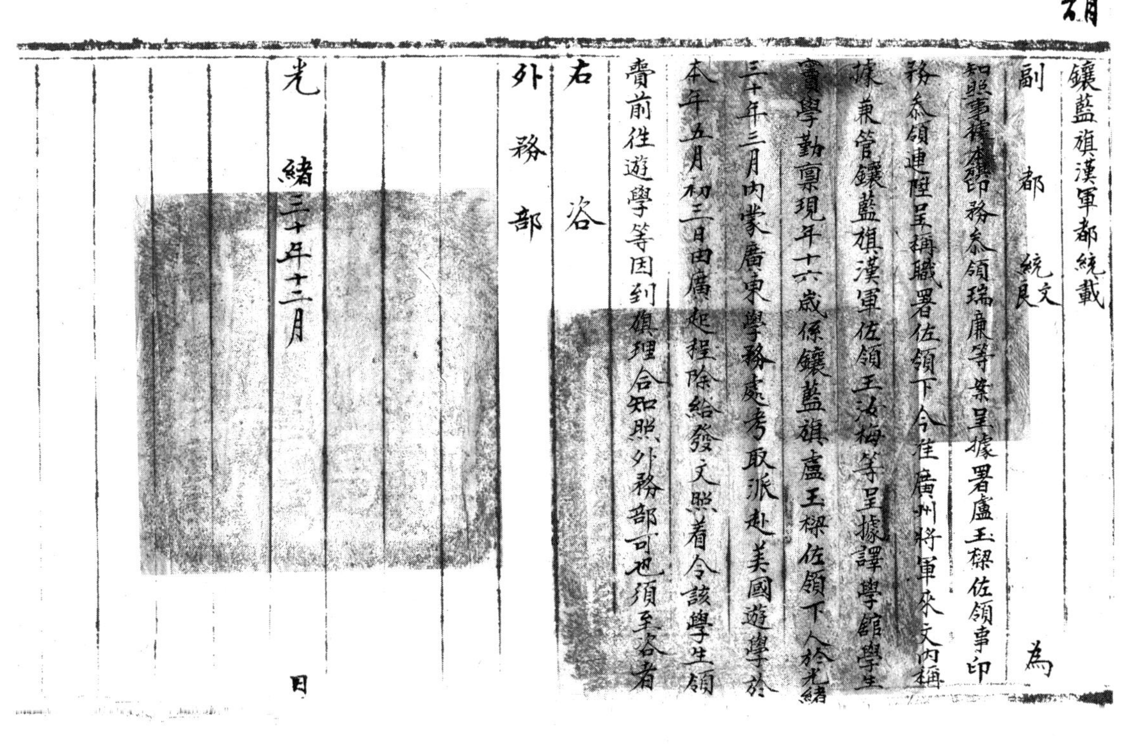

十二月十五日

鑲藍旗漢軍都統載
副都統文良 為
知照事據本旗印務參領瑞康等案呈據署盧玉棵佐領事印
務參領連陞呈稱職署佐領下今准廣州將軍來文內稱
據兼管鑲藍旗漢軍佐領王汝梅等呈據譯學館學生
賓學勤稟現年十六歲係鑲藍旗盧玉棵佐領下人於光緒
三十年三月內蒙廣東學務處考取派赴美國遊學於
本年五月初三日由廣起程除給發文照着令該學生領
賫前往遊學等因到旗理合知照外務部可也須至咨者
右 咨
外務部
光緒三十年十二月 日

四〇

中堂王爺大人鈞鑒竊以今日時勢危急國家多事生等負笈海外遥望

闕廷不能即時反國用獻涓埃已無以報

朝廷養士之恩 先達宏獎之願然學而不成與不學等

敢將生等在美留學情形為我

中堂王爺大人陳之生等自費來美各已數年普通尋常諸學均已

畢業有現入高等專門者有已入大學者回顧卒業之

期尚需數年美國費用浩大自備學費各已告盡歸國

則前功全棄留美則費無所出察美國學生濮登青

等前蒙

中堂王爺大人俯如所請電飭各省撥入官費生等深知

朝廷求才孔殷，愛士如子，故敢照美國留學生濮登青等
例，冒昧請求，可否飭生等原籍各省撥入官費，俾使
他日學有成效，卒業歸國，實
教養之恩、鼓舞之力也。梁公使處已呈禀存案。敬叩
中堂
王爺
大人鈞安，伏求
俯鑒。

自費留美學生歐陽月、司徒源成、司徒彼得、陳榮、李炳、趙柏謹肅

計開

司徒源成　廣東開平人，在金山高等學校
司徒彼得　廣東開平人，在卜技利大學校
歐陽月　廣東香山人，在金山高等學校
李炳　廣東新甯人，在金山高等學校
趙柏　廣東新甯人，在金山高等學校
陳榮　廣東新甯人，在金山高等學校

四一

考工司

呈為咨行事光緒三十一年正月二十三日接據留美學生司徒
源成等稟稱生等自費來美各已數年普通尋常諸學均
已畢業有現入高等專門者有已入大學者回顧卒業之期尚
需數年美國費用浩大自備學費各已告盡歸國則前功盡
棄留美則費無所出察美國學生濮登青等前蒙電飭各
省撥入官費生等深知
朝廷求才孔殷故敢照美國留學生濮登青等例冒昧請求
可否飭生等原籍各省撥入官費俾使他日學有成效卒業
回國以報教養之恩　梁公使處已呈稟存案等因並開列籍
貫學校前來查上年美洲留學生稽岑生濮登青朱葆芬
稟請由本省籌費曾經電據
貴大臣查覆該生等皆認真向學膏火不繼等語並由本部
咨行該省籌撥官費在案此次該生等援案請撥官費既
據聲明已在使署呈稟存案應由
貴大臣就近查察情形咨商粵督撫酌核辦理可也須至咨者

駐美梁大臣

計開

司徒源成　廣東開平人在金山高等學校
司徒彼得　廣東開平人在卜技利大學校
歐陽月　廣東香山人在金山高等學校
李　炳　廣東新寧人在金山高等學校
趙　柏　廣東新寧人在金山高等學校
陳　榮　廣東新寧人在金山高等學校

光緒三十一年正月　日

在美留學生廣東新甯縣人陳榮謙、香山縣人歐陽月、開平縣人司徒彼德謹呈

為瀝情援案懇祈

王爺大人恩准事。竊學生等自幼年來美遊學，現在嘉厘寬省之高等學堂肄業。初來之時暇則作工以供學費，並不知學費之甚鉅也。蓋學堂讀書之費，讀多一年則費多一倍。現在將讀滿高等學堂，而費用實無依賴。而學生等之志，總欲卒業於大學堂，成一有用之材，可為國家効力，而願始償。然現在之費已屬拮据，而大學堂之費兩倍於前，此時工課繁多，勢不能有暇作工以供學費。欲前進則窘於供億，欲中輟則廢於半途。再四思維，實無善策。伏查去歲在美留學生江蘇籍岑孫朱蓀芬等亦因學費無出，具稟瀝情籲懇

王爺大人均蒙恩准據情移咨江蘇巡撫改派為官費學生該生等始得安心肄業今學生等有志讀書而學費無出與該生等事同一律謹不嫌冒昧援案具禀懇求
王爺大人俯賜矜全念學生等讀書苦志查照江蘇稽岑孫朱蓀芬等原案移咨學生等原籍廣東巡撫改派為官費學生使學生等學費有賴庶得一志讀書卒業可望他日能為國家効一技之長者莫非
大德所賜矣為此謹呈伏乞
恩准實為
德便謹呈

欽差出使美秘古墨國大臣梁　為

咨呈事竊查前准
兩廣督部堂咨　咨送學生温應星陳廷甲二名擬入美國委斯盤陸軍學校當
經照會美外部轉達美總統發交議院核議並咨復在案兹准美外部文稱前准
照送學生二名經轉達總統發交議院核議今已核准該生温應星陳廷甲等可按
例撥入委斯盤陸軍學校肄業希即轉知貴國政府等因前來除札行兼監督轉
飭該生遵照俟夏間入學暨照復美外部咨復
兩廣督部堂咨外理合將學生准入美國陸軍學校緣由咨報備案為此咨呈
貴部謹請詧照備案再查美國海陸軍學校收入外國學生均以中央政府照會為憑
此次粵省咨送學生限於時日未及咨由

貴部轉行係由本大臣作為政府官學生照會美外部幸得定議嗣後各直省如有

遣派海陸軍學生應由該省督撫咨請

貴部轉行出使大臣照會該國外部以符通例合併陳明希即通咨辦理須至咨呈者

右咨呈

外務部

光緒叁拾壹年貳月　拾貳　日

啟再啟者美國國家海陸軍學堂定章甚嚴限額甚少凡外國學生願附入肄業者須由各該政府文送美外部商准兵部海軍部呈請總統允許發交議院核議始決去留歷年各國遣送學生均經按章辦理光緒初年出洋學生頗有願習海陸軍者經 荔秋星使詢探美外部未甚妥協故作罷論蓋其時東方之關涉尚輕工黨之仇燄初起不能不無歧視也去歲 岑雲帥派來學生有温應星陳廷甲二名擬入

美國委士盤國家陸軍學堂專習武備工程經誠先
與外部海約翰兵部塔扶商酌妥當並承總統允交
議院始於前月備文送往乃上下兩院均昌言拒駁
嗣復運動知好各紳廣為說項始得多數決可昨接
外部來文准令該生等入堂與美國生徒一體肄業
經已分飭該生等屆期入學查歐美各國或並未准
派生徒或僅限一人附學今竟得佔額兩名實出意
外既有此次成案將來海陸軍學均可按期送入不

至再有扞格之虞矣然以深閉固拒之黨人忽作破
格歡迎之舉動非
列憲聯絡得宜恩信素著未必能轉就如圜若是之速也
再查各國送遣生徒皆中央政府主持係外部飭由
駐使照會辦理此次粵督咨送學生到洋本應先行
咨請
鈞部轉飭敝處照會美外部方是正辦識恐往返函商稽
延時日姑以官費學生爲詞通融照會幸美外部未

曾認真稽核得以通過議院此後若各省紛紛咨送

額數既多勢難援案請准且散漫不一尤於政體有

關應請

鈞部咨行各省立案以後如有遣派生徒附入外國海

陸軍學應統行咨送

鈞部轉飭駐洋大臣查照辦理以重觀聽而杜紛歧是

否有當即祈

代回請示施行為叩除備文咨呈外專肅再請

均安

梁誠頓首

光緒三十一年二月十五日

美字又第六十三號

四五

逕啟者，昨承

貴大臣來館送別，摯誼勤拳，殊深欣感。本大臣曾言及

前在本館公所司事之王先生，彼係直隸永平灤州民

籍，名景春，原在滙文書院讀書，於英語、英文均能通達，

且善於英文快字，現復有志，已在美國讀書。此人向在本

館洋公所數年，甚為盡心，勤謹可靠。希

貴大臣函轉駐美

梁大臣即將王景春附入中國留美學生之列，俾其將來畢

業回華，得成大器，何莫非

貴大臣有以玉成之也。特此泐函

謝步，即頌

時祉。附王景春住美洋地名一紙

名另具　二月二十九日

附件

王老爺住趾

奥西歐得拉衛尔譯音

西中街第八十八号

四六

中堂
王爺
大人鈞鑒敬稟者竊 生等於癸卯年夏間來美入加里福
尼省大學堂肄業嗣以學費不濟蒙
允咨飭江浙兩省籌給旋於甲辰冬間蒙
江浙兩撫憲分給每人每年龍銀五百圓由
駐美使憲照數頒到已具領紙在案竊惟在美留學
費用綦重習大學專科者書籍試驗需費尤鉅是以
廣東湖南湖北等省所遣留美學生都歲給美金八
百餘圓查

駐美使憲咨覆京師學務處所定留美學費之數係分東西二部東部美金八百餘圓西部美金七百餘圓爲肄業美國大學者必需之數查龍銀五百圓祇合美金二百二十圓左右常年費用所缺尚鉅殊難支持兼以生等家本寒素未克自籌巨貲以補不足而既攻專業半途難輟伏維

國家需才孔亟生等自當奮志堅持冀有成就以副

中堂
王爺
大人爲國育才之厚意用敢不揣冒昧瀆陳

鈞聽如蒙

俯鑒下情可否

咨請

江浙兩撫憲查照

駐美使憲所定留學美洲西部大學之數按年領給

不勝感激待命之至謹肅敂請

勛安

留美學生朱葆芬 嵇芩孫 濮登青敬稟 四月二十日

四七

王爺大人鈞座敬稟者遥隔

崇暉實深依慕伏維

袞舄延釐

鼎禋篤祜式洽頌私兆鋆比都待罪軫念時艱以立政首在儲材

儲材必資游學故去年夏秋間兩上封事渥蒙

俞允立見施行其定學費一節尤不憚覶縷陳之者非瑣也實有見於

各省留學紛擾百端其故皆由爭費搢中未便昌言致為學

界詬病查鄂蘇派生皆以鉅欵付監督不為限制到洋後羣起

而爭多多益善監督不得已而徇其請 兆鎏 亦知勢成積重驟減為難摺中所定學費務主於寬至二次所上比費較廉請飭各省派生一摺所定一千六百佛實與比文部言明歸其經理即比國武備大學堂例可住宿房膳脩金歲亦僅一千六百佛雖各國稍分奢儉而學費則大致相同 兆鎏 兩貢芻蕘事屬為公當為人所共諒乃生等居恆爭費輒藉口於學資昂貴自八月之摺刷印通行各省主持學務者漸得真情不啻為留學者摘隱發覆且愈彰其爭費之無謂坐是毀謗紛騰幾以 兆鎏 為

集矢之的一再登報信口雌黄先見於正月十四中外日報後見於五月初一二美國之大同報離奇荒誕不足置辯此等橫逆之來皆封章摘發之故在兆鋆不以衆謗遽隳其術特恐此後談學務者引以爲戒一味見好於學生彼則有挾而求此則無求不應而學界仍承其障蔽後患方長憂心如擣用是瀝陳

鈞聽幸

垂鑒焉肅此敬叩

崇安兆鋆謹稟 五月二十七日

敬再稟者異域棲遲遥遥三載平居故國易動歸思比都天氣陰晦瘴霧為多兆鋆到洋以來牽動溼痰偶涉焦勞便見失血迄未就痊氣體因之虧耗顧念瓜期未屆不敢言歸現距期滿僅四閱月報滿公文已於日前咨呈

大部伏乞先期

陳奏迅

賜簡放俾得受代東返趨効馳驅不勝悚迫待命之至再叩

崇安兆鋆謹再稟

二品銜四品卿銜出使比國大臣楊兆鋆

四八

逕啟者、前有直隸省所屬之灤州人王景春、在京都滙文書院
肄業、暨在本館幫辦英文案件、平素品行端正、嗜學不倦、人
所不及、於去歲因賽會、附驥華商、游歷美國、迨畢會後、該生
願為留美學生、曾經　康大臣懇請
貴大臣轉致駐美梁欽使、將該生附入留美學生之內、茲於
昨日、敝參贊復接有王景春來信云、此次梁大臣並未將其
列入留學生冊內、惟該生乃一介寒畯、志在涉洋、遠學西法、
現又毫無積蓄、若梁大臣不將其列入留學生冊內、則該
生入學堂之經費、委係絲毫無處可籌、是以仍希

貴大臣、彌殷懇摯 梁大臣或由北洋大臣或由管學大臣、加函轉致、將該生作為由中國派往之留美學生、總之、仍祈

貴大臣格外費神、

鼎力成全、一面先電梁大臣、一面或設法轉致、准其入冊、否則開學之期已迫、如將過期、竊恐鞭長亦不能及也、想

貴大臣亦樂造就人材、必不願徒使有志者拮据遠洋、深為可惜也、特此奉達、順頌

升祺、

名正具

六月初四日

逕啟者昨復接有王景春由美來函然此函係其發於前次來函之先敝參贊反接收在後也其函云有駐美中國使署參贊達其一信謂中國外務部有信致駐美中國欽使云王景春有志嚮學准其歸入中國留美學生之列云云奈梁欽使不能派其爲留美學生因該信内未曾述明留學月費應得若干即有經費亦未悉由何處支領若能派其爲使署學生應明言准其作爲中國使署學生每月薪水○十兩若欲資其在學堂肄業亦該明白轉請直隸總督或由學務處開此經費駐美中國欽使無權派人爲官費學生等情是以敝參贊再行瑣瀆務請

貴大臣作速電致

梁大臣聲明王景春係歸入使署班內抑歸入學堂班內其所領經費係由何處發給再希致

梁大臣刻將此情轉知王景春俾其早行預備肄業國學堂開學在邇不使其有半途而廢之歎此事原由中國自辦不應干涉因該生係余素友慕其好學之誠又兼為中國造就人才起見茲特不惴故有此請也即希勿却望速

示復為荷此達順頌

鈞祺

名另具

六月初六日

五〇

總理學務處爲咨呈事。准進士館監督咨開：前據本館學員内閣中書陳煥章呈請游學美國，業經出具考語咨報在案。茲據呈稱：竊煥章奉派赴美游學，須用護照，懇用洋文聲明進士館學員内閣中書等字樣，庶與尋常留學生有别，或得格外優待，於入學游歷等事大有裨益，並請轉咨外務部等

因前來查上年大學堂分派學生赴
歐留學由外務部給與護照辦有成
案此次可否援照辦理相應咨請
酌度施行等因相應咨呈
貴部請煩查照成案給發護照可也
須至咨呈者
右 咨 呈
外務部

五一

總理學務處爲咨呈事據增生項驤呈稱竊生現年二十五歲係浙江瑞安縣人曾在本邑方言館上海梅溪書院南洋公學肄業並充震旦學院英文教習法文學生均歷有年所伏讀諭旨多派游學生分赴歐美以宏造就等因欽此恭讀之下情殷嚮學願自備資斧赴美游學以冀學成歸國稍補時艱伏乞俯允給咨出使美國大臣並懇轉咨外務部發給護照以

便束裝前往等因相應咨呈
貴部覈給護照可也須至咨呈者
右咨呈
外務部

光緒叁拾壹年捌月拾叁日

三十一年八月十七日行

恃字第拾肆號

※付

考工司

花翎左參議汪

花翎侍郎銜左丞紹

二品銜右丞陳

右參議雷

幫掌印上行走和會司主事江慶瑔

四品銜幫掌印榷算司郎中霍　翔

三品銜掌印郎中傅嘉年

花翎三品銜主稿庶務司郎中恆　文

花翎四品銜幫主稿員外郎存　格

幫主稿上行走庶務司主事王履咸

咨學務處學員陳煥章赴美游學已札行江海關照章發給護照由

行　行

左侍郎聯
八月十一日 行

右侍郎伍
八月十一日 行

考工司

呈爲咨行事。光緒三十一年八月十一日接准
咨稱：准進士館咨開，據學員內閣中書陳煥章
呈請游學美國，須用護照，懇用洋文聲明進士館
學員內閣中書等字樣，庶與尋常留學生有别
等語。上年大學堂分派學生赴歐留學，由外務

部給與護照辦有成案可否援照辦理給發護照等因前來查華人赴美游學照章由海關道衙門請領護照交該國領事簽字蓋印到時方能登岸此項護照本部向不發給茲該學員内閣中書陳焕章既願自備資斧赴美游學除由本部札行江海關道俟該員到時查照成案給發護照外相應咨行

貴學務處查照辦理轉飭該員遵照可也須至咨者

學務處

光緒三十一年八月　日

五三

考工司

呈爲咨行事光緒三十一年九月初九日接准

咨稱據户部學習郎中李福恒禀稱現願自

備資斧往美國學習法律專門請咨外務部

賞發護照以免登岸留難等因前來查華

人赴美游學照章由海關道衙門請領護照

交該國領事簽字蓋印到時方能登岸此

項護照本部向不發給兹該員户部學習郎

中李福恒既願自備資斧赴美游學除由本

部札行江海關道俟該員到時查照成案給發

護照外相應咨行

貴處查照辦理轉飭該員遵照可也須至

咨者

學務處

光緒三十一年九月　日

五四

逕啟者昨接有
貴國留美學生王景春來函寄到致
貴大臣謝稟一扣請代爲轉送茲將該原稟備函
附送即希
檢收查閱是荷此泐順頌
時祉 附稟一扣
名另具 九月二十五日

衛理

附件

敬禀者竊頃由前駐京康公使及衛參贊函内得悉
巳蒙
大人施恩栽植函致駐美梁大臣津貼晚生學費使海外
孤根薄植之姿得蒙
國家化雨和風之賜此後稍有所知稍有所能稍有所効用
於我國者皆今日
大人提挈之德惟有努力用工殷勤向學以期早日學成
馳回祖國以供
大人驅策盡心盡力以為报稱之計而已專此敬謝叩請
勛安伏維
鑒查

美洲留學生王景春謹禀八月初二日

五五

學部爲咨呈事。查接管卷内據江蘇補用道孫多鑫禀稱：竊查奏定游學章程内開：各省自備資斧出洋之學生，應先由其父兄或親族呈報本籍或留寓所在之地方官，查明申送給發咨文等因。職道胞弟多鈺於光緒二十五年前赴美國游學，現在康乃爾大書院肄業工程科。胞姪震方、嫡堂姪元方

裕方季方於光緒二十九年前赴美國
游學現在高等學堂肄業從堂姪方
尚於光緒二十九年前赴日本游學現
在商務學堂肄業均係自備資斧未
經請咨自應補行稟請以符定章為此
稟懇批准咨行外務部暨安徽巡撫立
案備查並分別照章給予出使美日秘日本大
臣咨文謹將詳細履歷暨同鄉官印結

一併粘呈等情除批示外相應咨呈
貴部查照備案可也須至咨呈者
右　　咨　　呈　計粘履歷一紙
外　務　部

光緒叁拾壹年拾壹月　二十三　日

附件

計開

孫多鈺年二十四歲安徽鳳陽府壽州人
曾祖崇祖　祖家鐸　父傳檝
孫震方年二十歲安徽鳳陽府壽州監生
曾祖家鐸　祖傳檝　父多森
孫元方年二十三歲安徽鳳陽府壽州人
曾祖家鐸　祖傳楙　父多璐
孫裕方年二十一歲安徽鳳陽府壽州人
曾祖家鐸　祖傳楙　父多壿
孫季方年二十歲安徽鳳陽府壽州人
曾祖家鐸　祖傳楙　父多璐
孫方尚年二十二歲安徽鳳陽府壽州人
曾祖家懌　祖傳樸　父多敉

五六

和會司

呈爲咨行事光緒三十一年十一月十三日准軍機處鈔

交署理山東巡撫楊士驤等會奏請

賞山東高等學堂英文科美國教員古得西寶星一片

本日奉

硃批覽欽此鈔交欽遵前來相應照章製造三等第

一寶星一座並繕就執照一張咨送

貴署撫查照轉交該教員祇領可也須至咨者附寶星一座執照一張

署山東巡撫

光緒三十一年十一月　日

五七

[illegible]爲

詳請事。據總理蘇省學務處司道詳稱：案奉札准

外務部咨，據美洲留學生嵇芩孫、濮登青、朱葆芬等稟，以自籌資斧東渡美洲，入彼卜忌利大學校分習農工商諸專科，學費告竭，請酌籌津貼等情。業經查明，皆能認真向學，寔係寒士，咨行設法津貼。除濮登青一名係浙江人，應由浙省籌辦外，所有籍隸蘇省之嵇芩孫、朱葆芬二名，飭處每名每年酌給津貼學費銀元伍百元，按年經寄出使美國梁大臣查收轉給等因。奉經由處籌備銀元壹千元，查照市價兑合美金滙解，奉覆批迴在案。現在時閱一年，自應接續籌解，以資津貼。除由處動支例洋壹千元，每洋壹元計規元柒錢

貳分陸厘玖毫叁絲共計規元柒百貳拾陸兩玖錢叁分合美金肆百柒拾貳元伍角已於光緒三十一年十月初七日按數動放備批呈解出使美國梁大臣查收轉給外相應詳候核咨等情到本部院據此除咨出使美國梁大臣查收轉給外相應咨呈爲此咨呈貴部謹請查照施行須至咨呈者

右　咨　呈

欽命總　理　外　務　部

五八

太子少保頭品頂戴兵部尚書兩廣總督兼管廣東巡撫粵海太平兩關事務岑　為

咨呈事。為照本署部堂於光緒三十一年十二月初二日具

奏廣東省選派官費學生出洋留學一摺，除俟奉到

硃批另行恭録咨呈外，所有摺稿擬合抄録咨呈。為此合咨

貴部，謹請察照施行。須至咨呈者。

計鈔摺稿

右　咨　呈

外　務　部

光緒三十一年十二月初八日

附件

奏為廣東省選派官費學生出洋留學恭摺具陳仰祈
聖鑒事竊為強國必先儲才而儲才端在興學惟普通教育必從蒙小
學入手由此遞升至大學卒業須歷十有餘年茲當新政權輿百
端待舉欲廣儲才俊以為時用僅於現辦學堂求之實恐緩不
濟急且學科不備師範難求自高等小學堂以上皆係預備科
而各種專門學堂自難同時並設欲躋於歐美日本學者之列
目前尚難驟及體察情形惟有多派學生分赴東西洋各國學習
專門以備學成回國之用庶成就較宏收效較捷日本自維新後
學術蒸蒸日上而遊學歐美猶復相望於道況我國興學伊始
豈可視為緩圖近時風氣已開京外各省貲遣遊學踵履相接
粵省通商最早士氣開通工商發達而選派遊學之舉除前督
臣陶模派往日本留學速成師範外絕無所聞嚮使數年以前能
及早舉行此事則卒業回粵之後農工商務必已受其益何
至人才缺乏至於斯極臣抵任後首先注意於此迭經飭屬選派
兵間替從電牘交馳共計前後選得陳彰海于樹楨孫紹基孫
桂馨何國鈞郭 延盧煥郃保羅佩金王璇劉名顯岑兆麟江淮注

譚學夔鄧瑞槃盧公輔何崇礼鄧恃譚學徐盛徇銘沙曾詒許
璇張泳皋蘇壽松夏同纯金殿勲周倩儁馬光楨王敬秋陳文
董荣光湯叡章鴻釗楊永貞閻昌善周維新朱瀚芬程脩魯
阮以新阮福田覃鎏欽黄承恩楊志澄諭貽陳元泳世銘張天
驥譚荣彪彭琦張荣光蕭祖康秦覺余同信馮衡車駕龍
王肇基金荣藩藍任大李孔嘉李孔昭趙士槐蘇渙圖余英壽
官其彬莫鞏宇黄荣綬汪祖澤鍾鼎基陳宏萼孔昭度許
烈壇梁廣謙蔣瑩英廖恩煦陳嗣煌等共七十五人派往日本
游學盧錫麟利寅陳兆基劉國珍虞錫晉許士熊羅昌魏毗等共
八人派往英國游學沈紘吴匡時等共二人派往法國游学黄時澄陸
顯璜曾廣堯等共三人派往法国游学沈顥清林葆恒温宗禹陳廷
端謝作楷羅忠詒温宅星陳廷甲唐有恒馮慶桂李燦基夏
元瑮王家鳥曾耀薪利貢譚天池王建祖吴廼桄等共十八人派
往美國游学併計各國官費遊学生一百有六人日本費省額多
歐美費鉅額少總計此項学費為數不貲粵省財力奇絀但
為培才起見不得不勉為其難隨時措飭司局力籌應付以竟

飭該按兩廣學務處詳請

奏咨立案前來除咨外務部總理學務處查照外所有廣東省選派

官費生出洋遊學緣由理合恭摺具陳伏乞

皇太后

皇上聖鑒謹

奏

再前准出使日本大臣楊樞函稱與日本法學博士梅謙次郎商議特設法政速成科刊布學章請中國選派京外官紳來東學習等語臣當即飭屬選派兹據兩廣學務處詳稱前後派往日本留學法政速成科計有三起一為考選之朱大符陳慶貢余聲鉉黃農世孔貽焱金保福陳天球劉學毅吳天寵譚寫翰張澍棠駱鴻翔蘇啓元汪兆銘莫鴻秋朱鎧棠起標金章姚禮修梁秉鈞杜之杕張福照曹受坤張樹枏古應芬陳熾昌崔斯哲駱鴻年陳融陶汝霖陳文褚振瀚谷拱宸彭徵洋陳鴻慈岑文肅鄧

振廊鄒永譽舒永祺李鳳威倪敏敷等共四十一名一爲保送之
朱裔嶽聶其壎曾昭聲陳祿光陳邦輝胡衍鴻張廷楊章
若衡葉夏聲高嵩齡祁耀川荀謙黄軒佐潘元教章仲希
賴瑾陳百朱等共十七名一爲自費改歸官費之唐鏞元一名
合共五十九名請予
奏咨立案等情前來臣覆核無異除分咨外務部總理學務處
查照外理合附片具陳伏乞
聖鑒謹
奏
外務部
咨

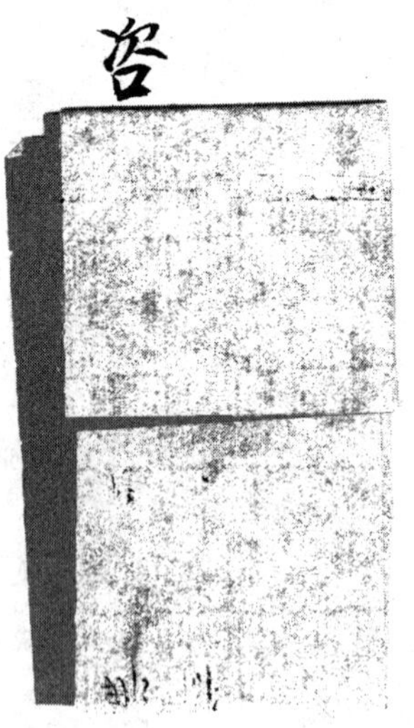

五九

兵部侍郎[illegible]提督軍務兼理糧餉[illegible]為

咨呈事光緒三十二年閏四月十九日准

欽差出使各國考察政治大臣戴端咨據繙譯學生吳勤訓謝學瀛王春照稟稱生等

隨從繙譯現值考察各事將次完竣情願留學歐美冀有成就以為他日尺寸之

效惟學費無出不得不仰懇咨商生等原籍江蘇撫藩各憲發給官費等因當

經本大臣電致貴部院承允照辦電復在案本大臣考察各事現在將次完竣該

生等自應分赴法美就學免曠時日其學費一項應請查照向章即於復電之日

起支按期滙寄俾資應用除就近咨明

出使美法國大臣外咨請查照辦理并由還咨

外務部

學部立案可也等因准此查此案前接來電即經前護院札行蘇省學務處核議嗣

據詳復稱吳勤訓等三名既經隨從出洋繙譯甚資得力品行尤好奉

戴端二大臣請給官費自應照准惟吳勤訓一名籍隸泰興應由兩江學務處核給官

費其謝王二生留美學習擬請按照前定美國學費章程每生每年核給美洋捌百

元即從光緒三十二年二月三十日奉文之日起由處按季滙解

梁大臣查收轉給除咨兩江學務處並分行外相應詳候核咨等情當經咨復在案

茲准前因除札蘇省學務處移會兩江學務處查照辦理並咨

學部備案外相應粘單咨呈為此咨呈

貴部謹請查照備案施行須至咨呈者

計粘單

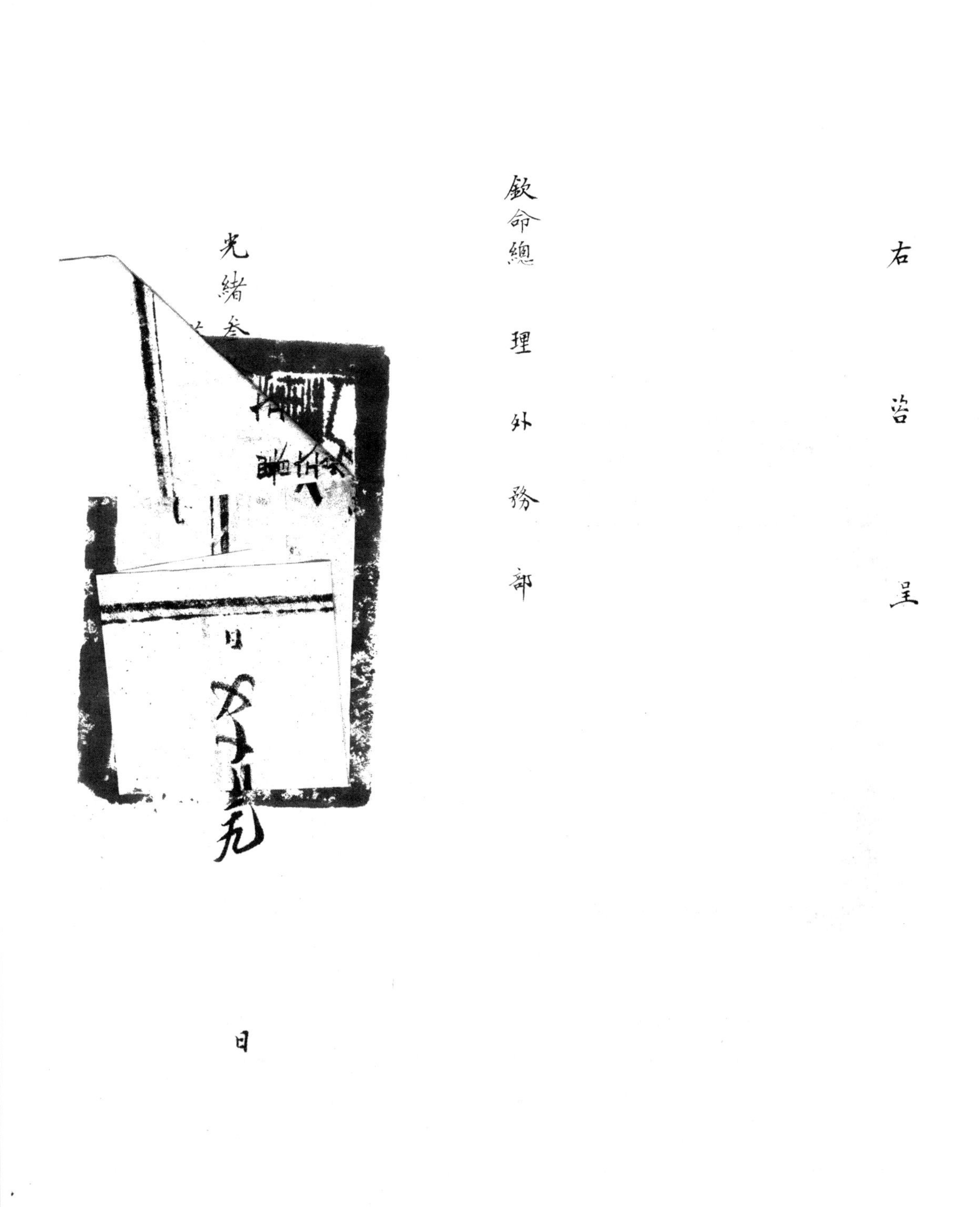

右咨呈

欽命總理外務部

光緒叁

日

附件

吴勤訓年二十六歲江蘇泰興縣人

曾祖士珪　祖存義　父寶讓

謝學瀛年二十二歲江蘇金匱縣人

曾祖燦章　祖恩墀　父鈺

王春照年二十歲江蘇上海縣人

曾祖桂林　祖錦濤　父豐京

六〇

[illegible]

詳請給咨事據學務處詳称准杭嘉湖道移開接
准本關税務司單　函開本關供事鄒秉文有志
出洋留學情頗自備資斧往美國肄習專門業經
申呈總税務司核准給假在案今擬閏四月初旬
起程前往備具禀詞保結照片懇請轉達移知浙
江學務處立案一面備文詳請撫院給咨前來本
税務司查該供事鄒秉文在關多年品行端正考
其學問程度堪以入美國大學堂學習專門函請
查照禀詞速爲辦理等由將送到照片移送查照

詳請給咨送道以憑轉給該供事鄺秉文賫往留
學計抄稟内開係江蘇江浦縣人自幼粗通經史
曾入上海清心書院學習英文及筆算理化歷史
生理天文地輿等學畢業領憑充當教員旋赴日
本朝鮮游歷回國歷辦郵政局江海杭州閩浙東
貨釐繙繹於今十年公餘於德文法文略窺門徑
光緒二十九年報捐縣丞職銜並於押運山海關
防務軍火案内奬給藍翎五品頂戴現年二十八
歲並無宿疾業具普通之學編查外國章程以職
程度可以直入大學堂學習專門科學茲擬自備

資斧前往美國學習專門等情轉移到處准此查
選派出洋定章必須考驗准前奉准
學部電選派時大略辦法内開派送西洋者人較
少弊較輕另行定章等因今杭關供事鄭秉文自
備資斧出洋赴美國肄習專科既稱有普通資格
且由杭關稅務司查明該供事在關多年品行端
正學問程度堪以入美國大學堂學習專門其志
可嘉應請免予考驗准予給咨前往以遂其嚮學
之忱所有學費應咨明飭由該生自行按期遵繳
除移取保結願書履歷另文詳送外理合詳請

繕發
出使美國梁大臣咨文一角發處送遞轉給並請
咨明
外務學部查照等情到本部院據此除繕備
梁大臣咨文發處送遞轉給前往並分咨外相應
咨呈爲此咨呈
貴部謹請查照施行須至咨呈者。
右　　咨　　呈
外　　務　　部

逕啟者，茲有奉中國學塾會所派之一班人函請代該會請中國學部新定學則准彼等亦按照學堂定章等級相同照辦。該一班人云，檢閱奏設學堂之章，深欣學堂准人集資公立或一人私立，並勸諭紳商集資廣立，且載明若一切章程，均遵照官章辦理，考其程度與官立學堂相等者，其畢業出身應與官立者一律辦理等語。查本會男女教習分布中國十二行省內，已有二百六十三人，幾已皆為學堂師範。其學生留宿之大學堂凡一百零九所，其不留宿之學堂已有四百六十處。等因。茲該會派來之人請按前列章程

如會內學堂書院自行考試畢業生所發之文憑中國學部應
與官立學堂等級視同一律並許該學學級畢業後與官立
學堂出身一律同等又請
貴國學部設法定章如會內學堂書院有願照法辦理
者可由學部派員至堂稽察是否按照奏定章程教授
再學堂學生或升級或畢業於其考試時學部亦可派員
觀試使
貴國學部知其程度將有明效本大臣茲達知
貴親王本國政府甚望中國造就人材如此辦理若

貴政府深以爲可即請
貴親王轉達學部本大臣可否能允與學部詳細酌商惟
希
見復是荷特佈即頌
爵祉　附洋文

名另具　五月初六日

柔克義

附件

AMERICAN LEGATION,
PEKING, CHINA.

To F.O. No.

W. June 26, 19 06.

Your Imperial Highness:-

I have the honor to inform Your Imperial Highness that I have received a communication from a Committee, representing the Educational Association of China, requesting me to lay before the Imperial Board of Education a petition for the recognition in the new system of public schools of such mission schools and colleges as shall comply with the standards set for schools of similar grades in the public school system.

The Committee says:- "We note with satisfaction that the Chinese School Regulations provide for the establishment of schools by public subscription and private enterprise, that they urge the gentry and men of wealth to undertake such good works, and provide that 'when such schools are being conducted in compliance with all the regulations for government schools, if examination shall show that the efficiency of such schools is equal to that of government schools, graduates of these private and community schools must be accorded the same treatment as those of the government schools' ---------- The Association which we have the honor to represent is composed of 263 gentlemen and ladies, nearly all of whom are directly engaged in educational work in China, a nd have under their direction 109 colleges and boarding schools and 460 day schools situated in 12 different provinces."

The Committee, therefore asks that in harmony with the Regulation above-quoted, the certificates and degre es, conferred upon their graduates by the mission schools and colleges which shall so request may have official fecognition

tion as of equal honor with those granted by government schools of similar grades, and as entitling the holders to all privileges enjoyed by those holding similar certificates and degrees from government schools", and I am asked to present their request that an arrangement be made for an official inspection of the curricula of these mission schools and colleges that solicit this privilege, and that official examiners be appointed to attend the examinations held at such schools and colleges so that the Board of Education may be satisfied of the efficiency of the education given.

I have the honor to assure Your Imperial Highness that the matter is one in which my Government takes a deep interest, and I have the further honor to request that, if Your Highness' Government shall deem it advisable, I may bring the subject to the attention of the Imperial Board of Education.

I avail myself of the occasion to renew to Your Imperial Highness the assurance of my highest consideration.

W. W. Rockhill

Envoy Extraordinary and
Minister Plenipotentiary
of the United States.

To His Imperial Highness, Prince of Ch'ing,
President of the Board of Foreign Affairs.

六二

兵部侍郎兼都察院右副都御史巡撫江蘇等處地方提督軍務兼理糧餉陳 為

咨呈事據總理蘇省學務處司道詳稱據上海中西書院

學生陳明恩稟稱竊生肄業中西書院於英國文語畧

知門徑今願自備資斧赴美學習專門遵照

學部新章備具履歷保結稟請考驗給咨前來當經本

處照章考驗得該生陳明恩品行端謹身体强健且通習

英文科學畧有門徑與定章尚屬合格似應准其自費赴

美學習專門以廣造就理合將送到履歷保結詳候給咨

發處轉給領賚等情到本部院據此查該生陳明恩情

願自備資斧赴美學習專門既由處考驗合格應即照

准除咨出使美國大臣梁 妥爲導護照料並咨
學部查照外相應將履歷保結咨送爲此咨呈
貴部謹請查照施行須至咨呈者
計咨送 履歷壹本 保結壹紙
右 咨 呈
欽命總 理 外 務 部

附件一

上海中西書院學生陳明恩謹將年貌籍貫履歷具造清册呈請

憲核

計開

陳明恩年十七歲身中面黄無鬚係江蘇元和縣民籍

曾祖廷榮　祖元慶　父恩光

光緒叁拾貳年閏肆月　日

附件二

淡字六百七十号

具保結博習醫院醫師成頌文今於

與保結事

普通且通習英國語文所需學費力能照章

光緒叁拾貳年閏肆月

實結得自備資斧前赴美國游學學生陳明恩實係品行端謹身體强健科學

致送不致拖欠所具保結是實

日具保結博習醫院醫師成頌文

六三

和會司

呈為咨行事光緒三十二年五月初六日接准美柔使

函稱兹有奉中國學塾會所派之一班人函請代

該會請中國學部新定學則准彼等亦按照學

堂定章等級相同照辦該一班人云檢閱奏設學

堂之章深欣學堂准人集資公立或一人私立

並勸諭紳商集資廣立且載明若一切章程均遵

照官章辦理考其程度與官立學堂相等者

其畢業出身應與官立者一律辦理等語查

本會男女教習分布中國十二行省內已有二百

六十三人幾已皆為學堂師範其學生留宿之

大學堂凡一百零九所其不留宿之學堂已有

四百六十處茲該會派來之人請按前列章程如會內學堂書院自行考試畢業生所發之文憑中國學部應與官立學堂等級視同一律並許該學學級畢業後與官立學堂一律同等又請貴國學部設法定章如會內學堂書院有願照法辦理者可由學部派員至堂稽察是否按照奏定章程教授再學堂學生或升級或畢業於其考試時學部亦可派員觀試使貴國學部知其程度將有明效本大臣茲達知貴親王本國政府甚望中國造就人材如此辦理若貴政府深以為可即請轉達學部本大臣可否能允與學部詳細酌商惟希見復等因

前來查美參使所稱各節是否可行相應咨行
貴部酌核見復以便轉復該使可也須至咨者
學部
光緒三十二年五月 日

六四

學部爲咨覆事總務司案呈准

貴部咨開接美柔使函稱奉中國學塾會所派之一班人函請該會内學堂書院按照奏定章程等級相同其畢業升級出身應與官立學堂一律辦理等因現今世界交通原期互换知識該會設立學堂數百所收教中國學生情殊可感惟查奏定章程雖勸諭紳富廣立學堂而並無外國人

設立學堂之規則所謂勸諭紳富者係
指本國人捐集貲產以代國家籌辦者而言
本部遵守奏章凡外國人設立學堂概不承
認稽查考試之責所請畢業升級出身與
官立學堂一律辦理礙難照辦相應咨呈
貴部查照轉覆可也須至咨者
右　咨　呈
外　務　部

六五

敬啟者本月初四日上美字第一百二十三號公
函度邀
堂鑒美國西省工黨衆多盤踞政界日以禁逐黃種爲
事其官若紳亦以排擊困刻博社會之歡心以圖
選舉三十年來未嘗或息太平洋一帶以嘉釐福
尼亞一省爲尤甚嘉省各埠又以金山爲尤甚中
國日本高麗等國人民僑寓該埠人數本衆生育
尤繁華人子弟約二千餘日人子弟亦約二千餘

以有分擔租稅之責皆得受地方教育其初與白人子弟混同入學旋以華人就學日益增多且年齡資格每有參差不能隨班授課衣服習慣尤復歧異每為白人窘辱特於華埠之內別設一塾分派教習籌撥經費訂定課程均與別處公學一律華人喜其利便群焉安之其後華童進步頗速該學程度過低亦經商准管學紳員加設高等兩班俾資深造並聲明畢業之後得升入高等中學與

白人子弟參合授課當時華旅亦無異言近年以來利益平等之說深入人心華旅始以不得一律相待引為恥辱誠抵美之初即以為言適值工約將滿文遇日俄戰事汲汲經營未遑他及正擬俟工例改良大局畧定徐與外部商及此事而旅金日人以此問題屢次集議東京報界亦為鼓動聲勢洶湧有美國不任日童混同入學即以兵戎相見之意駐美日本大使青木周藏受其政府訓條

謁見外部援據條約聲明宗旨美政府以教育係屬地方之事中央政府無從干涉而日國兵力正强又不敢違言開罪特遣籍隸嘉省之工商部大臣茂卡扶前往會同金埠官紳查核商権一俟聲復到後即有一定辦法論者謂美國分别種族之事固由西省厭惡黄人而起亦因黑人問題有所牽涉不敢遷就自處於困難之地緣美國放奴之後黑人享有國民權利絶無軒輊惟黑人子弟不

得與白人同一學舍屢爭不直正難解决今若允許黄人子弟同學則黑人益有所藉詞顯然肆擊而白人以其人格卑下道德弱薄斷不任子弟與之習居致受濡染而種相持勢必决裂激成内亂不可收拾美廷輕重相衡毋甯啟外交之爭端不欲釀閲牆之隱禍日本此舉未必得當云云此固美國内情之真相也惟是日本既已開正式之交涉美廷亦已派員查察無論如何必有結案之法

中日同係黃種同係友邦彼所施於日人者斷不容靳於華旅自應先為聲告免至歧視誠今晨專晤外部路提詳陳一切路提謂分塾辦法原為利便外人本非別有輕視應就本國人民習尚自行量度苟分塾勝於合塾似不妨仍安其舊凡事貴求實際不必徒爭虛名　誠告以金山自經震災華人分居各處非復如前聚處若僅設一學華童往來實多不便若隨處專設華學固恐人數不多教

科簡缺亦慮經費過繁難於接濟按照現情又不如仍任華童隨便入學之爲便且日本所以要請者以不得與歐洲各國一律爲有違最惠國條而已我國與美訂約明載任由華人入美國各等學堂一條較日本應享利益尤有實據日人既得以此爲言我華人斷不自甘向隅路提云不論如何辦法中日自必一律請貴大臣放心斷無畸重畸輕之舉等語現在蔑卡扶尚未回都其稟復如何

不能預測惟各處報館議論頗不以日本爲然殆亦種族問題有所顧忌不敢主持公論耶倘有所聞再行續達先此馳布即希

代回

邸堂列憲詧核是幸敬請

均安

制梁誠頓首 光緒三十二年九月二十二日 美字第一百二十四號

六六

學部爲咨呈事。查旅美華商同是
朝廷赤子，亟須乘時勸學，擴其知識，而發其
忠愛。本部現經奏准派内閣候補侍讀
梁慶桂前往美國，調查華民情狀，籌
辦興學事宜。該侍讀約於明年春間
起程東渡，即希
貴部發給護照，并知照駐京美使及
出使美國大臣，妥爲照料，俾利遄
行，實爲公便。相應咨呈
貴部查照辦理可也。須至咨呈者。

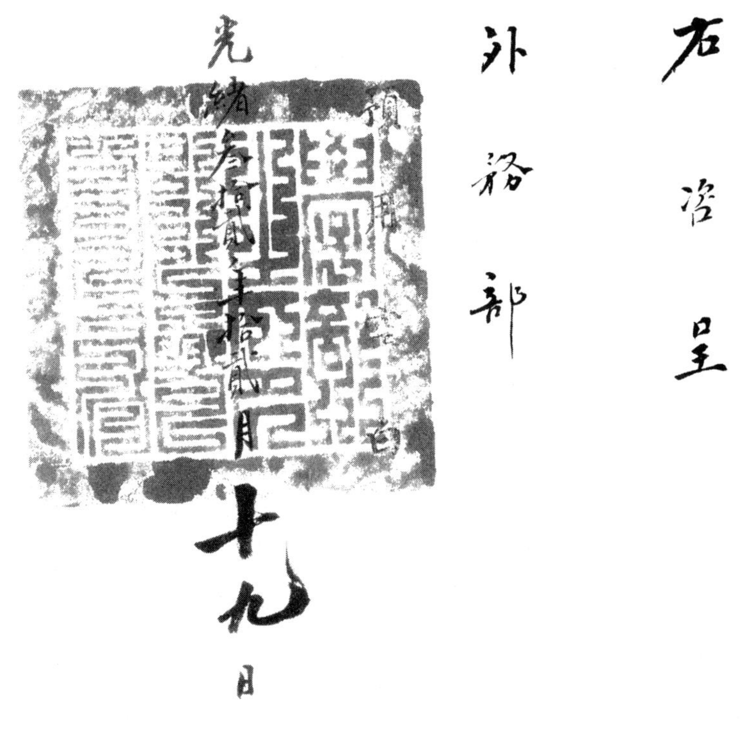

右咨呈

外務部

光緒叁拾貳年拾貳月十九日

六七

致美柔使

逕啟者，准學部咨稱：本部現經奏准派内閣候補侍讀梁慶桂前往美國調查華民籌辦興學事宜，請貴部發給護照知照美國駐京大臣簽字蓋印，並轉飭照料等因。除咨行梁大臣外，相應由本部繕就護照一紙，函請貴大臣簽字蓋印訖，將原照送還，並即轉達貴國政府轉飭妥為照料可也。此頌

日祉

附護照一紙

光緒三十三年十二月　日

六八

考工司

呈爲咨行事。光緒三十二年十二月十九日，准學部咨稱：現經奏准派内閣候補侍讀梁慶桂前往美國調查華民情狀，籌辦興學事宜。該侍讀約於明年春間起程，希貴部發給護照，並知照妥爲照料等因。除由本部繕就護照，函請美使蓋印簽字，報知美政府轉飭照料外，相應咨行駐美梁使，貴大臣查照，妥爲照料可也。須至咨者。

光緒三十二年十二月　日

六九

咨學部咨送梁慶桂赴美護照由

行 行

左侍郎聯

郵傳部左侍郎兼署外務部右侍郎唐

十二月 三十日

十二月 卅日

行

考工司

呈爲咨行事。前准

咨稱：本部奏派内閣候補侍讀梁慶桂前往美國調查華民情狀，籌辦興學事宜。該侍讀約於明年春間起程東渡，即布發給護照，并知照駐京美使及出使美國大臣妥爲照料等因。當經本部繕就漢文護照一張，函送美使

簽印去後茲准復稱已於護照上簽字加印並已詳達本
國政府轉飭各處俾梁委員便於調查至梁委員擬於何
時起程由何海口入美並希預行知照以便轉知該口官員屆時照
料等語除由本部另行知照駐美梁大臣外相應將護照一張
咨送
貴部查收轉給該員梁慶桂收執並將該員起程日期由何
處入美境詳細聲復過部以便轉知美使可也須至咨者附護照一張
學部
光緒三十二年十二月 日

七〇

中堂
王爺
大人鈞鑒敬肅者上年准

學部咨開外國人在内地設立學堂奏定章程並無允許之文除已設各學堂暫聽設立無庸立案外嗣後如有外國人呈請在内地開設學堂者亦均無庸立案所有學生概不給予獎勵等因業經轉行遵照在案近得美國駐京柔使來函以接據外國中華學塾會委辦等公稟教會在中國設立學堂甚多請協同英使轉求中國政府使教中修

業諸生與國學諸生同與考試共得升階等語特
請照准前來查閱原稟係並稟英使而但有美使
來函不知英使是否已向
鈞部交涉竊思中國官立民立學堂限於財力不能
甚多外國所設學堂未嘗不可輔我官力民力之
不足似可無庸固拒惟拜聖禮儀關繫至重斷不
容稍予通融擬請
學部酌核准予一體立案給奬而升入官學之後

必須一體拜謁孔聖不遵者不收庶於教思之廣
衛道之嚴並行不悖管見如此不識有當萬一否
除函商
學部外謹將來往函稟各稿錄呈
鈞察伏乞
裁示為幸肅此恭請
鈞安伏維
垂鑒端方謹肅
計鈔呈美國駐京柔使來函一件中華學塾會
委辦等公稟一件致學部函稿另單稿各一件

附件一

大美國欽差大人閣下敬稟者現今中國凡事改良力求進步維新之意既肇其端而在中國
佈道会之人遂議論應如何令教中學塾之課程與中國國家之學業互相融洽方
有裨益夫教中之學塾各省皆有其中之課程則中西並授上焉者曰書院曰大學
堂不下二千餘所次焉者曰中齋曰備館亦約百餘所其他男女蒙學不計其數十
六年前佈道會聚集於上海學塾會始行設立至今會中男女約三百餘人皆
各學塾中之有職任者每三年在上海聚集一次辯論關係中國文學之事
現已聚集五次矣其大旨乃為開發諸等學業誘掖而輔助之且注意於教科諸
書繙譯著作成帙已有多種而未成者仍精心研究俾數加多不第欲有益
於教中之學塾亦願有益於　國家之學塾也可喜者中國已識西學之貴
極力求新其校雖有多端而教中學塾所成之效亦為切要其已成之效固可喜
更望將來中國人之靈性道德多所開發其成效尤可喜也甚願學務處參
訂中國學堂之章程多研究教中之學塾如何俾教中學塾畢業諸生以其

所學輔助國家副其為國盡忠之志也夫中國之人士居其首國家之取士予
以登進之階乃士子所欣羨及身登仕施行其所學尤士子所欣羡也捨所定
科章惟在國學修業者方能上進而於教中學塾修業者似皆閉門而不納委
辦等　懇請
大人協同
英欽使轉求中國政府果能使教中修業諸生與國學諸生同與考試共得
升階倘礼節儀文於教中諸生有妨者設法變通無容固執此外凡民立學塾
之課程若與國學相符皆可與國學諸生同得利益此委辦等所深願也欲得
此成效者其所論之法特畧言之一請學務處派員察明教中學塾之課程若與
國學之規模相符當考畢業時派員協同考試合格者學務處則予以文憑
一學務處備科目一紙凡國學外諸學畢業者派員按科目考試合格者
則予以文憑一容外學諸生與國學諸生一同赴考不必拘執拜聖儀文

國家於諸等學塾果能不分畛域是使國學塾文學之開發師範之習練
授受之法則繙譯之書籍皆為國家之所有於文學之事不大有裨益
如此一視同仁必能袪彼此之猜嫌勵青年之忠悃學塾會董事等甚願
大人與
英欽使同將此要意達於 中國政府倘不棄芻蕘則
中國之益非淺鮮矣肅此敬請
鈞安

中華學塾會委辦 梅 何 謝子榮 謹禀

此禀外另具一分呈於英欽使

附件二

逕啓者凡人皆悉

貴大臣極力辦理學務研究科學一切法則所以

貴大臣必知敝國志士向在中國設立學堂將其所學之有益者教授中國子弟故本大臣不必細述不過敎習徧設大小學堂於各處其中最著者以北京通州蘇州上海南京廈門廣州等處之大書院為已見功效且應悉美國敎習亦是血誠不論中國之寒家子弟均可入學肄業得受薰陶與華人在西方留學附入大學堂大書院所授之課程一律更於游學各費儉省不知凡幾現值

貴國既整頓教育之法特將西方實業及各種科學教授擴充中土中政府似应乘此時機將各教會及私立學堂畢業有才幹者多收羅之敷布於官立新學堂為輔助國謀教育發達可使該生等騁其志望以符素懷襄贊國政欲成此果無他要因不過使主持國家學務者將現加考試學生新章略加删改允准教會及私設學堂之學生與考惟不背繩其行良心中

所不可行之規則為得也去歲夏日有華學整會特派人函致本館蘇錄

一通敬請

披閱該會半屬敝國人所經營之學堂散布於中華各處至會中屬望

意見盡載於該函內擬之法特布此惟以成厥功故請

貴大臣詳閱該函因

貴大臣於教育普及之道必多方謀畫已悉籌之屢屢是以本大臣甚信

貴大臣必能首肯而輔助之若能如從不惟敝國政府確信中國執定教育

之法庶得完全及尚有盼中華之崛起者亦均莫不欽佩也特此函達敬頌

台祺並賀

新禧延釐

名另具 十二月二十六日

附送洋文及抄原函

附件三

範孫仁兄同年大人
華卿中堂
仁兄大人閣下敬啓者上年准

大部咨開外國人在内地設立學堂奏定章程並無允許之文除已設立各學堂暫聽設立無庸立案外嗣後如有外國人呈請在内地開設学堂者亦均毋庸立案所有學生概不給予奬勵等因業經轉行遵照在案近得美國駐京柔使來函以接授外國中華學塾会委办等公会稱教会在中國設立学堂甚多請協同英公使特求中國政府使教中修業諸生與國學諸生同與考試共得升階並請派員考察課程頒發科目改試合格一律給予文憑等語特請照准前來查各國教会在中國各省設立學堂者甚多其學生不分教内教外一律並收故無論奉教不奉教之家送子弟入外國學堂肄業者甚夥各該學堂規則功課高下不一而頗有規則謹嚴課程完美者中國限於財力官立民立學堂皆不能甚多此等外國所設學堂未嘗不可輔官力民力之所不足若能准其一体立案給奬似正所以廣求學之途示大公之道用

特照錄原函原單送請

大部察核可否俯如所請將各處外國所設學堂由官派員察明堂中功課與官立學堂章程相符者准其立案畢業時按照科目攷試合格者與官立學堂學生一体給奬以宏教育而廣登進之處望

安酌示復以便轉復美使為幸耑此奉布敬請

勛安伏惟

垂鑒不既

愚弟　　頓首

計抄呈美國柔使來函一件　中華學塾公委办事公呈一件

附件四

敬再啓者外國人在中國所設學堂大抵出於教会其學生處或不免霑濡其教宗之習若一体升入官學非所以嚴宗教之界立吾道之防

大部嚴定章程不許立案給奬誠屬具有深意但科舉未停之時教民唯其一体考試歷經办有成案閲該会人等原稟係兼稟英美兩使今美使來函相商而未見英使之函想英使或徑向

外部交涉彼若援考試之案為言恐

外部無詞駁拒且中國遣往外國學生皆入該國官設學堂而外國人在我國所教本國學生反不能入本國官學於理亦似未足又外國學堂科目每有神道一科即其教宗未聞我國出洋學生因留學而信教者則霑濡習氣一層當亦未足為慮惟其稟中有不必拘執拜聖儀文之語則與我官設學堂定章不符鄙意似可由

大部核定办法凡外國在各處所設學堂學生考試合格者准按照等第

升入各等官學而入學皆須遵照奏定章程一體拜謁孔聖不遵者不准升入官學如此辦理庶於國際學規兩無窒礙管見所及敢貢其愚

尚祈

卓奪施行再請

勛安伏希

亮照不宣

弟　再頓首

七一

和會司

呈為咨行事。頃准南洋大臣函稱：外國人在内地設立學堂，無庸立案，學生不給獎勵，已照學部咨文轉行在案。近接美柔使函商，據外國中華學塾會委辦公禀：教會在中國設立學堂甚多，請協同英使轉求中國政府准令教中修業諸生與國學諸生同與考試，共得升階。查中國設學限于財力，外人所設亦可輔我之所不足，似可無庸固拒。惟拜聖禮儀關繫至重，擬請學部酌核，准予一體立案給獎。至升入官學之後，必須一體拜謁孔聖，不遵者不收等語。本部查外人在中國設立學堂，曾經美使函請一體立案給獎，當經咨商貴部，未便准行，函復美使在案。兹據南洋大臣轉

達美柔使仍請准予一體立案給奬等因相應抄錄

原件咨行

貴部查照酌核辦理見復可也須至咨者

學部

光緒三十三年十一月　日

七二

照會美柔使舊金山有黃白分校之議務飭禁止由

行　行

左侍郎聯　二月廿日　行

郵傳部左侍郎兼署外務部右侍郎唐　二月廿一日

考工司

呈為照會事本部據留學美國法律學生胡詒穀等呈稱美國舊金山旅居華民不下二萬人輸租納稅與市民同按照中美條約應享同等教育之權乃近以嫉工之故並嫉其子女謂不得與白晳子女受同校之教育市廳之教育部承工黨風旨實

行分校之議，此議若成，是興以進口之路，絕其向學之途，將来專門學校、大學校皆不能入，破壞約章，酷待華僑，莫此為甚等語。前来。並准駐札貴國梁大臣函同前因。查西歷一千八百六十八年中美條約第七、第八兩條内稱：中國人至美國，或經歷各處，或常行居住，美國亦必按照相待最優之國所得經歷與常住之利益，俾中國人一体均沾。嗣後中國人欲入美國大小官學校，學習各等文藝，須照相待最優國之人民一体優待。各等語。是中國旅居美國境内之人民所獲享之權利，自應與美國給與相待最優之國之人民一律無異。迺舊金山以嫉工之故，致有黄白分校之説，至與中國僑民獨加輕視，蔑棄約章，阻抑後進

大失情理之平相應照會

貴大臣查照，即煩轉達

貴國政府查明舊金山各校，如果有此等情形，務

即禁止，以符條約而勵後學，並希見復為盼。須至照

會者。

美柔使

光緒三十三年十一月　　日

七三

大亞美理駕合衆國欽命駐劄中華便宜行事全權大臣李　為

照復事西本月三號准照稱美國舊金山以嫉工之故不准旅居華童與白皙子女受同校之教育一事請查照轉達本國政府查明舊金山各校如果有此等情形務即禁止以符條約而勵後學等因本大臣茲已閱悉轉達本國政府除俟復到日再行知照外相應先行照復

貴親王查照可也須至照會者　附送洋文

右　　會

大清欽命全權大臣便宜行事軍機大臣總理外務部事務和碩慶親王

一千九百柒年肆月初伍日

光緒叁拾叁年貳月貳拾叁日

附件

AMERICAN LEGATION,
PEKING, CHINA.

To F.O. No.
H.

April 4, 1907.

Your Imperial Highness:

I have the honor to acknowledge the receipt of Your Imperial Highness' note of the 3rd inst. to the effect that on account of the ill feeling toward Chinese laborers in California the children of Chinese living there could not avail themselves of the same educational advantages as are offered to the children of white people; would I therefore bring this matter to the attention of my Government that steps might be taken to put a stop to this state of affairs if it existed, to the end that the stipulations of our treaties might be carried out and the cause of education encouraged.

In reply I have the honor to state that I have transmitted a copy of Your Highness' note to the Department of State, and that as soon as an answer shall have been received I shall communicate further with Your Imperial Highness.

I avail myself of the opportunity to renew to Your Highness the assurance of my highest consideration.

Envoy Extraordinary and
Minister Plenipotentiary
of the United States.

To His Imperial Highness, Prince of Ch'ing,
President of the Board of Foreign Affairs.

七四

學部為咨呈事專門司案呈准
大學堂咨開本堂師範科第
一類學生畢業以後酌量選派
分赴法美等國肄業專門學校
並將出洋章程咨請核覆允准
在案兹選定學生朱兆莘曹冕
程祖彝何焱森四名派赴美國游
學相應咨請發給護照咨文定
期飭令前往等因前來查赴美
游學學生例應由
貴部發給護照經該國駐京公
使蓋印俾登岸時不至有留難
情事此次大學堂派遣該生等游
學美國相應咨呈
貴部照辦護照由本部轉給可也須至咨呈者
右咨呈
外務部
光緒　年　月初壹日

七五

復南洋大臣

午橋制軍閣下逕復者前准
函稱近接美柔使函商據外國中華學熟會委
辦公稟教會在中國設立學堂甚多請協同英使
轉求中國政府准令教中修業諸生與國學諸生同
與考試共得升階查中國設學限於財力外人所設
亦可輔我之所不足似可毋庸固拒擬請學部酌
核准予一體立案給奬等語當經本部抄録原件
咨行學部酌核見覆去後茲據覆稱本部新章外
國人在内地設立學堂毋庸立案給奬等語蓋教育
所以陶鑄國民實為國家應盡之義務非外人所可
代謀故外人在内地設立之學堂概不立案給奬惟

該學堂學生同是華民子弟若在該學堂畢業而有升入程度較高官立學堂之資格照章考驗合格原准其一體升學該學生升學之後果能恪守規章砥礪學行所有應得奬勵自應與官立學堂畢業諸生一律辦理如此則外人所立學堂但期規則謹嚴課程完美其畢業學生不患不爲國家任用等因相應函復

貴大臣查照轉復可也順頌

勛祺

堂銜

光緒三十三年三月　日

七六

函致美柔使學生朱兆華等赴美游學希將護照簽字盖印由

行 行

左侍郎聯

郵傳部左侍郎兼署外務部右侍郎唐

三月 三月

行 初六

日 日

致美柔使信

逕啟者，兹准學部文稱：現經選定學生朱兆華、曹冕程、祖彝、何焱森四名派赴美國游學，希發給護照并知照美國駐京大臣簽字盖印，轉飭照料等因。爲此繕就漢文護照四張，盖用本部印信，應請

貴大臣簽字盖印訖將原照送還並即轉達

貴國政府轉飭妥爲照料可也此頌

日祉附護照四張

堂銜

光緒三十三年三月

日

七七

頭品頂戴陸軍部尚書都察院都御史兩廣總督兼管廣東巡撫粵海太平兩關事務周　爲

咨呈事。案照承准

前總理各國事務衙門咨行出使美日秘國楊

大臣與美國使署律師科士達擬定華人往美漢洋文護照程式，咨粵照辦。嗣後華人往美一體仿照所擬程式，飭由粵海關衙門發給等因。今本部堂兼管粵海關事務，據廣東提學使司詳稱，據新會縣佾生黎敬禀請給照前往美國教授蒙學，並出具保結、履歷、相片前來。查無騙拐假冒等項情弊，核與章程相符，除照案驗塡

赴美護照並照章咨行
出使美秘古墨國大臣駐美金山總領事查照
辦理暨咨會
學部查照外相應咨呈爲此咨呈
貴部謹請察照備案施行須至咨呈者
右　咨　呈
外　務　部
光緒叁拾叁年叁月初拾日

頭品頂戴兵部尚書都察院右都御史總督兩廣等處地方提督軍務兼理糧餉兼署廣東巡撫兼管粵海關稅務周　為

咨呈事案照承准

前總理各國事務衙門咨行出使美日秘國楊

大臣與美國使署律師科士達擬定華人往美

漢洋文護照程式咨粵照辦嗣後華人往美一

體仿照所擬程式飭由粵海關衙門發給等因

今本部堂兼管粵海關事務據新會縣附生梁昭

稟請給照前往美國教讀查無騙拐假冒等項

情弊并有殷實鋪保具結附繳存案核與章程

相符除驗填赴美護照並照章咨行

出使美秘古墨國大臣暨駐美金山總領事查照辦理外擬合咨呈爲此咨呈

貴部謹請察照備案施行須至咨呈者

右　咨　呈

外　務　部

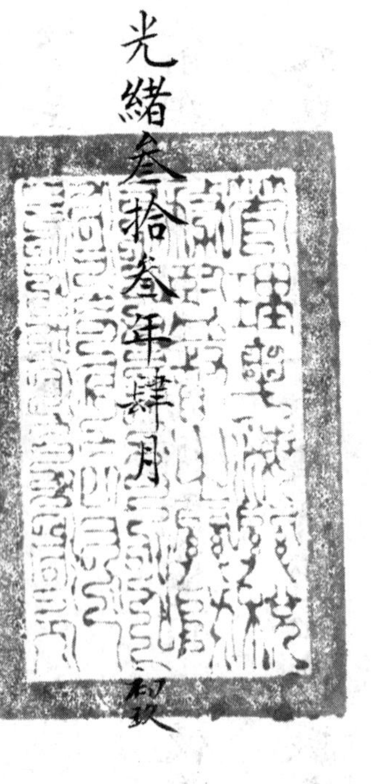

光緒叁拾叁年肆月　　日

七九

致美國柔使信

逕啟者茲准學部文稱大學堂畢業生陳維城赴美留學請給護照等因合行繕給漢文護照一張蓋用本部印信函請

貴大臣簽字蓋印訖送還本部以便轉交該生收執爲要此佈順頌

日祉 附照一張

堂衔

光緒三十三年五月 日

八〇

[illegible]江西等處地方[illegible] 為

據情詳咨事據署提學使林開謩詳據留學日本學生曹樹聲曹樹藩等禀稱學生等於光緒三十二年春間由前學務處賞給官費派赴日本留學現已歷三學期之久所有英文算法各科學均已稍有根柢學生樹聲係學工業學生樹藩係學商業誠以我省於工商兩科向無基礎倘能學成回國於桑梓盡義務開寔業之先聲則前途或不無影響也惟查日本實業學校較之英美其文明之程度奚啻天淵蓋由其各項課程皆自西洋輸入三島故與其留學日本

間接文明何如留學英美直接文明之較為便易雖東西洋有道里遠近之分而留學他國則一也且畢業年限亦復相同學生等為講求真實學業起見擬於本年暑假前自備川資偕赴美國稟懇批准詳咨

出使美國日本大臣俾得由日赴美所有留東官費改寄美國又據留學日本學生原籍廣信府玉山縣人黃炘祖稟稱學生自去夏赴日留學按月由本省監督發給公費叁拾元嗣奉學部新章定為每年四百元循例持摺領取此間

使署監督處著有名籍可核現學生在東一年

細察此邦各種應用學科無一非模效歐美語
及高深之處日人猶自以爲視歐美有遜色言
者以爲居東求學輾轉稗求辛勞備至而爲效
亦迂孰若徑探本原較爲直捷此義聞之稔矣
學生舊在上海復旦學校肄業頃來東京復加
預備於西文薄具根柢不敢遂自放廢爰擬於
本年暑假後徑由東京渡英留學所有學費一
節擬請查照原有公費每年四百元發給餘由
學生自行籌措此舉在公家不過增一滙銀之
勞在學生因以獲遂游英之願伏乞詧核施行
各等情到本署司據此查曹樹聲曹樹藩兩名

係由前學務處考取派赴日本留學作爲官費
生送入清華學校普通科大成學校普通科肄
業黄炘祖一名係由前學務處考取派赴日本
留學作爲公費生送入經緯學校普通科肄業
歷經按月照章滙給學費各在案現在江省派
赴日本留學官費公費各生共有二百餘人從
未有派赴英美留學者即現在英國留學如徐
秀鈞黄家璐兩名原係私費嗣奉前撫部院
胡　札飭查該生等刻苦向學資斧窘屬不繼准
就本省學堂經費項下每名每年給發津貼銀
伍百兩蓋因游學西洋其文明之程度似較東

洋為優祇以道遠費重故至者卒鮮該生等為
講求實學起見擬於本年暑假前後自備川資
逕由東洋前赴英美留學取法貴上深堪嘉許
茲據各稟前情所有學費一節除查照原有官
費公費每年四百元仍舊分別滙寄發給外餘
均由該生等自行籌措在於家中增籌滙之勞
而在該生等已[illegible]風氣亦
可望漸次開通理合據情詳請鑒核分咨並請
咨會
出使日本楊大臣就近給發護照等情到本部
院據此除分咨外相應咨明為此合咨

貴部請煩查照施行須至咨者

右　　咨

外務部

光緒三十三年五月二十五日

八一

頭品頂戴署理兩廣總督兼署廣東巡撫粵海太平兩關事務廣東布政使司胡　為

咨呈事案照承准

前總理各國事務衙門咨行出使美日秘國楊

大臣與美國使署律師科士達擬定華人往美

漢洋文護照程式咨粵照辦嗣後華人往美一

體仿照所擬程式飭由粵海關衙門發給等因

今本護部堂兼管粵海關事務據廣東提學使司

詳稱據開平縣留美文法學堂畢業生周嬪稟

請給照前往美國復進高等學堂留學並出具

保結履歷相片前來查無騙拐假冒等項情弊

核與章程相符除照案驗填赴美護照並照章

咨行

出使美秘古墨國大臣駐美金山總領事查照

辦理暨咨會

學部查照外相應咨呈爲此咨呈

貴部謹請察照備案施行須至咨呈者

右　咨　呈

外　務　部

光緒叁拾叁年伍月　貳拾捌　日

八二

敬肅者本月二十六日肅呈美代字第壹號函計荷

堂鑒查　梁大臣任内於上年准

前練兵處咨送學生陳石英葉方哲二名又准

陸軍部電送湖北官費學生盧靜恆一名均擬入美

國海軍大學校三生早已次第抵美經　梁大臣考

驗英文程度尚未及格普通學科亦多欠缺特令先

入豫備學堂趕緊補習本年春季考試皆有進境遂

於五月上旬備文照會美外部請轉達總統飭行海

軍部照案辦理許久未得復文自齊接事正擬催問適接該外部函邀訂期面商要件先舉華工離境護照及禁烟問題相告旋云美國海軍學校原許友邦生徒入學惟上年有某國學生不守堂章洩漏要件海軍部始定新章不收外國學生南美洲某國曾經拒絶未便獨許中國致啟猜疑等語力請自齊將梁大臣照會收回免露痕跡自齊答以中美邦交本篤我國重辦海軍甚欲得曾習美國軍事之人共襄

要舉故除英法等國專派生徒之外特遣此三人來
美以示推重之義且爲聯絡之地我政府已經再三
斟酌並非泛泛一請照會萬萬不能收回彼仍以不
便與別國兩歧爲言自齊遂引中美舊約第七條華
美人民均得入彼此國家管轄學堂一款以爲中國
可以獨享優待別國不能援例相請之鐵據外部謂
學堂一節係指別項學堂非與海陸軍學之有秘密
性質者可比自齊答以美國學堂除海陸軍學之外

並無國家直接管轄者當時列入此款兩國皆有深意尤應毋墜前嶶力踐舊諾外部又問英法等國是否已收中國海軍學生自齊答以英國已收二十人法國十餘人確數不甚記憶詷查亦自易易近年中美交情較之别國似更親暱何可𨇠同立異自傷感情況我又有成約在先耶外部允俟商總統後再行復答自齊查派送海軍學生陳石英葉方哲盧靜恆三名原卷祇有

陸軍部函電飭行不知
鈞部有無立案深恐美使柔克義詢商辦法一時未能
接洽或至別生誤會謹將始末問答情形據實縷陳
務求
主持一切執行條約毋使藉口他國顯相推諉是爲至
幸敬乞
代回
邸堂列憲俯賜採擇專肅敬叩
均安惟祈
澄詧

周自齊謹頓首 光緒三十三年五月二十九日
美代字第貳號

八三

咨學部咨送陳維域赴美留學護照由

行　行

左侍郎聯
外務部右侍郎汪
六月初三日行
六月初三日行

考工司

呈爲咨行事。前准

咨稱：大學堂畢業生陳維域赴美留學，請給護照等因。當經繕就漢文護照一張，蓋用本部印信，函送美國柔使簽字蓋印訖。相應將護照一張咨送

貴部查收，轉給該生收執可也。須至咨者。附照一張

學部

光緒三十三年六月　日

八四

頭品頂戴護理兩廣總督兼署廣東巡撫兼管粵海太平兩關事務廣東布政使司胡　為
咨呈事案照承准
前總理各國事務衙門咨行出使美日秘國楊
大臣與美國使署律師科士達擬定華人往美
漢洋文護照程式咨粵照辦嗣後華人往美一
體仿照所擬程式飭由粵海關衙門發給等因
今本護部堂兼管粵海關事務據廣東提學使
司詳稱據東莞縣學生胡章稟請給照前往美
國遊學並出具保結履歷相片前來除飭查無
騙拐假冒等項情弊核與章程相符照案驗填

赴美護照並照章咨行

出使美秘古墨國大臣駐美金山總領事查照

辦理暨咨呈

學部查照外相應咨呈爲此咨呈

貴部謹請察照備案施行須至咨呈者

右咨呈

外務部

光緒叁拾叁年陸月初陸日

八五

頭品頂戴兵部尚書兩廣總督兼署廣東巡撫兼管粵海太平兩關事務臣岑春煊 為

咨呈事案照承准

前總理各國事務衙門咨行出使美日秘國楊

大臣與美國使署律師科士達擬定華人往美

漢洋文護照程式咨粵照辦嗣後華人往美一體

仿照所擬程式飭由粵海關衙門發給等因今

本護部堂兼管粵海關事務據新甯縣貢生黄鍾鳴

禀請給照前往美國教習華童查無騙拐假冒等項

情弊並有殷實舖保具結附繳存案核與章程

相符除驗填赴美護照並照章咨行

出使美秘古墨國大臣暨駐美金山總領事查照辦理外擬合咨呈爲此咨呈

貴部謹請察照備案施行須至咨呈者

右咨呈

外務部

光緒叁拾叁年陸月初拾日

八六

[illegible]部尚書兼都察院右都御史總督江南江西等處地方[illegible]為

咨呈事竊照本部堂上年出洋考察政治在美國參觀各學校見其規制宏闊課程完善及與各校長相周旋情意尤為款洽計耶路大學每年願贈學額十一名幹尼路大學每年願贈學額六名均免收學費威爾士利女學願贈學額三名膳宿費及學費一律免收足徵其篤念邦交廣敷教育殊為難得亟應派生前往以期採擷精英灌輸文化所有男女學生共二十名應由甯蘇兩學司於全省各學堂精擇慎選男學生以在中學堂以上畢業程度較深能直接聽講者為合格女學生亦就各女學堂挑選以中文通暢洋文亦有門徑者為合格至男學生每人每年所

需膳宿費若干男女各學生每人各需治裝川資若干併由該司等妥議數月詳候核定嗣以籌款維艱暫定考選男學生十名女學生三名先行咨送旋飭定於五月二十三日由司考選將試卷呈候核定再行咨送凡甯蘇皖贛學生皆可向甯學司署內報名其由蘇學司挑選之學生亦須咨送甯學司就近同日彙考以省周折而歸劃一等因札飭遵行在案[illegible]嗣准出使美國梁大臣函開查耶盧大學總理上年西歷五月間函稱該學公議[illegible]遞贈額二名[illegible]育金聽憑考察政治兩大臣酌選派補此外又有學額十名則由本學自定必合程度始得入選倘不足額甯缺毋濫又哥尼路大學總理西十月間來

函畧稱本學議給中國學生學額二十四名每年派給六名四年作為完滿得學額者免收修金所有願得學額之學生必須程度合宜或考試中選或領有高等學堂豫備學堂畢業文憑大學備案錄據該生先將憑據寄交本學驗明合格然後起程來美能將此項學額匀給數省由各該省督撫保送合格學生前來充補尤為平允且覺得體各等語耶盧二名非別省所能選派哥尼路六名北洋已佔多數若按照該總理函開辦法則尊處至少可派二名如別省無合格生徒即多派兩名亦無不可謹將原函二件一併送呈應如何派送之處仍請酌裁辦理威路斯利女學一節業經遵達該生等隨時入校均可聽便等語并附洋文函二件到本部堂准此

正核辦間旋據甯提學司詳稱奉飭後當經一再牌示諸生
知照在案嗣准蘇學司江蘇安徽教育總會及各學堂先後
咨送各生投考前來本署司遵於五月二十三日彙同報考諸生
在署分科命題連日考試至二十五日試畢按照各生程度分科評
定分數總計分數甲乙録取男學生胡敦復等十名女學生胡彬夏
等三名備取男學生楊景斌等五名女學生王季昭等二名除榜
示外復於本月初四日面試各生程度均屬相符其應如何發給治
裝川資派員給咨護送起程之處統候鈞裁等語并試卷相片
分數表履歷冊到本部堂准此查核試卷表冊均屬無異
復經本部堂傳見諸生詢其學業察其氣質尚有入美國
大學直接聽講之程度堪以派往入各學校肄習精深學業

業經委派温道秉忠護送前往約於美國學校下半年

開學之前到美按期分送各校以便歸班學習等因在

案復查

梁大臣来函及耶路大學總理幹尼路大學總理致

梁大臣各函耶路所贈學額二名可由本部堂選派其餘十

名如有合格之學生即由該校自主收入學額無由各省選派

之説惟幹尼路贈有學額六名有莫若由各省匀分選派等語然據

梁大臣函云如别省無合格生徒即多派兩名亦無不可兹

已選定各生程度既合向學復殷未便中輟阻其好學之

志總計耶路十二名幹尼路每年六名共十八名此次選派男

學生十名内除二名係應由本部堂選送外所餘八名即分入

耶路斡尼路兩校此外尚有學額八名即由各省選派合格學
生前往補充以副該總理等為中國通籌普及之雅意去年
經各校總理允行後并未舉辦本年即為第一年經本部堂
多方籌畫辦成此事至威路斯利女學所贈學額三名據
梁大臣函云該生等隨時入校均可聽便現所考取女學生
三名即令直入該校肄習無庸留額待各省選派補充
嗣後每年應派男女學生若干名應請
學部主持按照學期咨行各省選送學生到京即由
學部按省分配考定合格之學生派令前往補足所贈學
額較為妥洽所有此次選派學生赴美入各大學校及將來

選派學生辦法相應備文咨呈

貴部謹請查照施行須至咨呈者

計男女學生名單壹紙 照譯耶路大學幹尼路大學致梁大臣函貳紙

右 咨 呈

外 務 部

光緒叁拾叁年陸月 十二 日

附件一

計開

正取男學生十名

胡敦復年二十二歲江蘇無錫人南洋公學畢業生震旦復旦英文助教現充京師譯學館英文教習

辛耀庠年二十歲江蘇江甯人上海約翰書院上院特班生

王鈞豪年二十一歲江蘇無錫人天津大學堂畢業生

韓安年二十六歲安徽巢縣人滙文書院畢業生

倪錫純年二十五歲江蘇上海人上海約翰書院畢業生江南實業學堂英文教習

陳達德年二十四歲江蘇丹徒人上海約翰書院正館畢業生

李謙若年二十二歲江蘇吳縣人復旦公學甲班生

鄭之蕃年二十一歲江蘇吳江人復旦公學甲班生

蔡彬懿年十八歲江蘇武進人商部上海高等實業學校工程班學生

侯景飛年　歲江蘇金匱人直隸高等學堂畢業天津北洋大學堂肄業生

正取女學生三名

胡彬夏年二十歲江蘇無錫人留學日本實踐女學校現充吳江麗則女學堂堂長

宋慶林年十六歲江蘇上海人上海中西女學肄業

王季茝年二十八歲江蘇長洲人留學日本京都同志社女學校高等科

附件二

照譯耶盧大學總理赫德雷致駐美梁欽使函 一九〇六年五月廿二日 華丙午四月廿九日

敬啟者本大學擇於西六月二十七日頒贈法律博士學位已恭備寸柬邀請 光臨届時務乞 勿却是所切盼

本大學贈中國學生學額十名一事本大學已數接中國學生來信欲得此項學額程度亦似有頗高者本大學復以須候 貴使館定奪等語然另有永遠學額二名當時已議定由昔日遊觀本大學之兩位制台謹按即指考察政治兩大臣遴派其餘十名擬全由本大學作主竊思西六月中各學生即須作下一學年之預備故此事不能不早為籌議惟第一年 贈額辦法以後年年不必遵照辦理所贈各學額亦不必於第一年全數補足若一时未有許多程度合格之學生則與其收取程度較低者無寧虚額以待矣 執事有何高見務乞 賜教為盼

照譯賀尼路大學總理崔曼致梁欽使函 一九〇六年十月十八 華丙午九月朔日

敬啟者本年六月二十日丙午閏四月廿九日賀尼路大學各董事會議贈中國

附件三

照譯耶盧大學總理赫德雷致駐美梁欽使函　一九〇六年五月廿二日　華丙午四月廿九日

敬啟者本大學擇於西六月二十七日頒贈法律博士學位已恭備寸柬

邀請　光臨屆時務乞　勿却是所切盼

本大學贈中國學生學額十名一事本大學已數接中國學生來信欲得此項學額程度亦似有頗高者本大學復以須候　貴使館定奪等語然另有永遠學額二名當時已議定由昔日遊觀本大學之兩位制台謹按即指考察政治兩大臣　遴派其餘十名擬全由本大學作主窃思西六月中各學生即須作下一學年之預備故此事不能不早為籌議惟第一年贈額辦法以後年年不必遵照辦理所贈各學額亦不必於第一年全數補足若一时未有許多程度合格之學生則與其收取程度較低者無寧虛額以待矣　執事有何高見務乞　賜教為盼

照譯賀厄路大學總理崔旦曼致梁欽使函　一九〇六年十月十八　華丙午九月朔日

敬啟者本年六月二十日丙午閏四月廿九日賀厄路大學各董事會議贈中國

學生學額事已議定贈二十四名即每年贈六名每名四年始畢業三年後大學中常有中國學額二十四名也賀尼路大學學費按學科而定有美金一百元者有美金一百五十元者今所贈之學額價值亦相等

茲謹將此學額問題議定辦法開列于左希為 鑒示

學生程度未能進賀尼路大學者固不能收然程度之高低非獨可於到衣的喀（賀尼路大學所在處）考驗時見之且可決之於各該生所得之著名高等學堂畢業文憑或他大學優等修業文憑且不獨美洲學堂歐亞亦均一律認可即各該生未離家之前先行函詢本大學詳述該生所得之文憑以定能否收取亦無不可

竊思贈學額與程度能進賀尼路大學之中國學生其最當最便而最冠冕之辦法莫如由中國各省總督（或巡撫）選派而尤莫若由各省勻分選派也

右擬辦法未悉 貴國政府以為可行否 鈞意以為何如乞先 示知為盼

八七

[illegible]為

咨呈事竊照本部堂上年在美攷察政治參觀威爾士利女學校該校願贈學額三名膳宿費及學費一律免收等因經本部堂札飭甯學司於考選男學生時一並考選女學生三名咨送前往據甯學司面稟考取本省女學生三名外尚有浙江女學生曹芳芸一名西文固極精深中文亦有根抵額滿見遺殊為可惜復經本部堂傳見該女生舉止大雅卓有風範向學情殷實堪嘉尚應一並派赴美國肄習精深學業除分行外相應備文咨呈

貴部謹請查照施行須至咨呈者

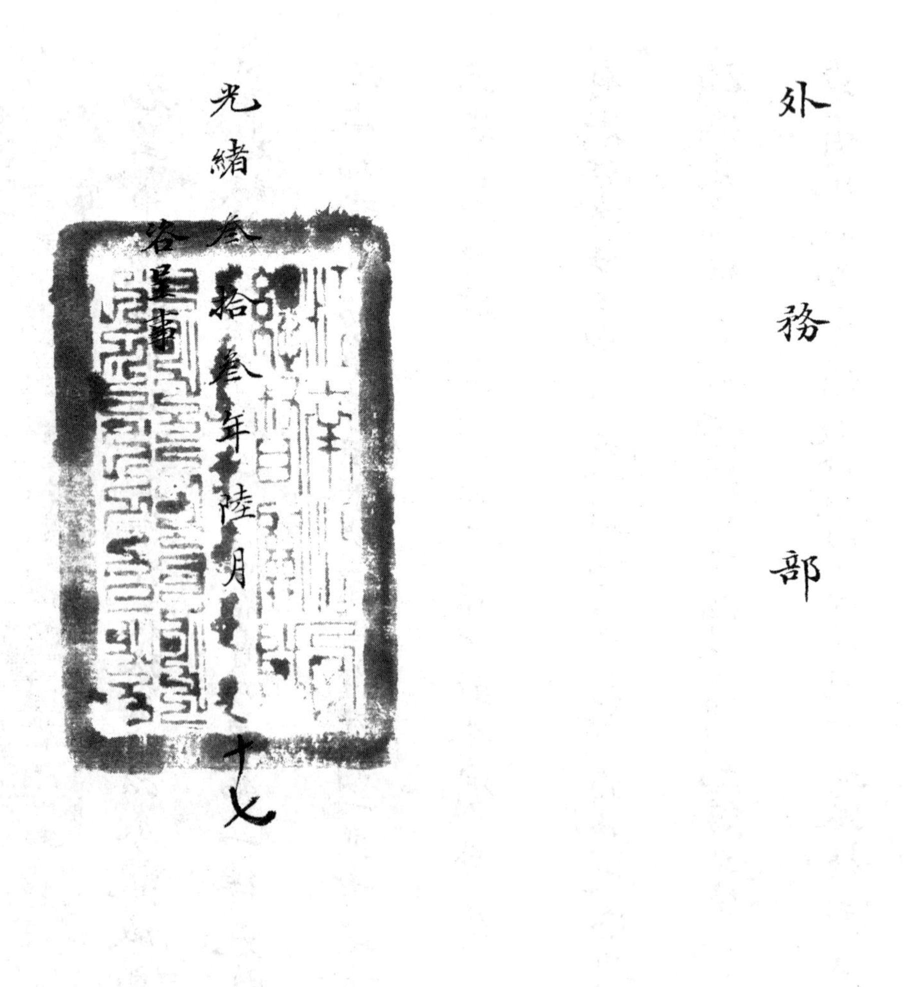
右咨呈

外務部

光緒叁拾叁年陸月廿七日

咨呈

部照案辦理旋准復云海軍現定新章不收外
國學生南美洲某國曾經拒絕未便獨許中國
力請將梁大臣照會收回經參贊迭次辨駁復
引中美舊約第七條以爲鐵據美外部允俟商
總統後再行復答等因前來相應鈔録原函
咨行
貴部查照可也須至咨者　附鈔件
陸軍部
光緒三十三年七月　日

八九

呈

具呈學生顏誌慶爲遵章應試懇請咨送事竊學生現年三十七歲江蘇上海縣人美國紐約法律學堂畢業得有文憑懇請

大部咨送

學部准予報名遵章應試實爲公便謹

呈

光緒三十三年八月  日

呈

具呈學生李登輝為遵章應試懇請咨送事竊學生現年三十四歲福

建夏門廳人美國耶魯大學堂畢業得有文憑懇請

大部咨送

學部准予報名遵章應試實為公便謹

呈

光緒三十三年八月

日

九〇

欽差大臣辦理南洋通商事務頭品頂戴陸軍部尚書兩江總督部堂端　為

咨復事光緒三十三年九月初六日准

貴部咨近來外交重要使事繁難必當慎簡人才用備皇華之選所有歷年保薦使才各員須由本部詳加攷驗以期真知灼見用當其才方足以昭慎重茲查有候選道溫秉忠前經貴大臣於三十三年奏保有案應由原保大臣轉飭該員即行到部行走詳察其才識閱歷以備

朝廷器使相應咨行貴大臣轉飭遵照可也等因到本大臣准此查溫道前於六月間經札委護送男女學生赴美國耶路幹尼路威爾士利各大學肄業飭令安置妥宜即行回國在案准咨前因除電

飭該道遵照一俟事畢回國即飭赴
部投到外相應咨復爲此咨呈
貴部謹請查照施行須至咨呈者
右　咨　呈
外　務　部
光緒叁拾叁年玖月　貳拾肆　日
咨復事

九一

洛明本部在案該照會內稱奉總統諭為實行
改正起見俟下期國會飭令授權將與中國所訂賠
款辦法會同更正又梁大臣函稱查美國憲法事關兩
國條約不論修改更正均由國會授權總統然後由總
統派員辦理各等語此次減收賠款雖經美外部奉
美總統諭允仍須俟國會開時衆議允准方能將
如何減收之處會同商定本部近接駐美代辦使事
周參贊電稱十月二十八日美總統諭國會與我議
改賠款辦法以踐減收之諸等語是此事甫經美總統
諭飭國會尚未由國會議定授權係屬未經宣布
之案未便將該款預行指撥茲奉
邸樞堂諭本月初七日已面

奏

從緩具覆相應函達

閣下查照希即回明

各堂為荷專此順頌

台祺

丞參銜

光緒三十三年十一月　日

九二

逕復者，西三月十五號准
来函，以轉准學部咨據梁侍讀慶桂電稱，現已定由
港搭古船初五日放洋，同行計繙譯教員何葆珩與
朱布程何等學生共六人，請電達美政府等因。本署
大臣茲已電轉本國政府轉飭關員於該員等抵境
時妥為照料矣。特此泐復，即頌
日祉

費勒器啟 二月十八日

坿送洋文

附件

AMERICAN LEGATION,
PEKING.

To F.O. No. 370
H.

March 20, 1908.

Your Imperial Highness:

I have the honor to acknowledge the receipt of a note from Your Highness' Board under date of March 15th, informing me that His Excellency Liang Ch'ing-kwei, Assistant Reader of the Grand Secretariat, who had been appointed Special Commissioner to visit the United States for the purpose of investigating the condition of Chinese residents there, would leave for America on the S.S. "Mongolia", sailing from Hongkong on the 7th day of March; and that he would be accompanied by Ho Pao-hang, Educational Advisor, together with four students, the entire party consisting of six people.

In reply I have the honor to state that upon receipt of this note from Your Highness' Board I immediately telegraphed the information therein contained to the Secretary of State as requested, in order that arrangements might be made for the proper reception of the Commissioner and his party.

I avail myself of the opportunity to renew to Your Highness the assurance of my highest consideration.

Henry P. Fletcher

Charge d'Affaires.

九三

咨呈

頭品頂戴陸軍部尚書銜都察院都御史閩浙總督兼福建巡撫事閩海關印務松　為

咨呈事據關務處詳稱案查華人赴美護照光緒三十二年

駐美梁大臣以現在舊約已廢新約未定此項護照暫仍行用並擬發照章

程辦法十一條咨由

商部通行各省照辦在案茲准美國舊領事函送福州毓英女塾女教習謝

紹英前赴美國游學並據保人華洋人壽公司代表人蔣鶴書出具保結帶同該女教習到處當經查驗明白確詢實情自應照章掣填執照並飭繙繹代繕洋文簽字完妥除詳請憲台督部堂衙門會咨外合將華洋文護照各壹紙具文詳送憲台察核蓋印照送美領事簽字發處轉給並請分咨
外務部
南洋大臣
北洋大臣查照暨將副照裁送
出使美國大臣查收備案等由據此除將該毓英女塾女教習謝紹英華洋文護照各壹紙蓋印照送美領事簽字蓋印茲准照還當即發交關務處給領并將副照裁送
出使美國大臣查收驗放及分咨查照外相應咨呈為此咨呈

外務部謹請察照施行須至咨呈者

右咨呈

外務部

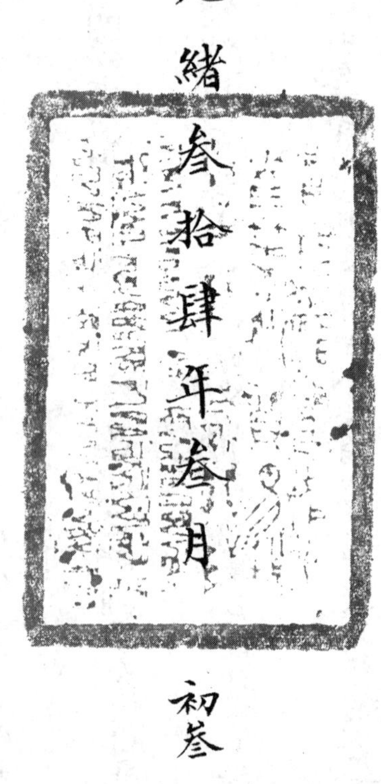

光緒叁拾肆年叁月初叁日

九四

欽差出使美墨秘古國大臣伍　爲

咨復事竊照本大臣於光緒三十三年十一月初三日承准

大部咨開據前駐德參贊吳壽全稟稱此次卸事回華道經美國阿利近省之砵崙埠查有法律學生薛天眷係廣東新會人在阿利近省會大學校畢業領有文憑並有美國國家及該處地方官給予執照准其在該省充當律師又化學畢業生李約翰係廣東高要縣人在市加咕大學校畢業已領文憑現經該大學總教習聘為化學科副教習頗有名譽該二生等向係自費留學駐美大臣及金山總領事或未及訪察用敢上陳可否調回效力等語相應咨行貴大臣查照俟到美時即希詳為訪察並聲復本部等因承准此茲本大臣行抵美國查得薛天眷在阿利近省大學肄習法律於西歷一千九百零七年畢業領有該大學所給文憑又領有該省地方官及裁判所發給准

照近復由美國工商部派充巡察稽查外人入口委員歲領俸薪美金一千六百元如遇出差每日公費三元有半據該生呈驗文憑並聲稱切願回華效用不敢計較俸薪等語又李約翰在市加咕大學肄習格致化學專科現在該大學幫充教員頗有名譽該二生學業均經成就而薛生天眷尤爲熱心愛國才具開展該參贊所稟均屬相符應如何調回效力以免晉材楚用之處相應備文聲復爲此咨呈

大部謹請察照施行須至咨呈者

右　咨　呈

外　務　部

光緒三十四年四月初拾日

九五

陸軍部尚書都察院都御史湖廣總督兼管湖北巡撫事陳 爲

咨呈事。竊照湖北省迭經遵

旨選派學生出洋遊學，分別咨行在案。茲據湖北提學使高

凌霨詳送蒲圻縣學生余日章情願自備資斧，前往

美國波斯頓哈佛大學校肄習法政教育等科，懇請

考驗給咨等情前來。經本部堂覆加考驗，尚屬合格，

堪以派往。除分咨外，相應咨呈，爲此咨呈

貴部，請煩查照施行。須至咨呈者。

右咨呈

外務部

光緒三十四年五月初玖日

九六

陸軍部尚書都察院右都御史兩廣總督兼署廣東巡撫粵海太平兩關事務張　為
咨呈事案照承准
前總理各國事務衙門咨行出使美日秘國楊
大臣與美國使署律師科士達擬定華人往美
漢洋文護照程式咨粵照辦嗣後華人往美一體
仿照所擬程式飭由粵海關衙門發給等因今
本部堂兼管粵海關事務據番禺縣女學生鄧月霞
稟請給照前往美國遊學查無騙拐假冒等項
情弊並有殷實鋪保具結附繳存案核與章程
相符除驗填赴美護照並照章咨行

出使美秘古墨國大臣暨駐美金山總領事查
照辦理外擬合咨呈為此咨呈
貴部謹請察照備案施行須至咨呈者

右　咨　呈

外　務　部

光緒叁拾肆年陸月　　　日

九七

陸軍部尚書兼都察院右都御史總督兩廣等處地方提督軍務兼理糧餉兼署廣東巡撫事張　爲

咨呈事案照承准

前總理各國事務衙門咨行出使美日秘國楊

大臣與美國使署律師科士達擬定華人往美

漢洋文護照程式咨粤照辦嗣後華人往美一

體仿照所擬程式飭由粤海關衙門發給等因

今本部堂兼管粤海關事務據廣東提學使司

詳稱據開平縣籍兩廣師範學堂初級簡易科

畢業生胡錫全稟請給照前往美國教授僑商

子弟由司考驗合格取具保結履歷相片前來

查無騙拐假冒等項情弊，核與章程相符，除照案驗填赴美護照，並照章咨行出使美秘古墨國大臣、駐美金山總領事查照辦理暨咨會學部查照外，相應咨呈，爲此咨呈貴部，謹請察照備案施行。須至咨呈者。

右　　咨　　呈

外務部

光緒叁拾肆年陸月

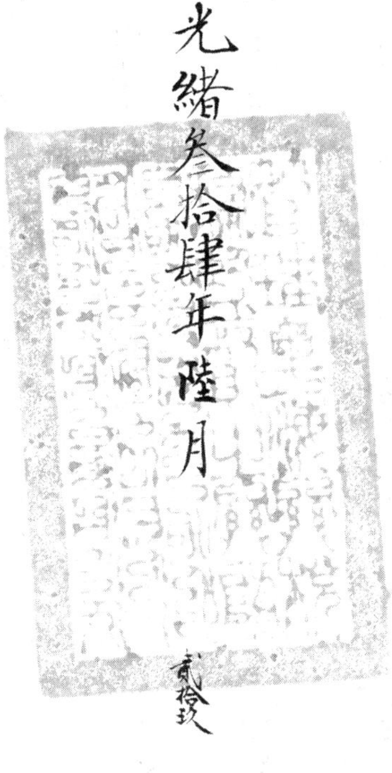

貳拾玖

日

九八

陸軍部尚書都察院都御史兩廣總督兼署廣東巡撫粵海太平兩關事務張　為

咨呈事案照承准

前總理各國事務衙門咨行出使美日秘國楊

大臣與美國使署律師科士達擬定華人往美

漢洋文護照程式咨粵照辦嗣後華人往美一體

仿照所擬程式飭由粵海關衙門發給等因今

本部堂兼管粵海關事務據順德縣女學生吳

秀瓊稟請給照前往美國使署習讀英文查無

騙拐假冒等項情弊並有舖保具結附繳存案

核與章程相符除驗填赴美護照並照章咨行

出使美秘古墨國大臣暨駐美金山總領事查
照辦理外擬合咨呈為此咨呈
貴部謹請察照備案施行須至咨呈者

右咨呈

外務部

光緒叁拾肆年柒月拾陸日

九九

[illegible]　為

咨呈事案照承准

前總理各國事務衙門咨行出使美日秘國楊

大臣與美國使署律師科士達擬定華人往美

漢洋文護照程式咨粤照辦嗣後華人往美一體

仿照所擬程式飭由粤海關衙門發給等因今

本部堂兼管粤海關事務據南海縣學生關恩助

禀請給照前往美國考察學務查無騙拐假冒

等項情弊並有保結附繳存案核與章程相符

除驗填赴美護照並照章咨行

出使美秘古墨國大臣暨駐美金山總領事查照辦理外擬合咨呈爲此咨呈
貴部謹請察照備案施行須至咨呈者

右咨呈

外務部

光緒叁拾肆年柒月 貳拾叁 日

一〇〇

陸軍部尚書兼都察院右都御史兩廣總督兼署廣東巡撫兼管粵海太平兩關事務張　為

咨呈事案照承准

前總理各國事務衙門咨行出使美日秘國楊

大臣與美國使署律師科士達擬定華人往美

漢洋文護照程式咨粵照辦嗣後華人往美一體

仿照所擬程式飭由粵海關衙門發給等因今

本部堂兼管粵海關事務據天主教生胡心泉、丕崇書院學生楊慶華

稟請給照前往美國教讀、遊學查無騙拐假冒等項

情弊並有保結履歷附繳存案核與章程相符

除驗填赴美護照並照章咨行

出使美秘古墨國大臣暨駐美金山總領事查
照辦理外擬合咨呈爲此咨呈
貴部謹請察照備案施行須至咨呈者
右　咨　呈
外　務　部
光緒叁拾肆年捌月　拾肆　日

[illegible]為

咨呈事據提學使支恒榮詳稱竊照遴派歐美
留學一案業將取定名額酌核學費川資及整
裝費大畧數目會同藩司詳明在案現在考取
各生已陸續填齊願書及保証書計願赴美國
留學者十六名比國留學者三名擬即於中秋
前放洋俾九月內可以入校刻已籌定經費派
吳守學莊赴滬照料會同旅滬學會發給川資
及整裝費定期放洋除將各學費按照
學部定章折合外國幣制發交外國銀行電滙

各使署收存轉給外理合開具清摺詳請分別
繕給
欽差出使美比國大臣咨文二角發司以便轉給各該
生領費前赴按連听候分送肄習再尚有王烈
一名在京師大學堂肄業尚未畢業准京師大
學堂監督電請扣除已另詳請以謝永森補額
合併声明並請咨明
外務部查照等情到本部院據此查該司摺開
學孫顯惠一名現充高等學堂教員由該堂暫留
一年應即先行声明俟明年補行咨送除分別

給咨發司轉給領費前往並咨明
學部外相應咨呈爲此咨呈
貴部謹請查照施行須至咨呈者

右咨呈

外務部

光緒叁拾肆年閏月十六日

一〇二

兵部侍郎兼都察院右副都御史巡撫浙江等處地方提督軍務節制水陸各鎮兼管兩浙鹽政增　為

據詳咨呈事。據提學使支恆榮詳稱：竊照此次考選派赴歐美留學各生，曾將取定正備取名次造冊呈送，並將正取諸生願分赴美比各國留學分開清摺，詳請給咨在案。茲據考列備取第一之應時稟稱：係烏程縣人，年二十歲，此次考派歐美留學，蒙取備取第一，自恨學問淺薄，不得附驥，愧悔交并。惟蓄志出洋已非一日，有諸同學結伴同行，更屬便利，願自備資斧留學美洲，多方籌措，勉敷目前之用。將來正取各生中如有缺出，即懇補給官費，既已先留學外洋

補額後可免班次不齊等慮稟請轉詳給咨以
便附伴偕行等情到司據此查該生應時考列
備取第一程度頗有可取以限於額數致抱向
隅今願自備資斧結伴同行赴美留學自應准
如所請以遂其向學之忱理合據情詳請繕給
欽差出使美國大臣咨文發司以便轉給領費附伴
前往並請咨明
外務部查照再查該生未得補額自費赴美其
學志可嘉其情可憫所有已補王烈缺額之謝永
森一名先已出洋川資整裝費均毋庸給發今
擬移給應時以示体䘏而利遄行在公款毫無

出入而該生則感激寔深合併声明等情到本

部院據此除繕給

出使美國大臣咨文發司轉給領賫前往並咨明

學部外相應咨呈為此咨呈

貴部謹請察照施行須至咨呈者

右　咨　呈

外　務　部

光緒叁拾肆年捌月[illegible]

一〇三

具呈湖北官費遊美但尼森大學理化畢業劉慶雲呈請給發回美肄業執照事竊生本年夏間在美國但尼森大學畢業請假回國省親現已假滿擬再赴美國入克倫比亞大學或耶路大學研究理化礦學並帶同胞兄民政部參議行走道仁之子武昌文華書院學生師震前往豫備學校取道西伯利亞鐵路經歐洲各國至美國紐約或波士頓登岸為此開具履歷

呈請

鈞部發給護照並送駐京美國公使簽印由生具領持赴美俾利遄行感荷

仁施爲其有極專呈

外務部列憲台前鑒核施行

計呈履歷二紙 相片二張

光緒 三十四 年 八 月 二十七 日

附件一

劉慶恩之相片

附件二

劉師震之相片

劉師震年十五歲湖北沔陽

Liu Edward, 15 years old, Mean-Yang, Hupeh, China.

曾肄業湖北文華書院 Boone School

Wuchang, Hupeh.

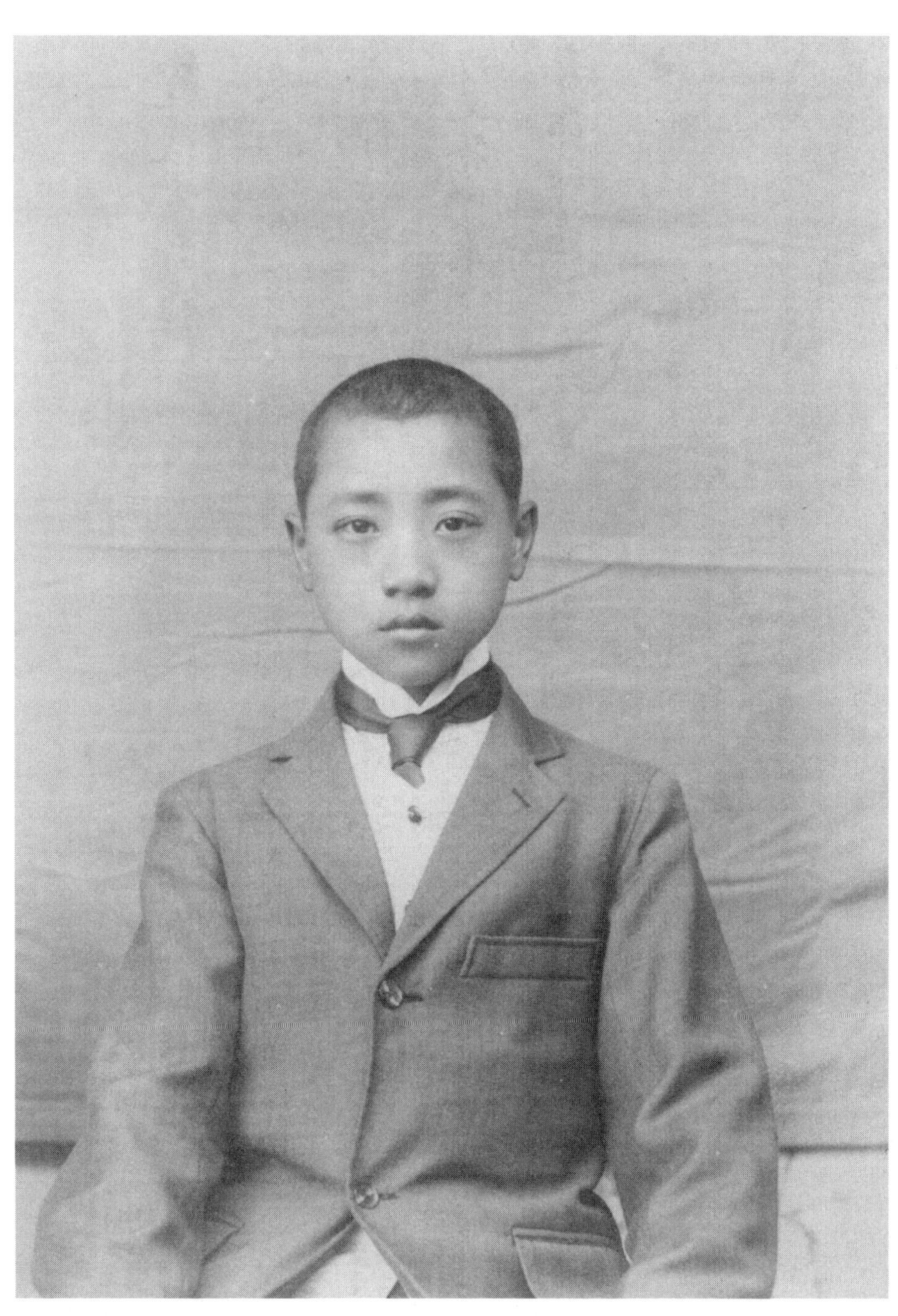

一〇四

逕復者：昨接

來函，以劉慶雲等擬再赴美國，于紐約、或波士頓登岸，由

貴部繕發漢文護照一張，送請簽字蓋印等因。本大臣茲已照譯

洋文簽印畢，送還

貴部，即希發交該員收執可也。順頌

日祉。附照

柔克義啓 九月初二日

附件

AMERICAN LEGATION,
PEKING.

To FO No. 448.

September 26, 1908.

Your Imperial Highness:

I have the honor to acknowledge the receipt of Your Imperial Highness's note of September 25th forwarding the passport of the student Liu Ch'ing Yün, with the request that it be visaed and sealed with the seal of the Legation.

I have the honor to return herewith the Passport with translation and seal affixed.

I avail myself of this opportunity to renew to Your Imperial Highness the assurance of my highest consideration.

To His Highness
Prince of Ch'ing,
President of the
Board of Foreign Affairs.

一〇五

[illegible]爲

咨呈事據提學使支恒榮詳稱竊照浙省前議遴派赴歐美留學生業經遴定二十名由各生志願擬赴美國留學者十六名赴比國留學者三名由留英自費改給官費一名即經詳奉給發咨文派員赴滬照料定期放洋在案茲准浙江旅滬學會紳士職員孫廷翰等呈以各學生蔡光勤等到滬後發給川資定期放洋一面由會函請滬道繕給護照由該生等賫赴美領事署簽字盖印及查驗身體詎該生等經美醫生

嚴行查驗多方挑剔內有色光鏞丁、紫芳、葉樹梁、胡祖同、徐新陸、錢寶琮、六名挑去畧有眼疾碍難放行當將色光鏞等六名護照扣留擬為設法而查驗之權在醫生放洋之權在領事約章所載無可挽回只得囑該生等延醫調治旋挑該生等來會面請謂生等向無眼疾另延英法醫士診視亦謂並無傳染等症是明係美國官醫留難既無夙疾焉用醫為今日病眼明日患肺借端甚易曠日堪虞惟有乞請轉呈政冰赴英等語敝會察核各生認定學科若造船若

商業均為英國所著名各科程度英既高於美

學費美亦不減於英且英國交通便利見聞亦

廣該生等既不便於美何如改派赴英諸臻妥

善與吳守商酌意見亦同現已購定包光鏞等

赴歐船票六紙擬於九月初九日與赴比學生

隨襄校師李昌祚一律放洋呈請察核立案並

詳請補咨

出使英國大臣

歐美留學生總監督以重學務並續接來電各

生已於初九日乘利照放洋各等由過司准此

查該生色光鏞等既因不便赴美改赴英國但
求學科完備自可照准現已放洋應請補咨查
照挑呈前由理合詳請並將色光鏞等六名年
貫并願習學科另開清摺二分同送仰祈補咨
欽差出使英國大臣暨
歐洲留學生蒯監督查照並請咨明
外務學部備案一面咨明
出使美國大臣將前咨十六名案內此六生
留學之名取消等情到本部院據此除分咨外
相應咨呈為此咨呈

貴部謹請察照施行須至咨呈者

右　　咨　　呈

外　　務　　部

光緒叁拾肆年拾月　十二　日

一〇六

頭品頂戴兵部侍郎兼都察院右副都御史巡撫浙江等處地方提督軍務兼理糧餉兼管兩浙鹽政增為

咨呈事據提學使支恒榮詳稱本年十月初四日據浙江旅滬學會職員孫廷翰等呈稱敝會前據會員蔣夢麟声称勉籌私費準備行裝與官費生蔡光勤等同伴赴美入加利福尼大學學習農科請轉呈立案等語查蔣夢麟係紹興府餘姚縣人向在上海郵傳部高等寔業學堂肄業中西各科頗多心得有直入美國大學听講程度人品端方志趣正大此次籌費出洋學習農科尤為腳踏寔地難能可貴餘姚為出產

木棉之地蔣生本講習實業之人若復加以數年研究他日學成回國其發明浙省種植學者寔非淺鮮呈請立案轉詳咨明

出使美國大臣與官費生一体保護以勵苦學并由到司據此查遊學西洋考求實學實為目前切要之務祇因經費支絀官費未能多派茲該生蔣夔麟能自籌經費與官費生同伴出洋赴美學習農科殊堪嘉尚既據旅滬學會呈以該生曾習高等實業于中西各科頗多心得有直入美國大學听講程度且人品端方志趨正

大自應准如所請詳請分咨立案保護以遂其嚮學
之忱理合詳請咨明
欽差出使美國大臣查照並轉行留學生總監督一
体保護並請咨明
外務學部查照立案等情到本部院據此查該生蔣
夢麟既于中西各科有直入美國大學听講程
度自籌經費赴美學習農科洵屬有志嚮學自
應准予分咨立案保護除批示並分咨外相應
咨呈爲此咨呈
貴部謹請察照立案施行須至咨呈者

右咨呈

外務部

光緒叁拾肆年拾壹月十四日

一〇七

陸軍部侍郎銜兼都察院副都御史巡撫江蘇等處地方提督軍務兼理糧餉陳　爲

咨呈事據蘇州提學使毛慶蕃詳稱案奉

學部奏定新章派往東西洋游學生以學習實業為主不得改習他科冀收各專一藝之效誠為切實辦法查歐美實業本係專門之學中國出洋子弟往往避難就易見異思遷蓋由國文太淺志趣未定以致各種學業不能深造糜費雖多收效卒鮮今欲養成專門實業之人材非於出洋之始嚴為選送不可其人必中文已通西文亦優而復能勵志敦行者庶幾送一學生始獲一學生之用本司竊念近年咨送各生求其直接聽講者已難其人而文行兼長者尤不多覯每於學生中留心物色接見教員時亦加意諮訪其果有文行俱佳平日在堂為中外教員所期許同學學生所推挹者其材既為

一時難得之選則雖學欵奇絀亦不得不及時設法咨送出洋冀有以成其材而收其用然此時即汲汲資遣屆計學成回國加以游歷練習其真能効用於

國家者尚在一二十年之後江蘇文物大邦儲材尤不容緩勢不能不為破格之選擇此本司所為秉承鈞誨不敢不視為急務者也查有高等學堂理科頭班英文學生崑山附生朱文鑫據英文高等洋教員哈金絲聲稱該生英文程度如送入美國大學堂可以直接聽講其人文行俱最合格願函致伊國為之介紹本司聞之密加考察並屢次傳詢見其謹飭安詳試以國文詞旨明暢哈教習雖久以出洋為請該生並無一字干求且肄業高等學堂明年即屆畢業該生不汲汲於獎勵詢據面

稱有意研究理化，而家僅中資，自費留學力未之逮，每歲尚可自籌二三百元，方今庫帑艱難，亦不敢求官費，其言絕無欺飾，甚明大體。又鐵路學堂嘉定學生朱復據該堂總教習美國學堂鐵路畢業生温其濬聲稱，該生普通科學早經習過，前已屢充教習，以有志實業，仍考入該堂願為學生，現習算學之微分積分，其英文程度可入西國大學直接聽講，如送入美國學習鐵路，可期有成。亦經本司屢次傳見，試以國文筆意暢適，其心志專壹於工業，最為相宜。昨𡩋部郎湯生至蘇，請其考驗，當以朱子小學命題，繙譯英文，謂其文法極合，上海各學堂學生尚鮮其匹。各等語。本司覆加查核，該二生文行俱優，程度俱合，年歲俱在二十以外，倘聽其坐淹歲月，不獲有所成就，良可深惜。且所送

僅止二人為貴尚不甚鉅既經考驗明確幸獲此合格可資造就之
材則勉為其難資送出洋似亦為軫念時艱收效將來所不容已之舉
該生等或家本儒素或系出單寒既非有親舊之先容亦非有竿牘
之請屬祗以人材難得雖交替在即實有不容恝置者所經劃切
面陳業蒙憲允度後之任[illegible]
也現已時屆冬令轉瞬即[illegible]年假亟應[illegible]
於明春開學入堂該二生治裝船價及明年全年學膳宿費約計三
千餘金已由本司於學款內設法籌撥分別交付並匯寄美邦存儲
取用另文具報以後由學司按年接續設法籌撥列册彙銷詳懇核
給咨文由司轉發該二生賫領出洋所有請送美國理化學生朱

文鑫鐵路學生朱復二名各緣由理合詳請咨明

學部暨

美國出使大臣查照等情到本部院據此除給文咨送外相

應咨呈為此咨呈

貴部謹請查照施行須至咨呈者

右　咨　呈

欽命總理外務部

光緒叁拾肆年　二十八　日

一〇八

咨呈

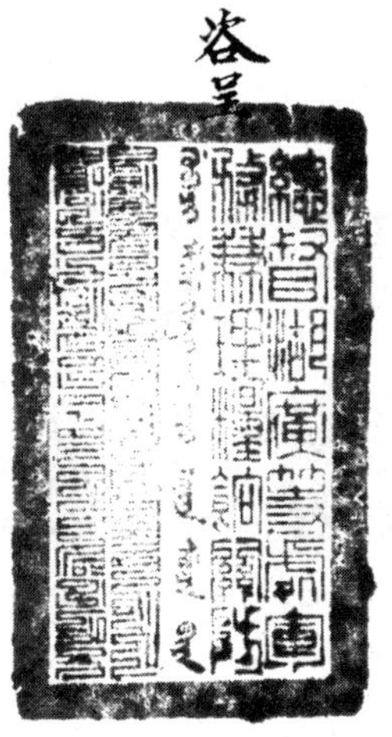

陸軍部尚書都察院都御史湖廣總督兼管湖北巡撫事陳　爲

咨呈事。據湖北漢黄德道江漢關監督齊耀珊呈稱：光緒

三十四年十二月十四、十五兩日准英國法總領事片送

英教習馬振東、携眷又教習費貝士由漢赴湖北、江西游歷

限一年繳銷護字第二三兩號護照二張。十二月十五日准美國

馬總領事照送外務部、露大臣給美國教士施布仁赴湖北、

湖南、貴州、四川游歷限用兩年護照一張，請蓋印前來。當將護

照加蓋監督關防，備文送還，並請於照内註明游歷湖南、貴州

勿在苗疆猺峒以昭慎重除分别移行外理合具文呈請核咨

等情到本部堂據此除分咨飭屬保護外相應咨呈爲此

咨呈

貴部謹請查照施行須至咨呈者

右咨呈

外務部

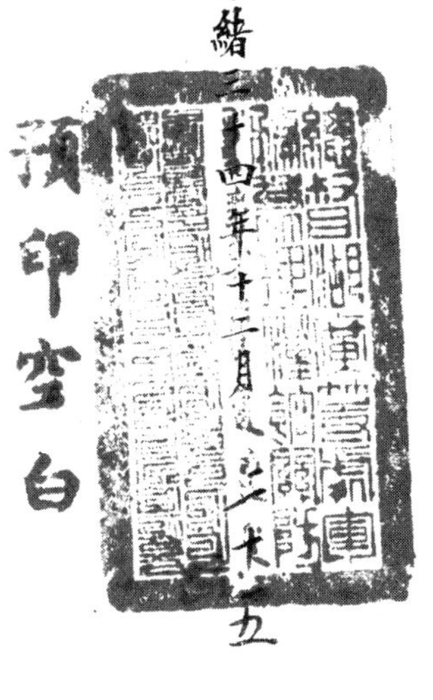

預印空白

光緒三十四年十二月　　日

周典赴美

回國

光緒三十三年留學英國學生一覽表

氏名	現年	籍貫	履歷	某年某月由何處咨送	學費何出	到學年月	現習何科	預計某年某月畢業	曾由某校畢業後某科幾年擬入何校何科學或因事輟業幾年或退學或歸國	備考
王世澂			吏部主事	三十年九月學務處咨送	本部官費		未詳	未詳		
卓寶謀			戶部主事	同前	同前		未詳	未詳		
饒孟任			陸軍部主事	同前	同前		未詳	未詳		
范緒濂	二十六歲	江蘇人	譯學館學生	二十九年十一月學務處咨送	本部官費		播克貝克學院	原奏以七年為畢		
林行規	二十四歲	浙江人	譯學館學生	二十九年十一月由學務處咨送	本部官費		入倫敦大學法律科	原奏以七年為率		
俟維良	二十三歲	江蘇人	譯學館學生	三十一年九月由學務處咨送	本部官費		入北朋翰大學豫科	未詳		
楊曾誥	二十四歲	江蘇人	譯學館學生	三十一年九月由學務處咨送	本部官費		在鄉間豫備	未詳		
吴慶嵩	二十四歲	河南人	監生譯學館學生	同前	同前		入倫敦大學豫科	未詳		
周典	二十七歲	順天人	監生譯學館學生	二十九年十一月學務處咨送	本部官費		未詳	原奏以七年為率		

回國　回國　回國

光緒三十三年留學英國學生一覽表

氏名	現年	籍貫	履歷	某年某月由何處咨送	學費何出	到學年月	現習何科	預計某年某月畢業	曾由某校畢業後某科幾年擬入何校何科學或因事輟業幾年或退學或歸國	備考
潘承福	二十四歲	江蘇人	監生大學堂學生	二十九年十一月學務處咨送	本部官費		未詳	原奏以七年為率	宣統元年十月回	
俞同奎	三十歲	浙江人	監生大學堂學生	同前	同前		仝前	仝前		
何育杰	二十四歲	浙江人	附生大學堂學生	同前	同前		仝前	仝前		
薛序鏞	二十七歲	江蘇人	附生大學堂學生	同前	同前		仝前	仝前		
阮志道	二十三歲	江蘇人	附生畢業優等師範科舉人中書科中書	三十三年四月由本部咨送	本部官費	是年九月入倫敦大學十月入該校正班	習法律學	原奏除預備一年外以五年畢業		
韓述祖	二十二歲	順天人	監生畢業優等師範科舉人中書科中書	三十三年七月由本部咨送	本部官費		未詳	仝前		
靳志	二十五歲	河南人	工部主事進士館學員	光緒三十年九月學務處咨送法國留學三十四年四月准駐法大臣咨改英	仝前				三十一年在法入會學堂第四班三十二年入第二班三十三年入利耳工藝學堂為聽課生	

查留英國學生每人每月給學費拾陸鎊年共壹佰玖拾貳鎊統十六人計算每年應給學費共英金叁千零柒拾貳鎊照現時鎊價合銀貳萬伍千陸佰貳拾兩零肆錢捌分

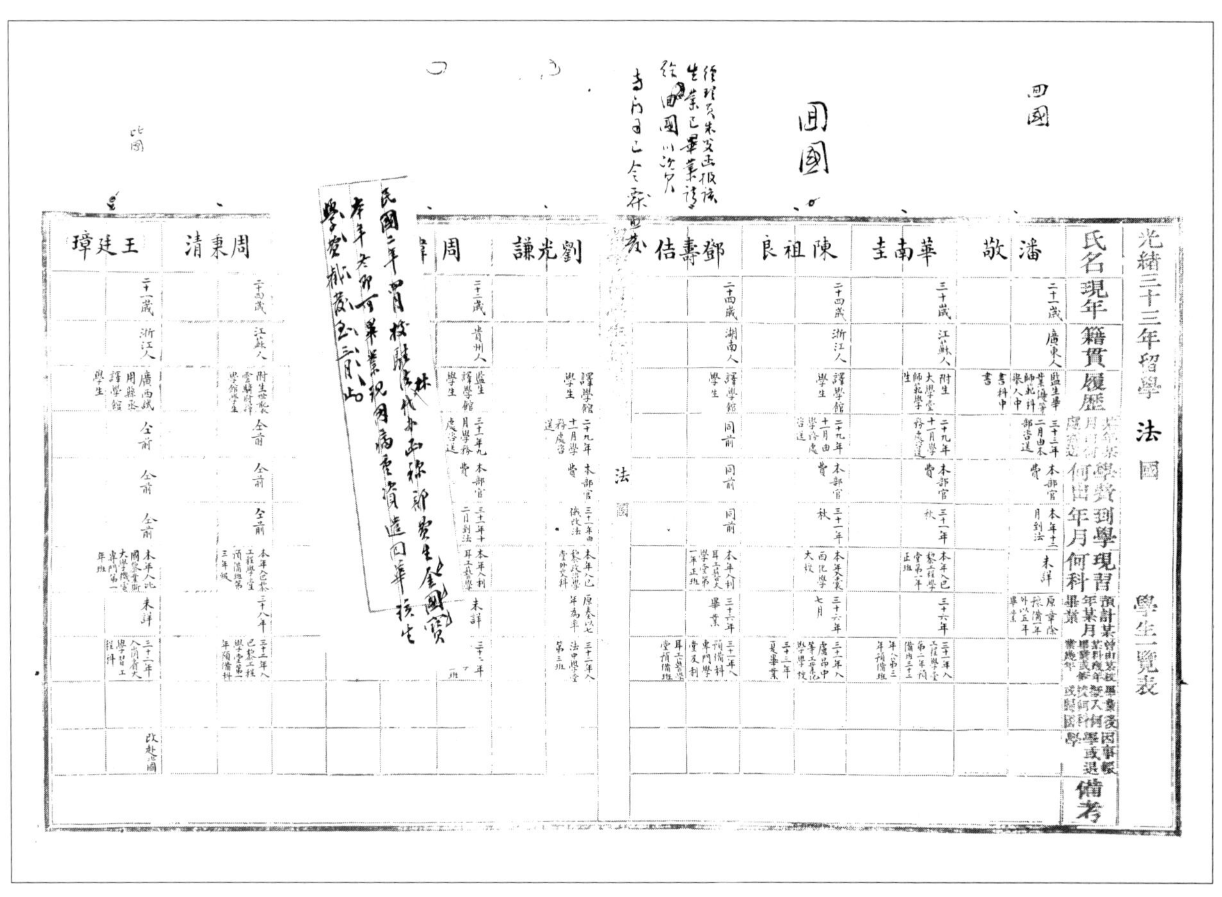

光緒三十三年留學法國學生一覽表

氏名	現年	籍貫	履歷	某年某月由某處咨送	何項學費	何年月到學	現習何科	預計某年某月畢業	[illegible]	[illegible]	因事輟學或退學	備考
潘敬	二十一歲	廣東人	監生畢業滬學堂師範科舉人中書科中書	三十三年二月由本部咨送	本部官費	本年十二月到法	未詳	原章除預備一年外以五年畢業				
華南圭	三十歲	江蘇人	附生大學堂師範學生	二十九年十一月學務處咨送	本部官費	三十一年秋	本年入巴黎工程學堂第一年正班	三十六年	三十一年入工程學堂第二年預備班三十二年入第三年預備班			
陳祖良	二十四歲	浙江人	譯學館學生	二十九年十一月由學務處咨送	本部官費	三十一年秋	本年入蒙西化學大校	三十六年七月	三十一年入廣昂中等工業化學學校三十三年夏畢業			
鄧壽佶	二十四歲	湖南人	譯學館學生	同前	同前	同前	本年入利耳工藝大學堂第一年正班	三十六年畢業	三十一年入預備科專門學堂及利耳工藝學堂預備班			
劉光謙			譯學館學生	二十九年十一月學務處咨送	本部官費	三十一年由俄改法	本年入巴黎政治學堂外交科	原奏以七年爲卒	三十二年入法中學堂第三班			
周緯	二十二歲	貴州人	監生譯學館學生	三十一年九月學務處咨送	本部官費	三十一年十二月到法	本年入利耳工藝學堂第一年正班	未詳	三十二年入中學堂第二班			
金國寶	十八歲	廣東駐防	舉人譯學館學生	仝前	仝前	仝前	本年入利耳工藝學堂肄業生	仝前	三十二年入中學堂第二班			
周東清	二十四歲	江蘇人	附生雲騎尉譯學館學生	仝前	仝前	仝前	本年入巴黎工程學堂預備班第三年級	三十八年	三十二年入巴黎工程學堂第一年預備科			
王廷璋	二十一歲	浙江人	廣西試用縣丞譯學館學生	仝前	仝前	仝前	本年入比國鑒業斷大學機電專門第一年班	未詳	三十二年入尚有大學習工程科		改赴比國	

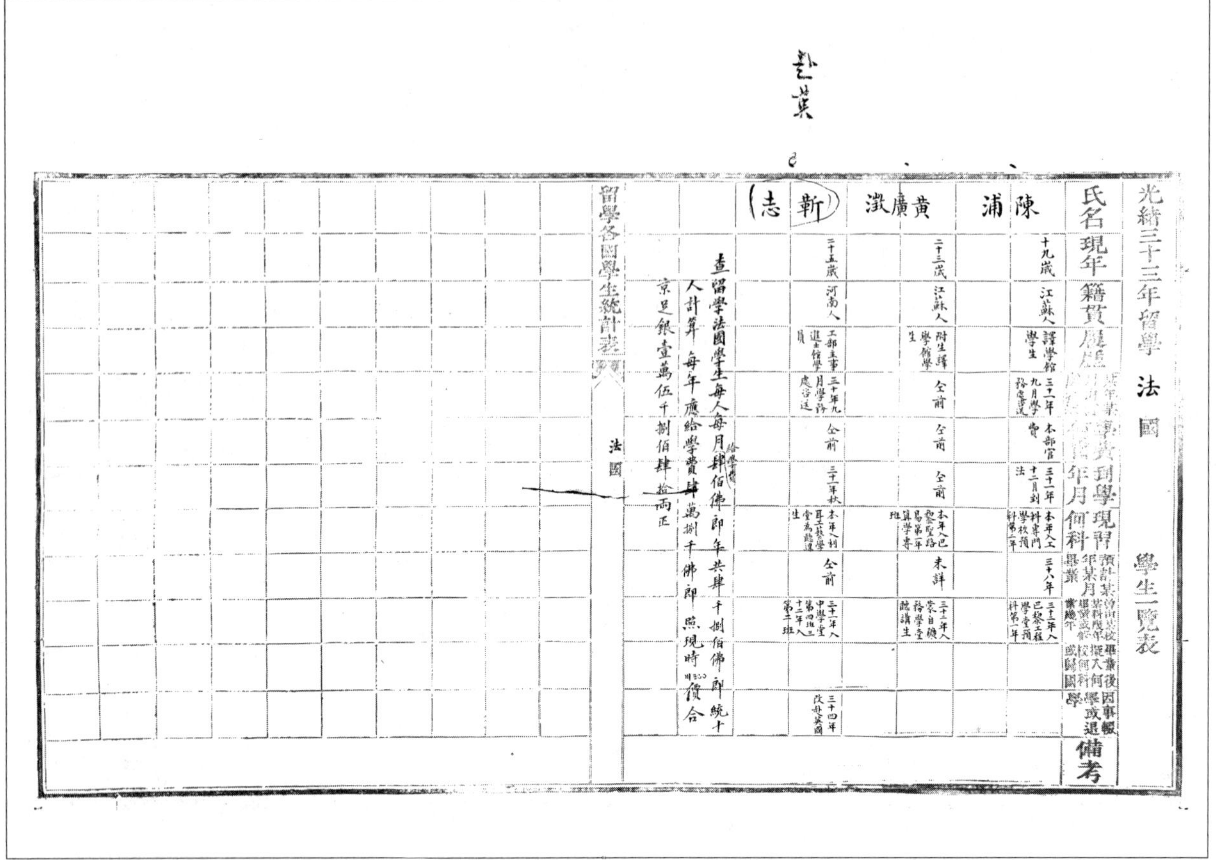

[illegible]

光緒三十三年留學法國學生一覽表

氏名	現年	籍貫	履歷	派出年月由何處派	經費	到學年月	現習何科	預計某年某月畢業	某年入某校畢業後擬入何校何科或歸國	因事輟學或退學	備考
陳浦	十九歲	江蘇人	譯學館學生	三十一年九月學務處咨送	本部官費	三十一年十二月到法	本年入工科專門學校預科第二年	三十八年	三十三年入巴黎工程學堂預科第一年		
黃廣澂	二十三歲	江蘇人	附生譯學館學生	仝前	仝前	仝前	本年入巴黎聖路易第一年算學專班	未詳	三十三年入蒙自鏡務學堂聽講生		
靳志	二十五歲	河南人	工部主事進士館學員	三十年九月學務處咨送	仝前	三十一年秋	本年入利耳工藝學堂為聽講生	仝前	三十一年入中學堂第四班三十二年入第二班		三十四年改赴英國

留學各國學生統計表　法國

查留學法國學生每人每月給學費肆佰佛郎，年共肆千捌佰佛郎，統十人計算，每年應給學費肆萬捌千佛郎，照現時價合京足銀壹萬伍千捌佰肆拾兩正

畢業回國

光緒三十三年留學美國學生一覽表

氏名	現年	籍貫	履歷	派出年月由何處派	經費	到學年月	現習何科	預計某年某月畢業	某年入某校畢業後擬入何校何科或歸國	因事輟學或退學	備考
陳煥章			內閣中書進士館學員	三十一年八月學務處咨送	本部官費		二月入紐約克倫比亞大學研習財政科秋間改習計學哲學公法憲法等科				[illegible]
朱兆莘	二十七歲	廣東人	廪貢生畢業優等師範科舉人科中書	本年二月由本部咨送	本部官費		未詳	原章除預備一年外以五年畢業			
曹冕	二十八歲	廣東人	附貢生畢業優等師範科舉人科中書	仝前	仝前		仝前	仝前			
程祖彝	二十四歲	廣東人	仝前	仝前	仝前		仝前	仝前			
何焱森	三十歲	廣東人	附貢生畢業優等師範科舉人科中書	本年二月由本部咨送	本部官費		未詳	原章除預備一年外以五年畢業			

留學各國學生統計表　美國

查留美國學生每人每月給學費美金捌拾圓，年共玖佰陸拾圓，統五人計算，每年應給學費肆千捌佰圓，照現時價合京足銀捌千壹佰陸拾兩正

本部官費留美學生何焱森、曹冕、程祖彝三生學費前已匯至辛亥下半年止，於本年一月十四日又由交通銀行匯去壬子全年學費，共美金貳千捌百捌拾元，又朱生畢業回國川資中國銀元伍百元
二年五月昔電匯補給朱兆莘一個月學費

周典由英改赴美國

畢業回國

光緒三十三年留學美國學生一覽表

氏名	現年	籍貫	履歷	何年月由何處派出	官費或自費	到學年月	現習何科	預計某年某月畢業	業經畢業或歸國	因事輟學或退學	備考
陳煥章			內閣中書進士館學員	三十一年八月學務處咨送	本部官費		二月入紐約克倫比亞大學研習財政科　秋間給習計學物學公法憲法等科				
朱兆莘	二十七歲	廣東人	廩貢生畢業優等師範科舉人科中書	本年二月由本部咨送	本部官費		未詳	原章除預備一年外以五年畢業			三年十一月十四日[illegible]
曹冕	二十八歲	廣東人	附貢生畢業優等師範科舉人科中書	仝前	仝前		仝前	仝前			
程祖彝	二十四歲	廣東人	仝前	仝前	仝前		仝前	仝前			
何炎森	三十歲	廣東人	附貢生畢業優等師範科舉人科中書	本年二月由本部咨送	本部官費		未詳	原章除預備一年外以五年畢業			
周典	二十七歲	順天人	監生譯學館學生	宣統元年七月由英改赴美國	本部官費		入耶魯大學				

留學各國學生統計表　美國

查留美國學生每人每月給學費美金捌拾圓年共玖佰陸拾圓統五人計算每年應給學費肆千捌佰圓照現時1500價合京足銀捌千壹佰陸拾兩正

按照宣統元年十二月稽查陳煥章周典均已[illegible]回國川資

改歸陸軍部

光緒三十三年留學德國學生一覽表

氏名	現年	籍貫	履歷	何年月由何處派出	官費或自費	到學年月	現習何科	預計某年某月畢業	業經畢業或歸國	因事輟學或退學	備考
程經邦	二十三歲	安徽人	候選縣丞譯學館學生	二十九年十一月由學務處咨送	本部官費　三十三由陸軍部改給官費		三十二年駐德大臣函稱入營	原奏以七年為率			
張謹	二十四歲	直隸人	譯學館學生	三十一年由學務處咨送	仝前		柏林法政大學法律專門	三十六年九月			
陳永治	二十二歲	廣東人	譯學館學生	仝前	仝前		工藝專門學校機器專門	三十五年七月			
顧兆熊	十八歲	順天人	仝前	仝前	仝前		柏林工科大學專門電汽工程科	三十七年			

留學各國學生統計表　德國

查留德國學生每人每月給學費叁佰貳拾馬克年共叁千捌佰肆拾馬克統三人計算每年應給學費壹萬壹千伍佰貳拾馬克照現時價合京足銀肆千陸佰捌拾兩陸錢肆分

同國

光緒三十三年留學俄國學生一覽表

氏名	現年	籍貫	履歷	某年某月由何處咨送	學費何出	到學年月	現習何科	預計某年某月畢業	曾由某校某科畢業或肄業幾年畢業後擬入何校何科學或因事輟學或退或歸國	備考
柏山	二十六歲	廣州駐防鑲白旗滿洲人	八品筆帖式譯學館學生	二十九年十一月由學務處咨送	本部官費	三十年八月入森堡大學堂	聖彼得堡大學法政科	宣統二年畢業	曾在廣東同文館肄業四年考列第一名奏保主事在案	
魏渤	二十六歲	江蘇海門廳人	附貢生譯學館學生	三十年二月學務處咨送	仝前	仝前	習政法科	仝前	曾在上海私立學堂肄業英文二年湖北自强學堂五年京師大學堂師範肄業	

查留俄國學生每人每月給學費壹佰叁拾伍盧布，一年共壹千陸佰貳拾盧布，統二人計算，每年應給學費叁千貳佰肆拾盧布，照現時銀價合京足銀貳千捌佰伍拾壹兩貳錢正

俄國

同國

光緒三十三年留學比國學生一覽表

氏名	現年	籍貫	履歷	某年某月由何處咨送	學費何出	到學年月	現習何科	預計某年某月畢業	曾由某校某科畢業或肄業幾年畢業後擬入何校何科學或因事輟學或退或歸國	備考
陳大冕	二十二歲	福建人	監生譯學館學生	三十二年九月學務處咨送	本部官費		未詳	原定七年畢業	聞除官費	
徐謙	二十四歲	浙江人	監生[illegible]縣丞譯學館學生	三十二年九月學務處咨送英京本年十月本部准駐英大臣給咨改比	仝前	光緒三十三年九月入比京公立大學	法科	宣統二年	三十二年入英倫敦大學預科	
曹鈞	二十二歲	江蘇人	譯學館學生	仝前	仝前	光緒三十三年秋入比京新大學	政治經濟科	仝前	三十二年入英皇家大學採科	
王建璋	二十一歲	浙江人	廣西試用縣丞譯學館學生	仝	仝		商科			

查留比國學生每人每月給肆佰佛郎，一年共肆千捌佰佛郎，統三人計算，每年應給學費壹萬肆千肆佰佛郎，照現時銀價合京足銀肆千柒佰伍拾貳兩正

比

光緒三十三年留學日本國學生一覽表

留學各國學生統計表 日本國

氏名	現年	籍貫	履歷	某年某月由何處咨送	學費何出	到學年月	現習何科	預計某年某月畢業	曾由某校某科幾年畢業或修業幾年	畢業後擬入何校何科或歸國	因事輟學或退學	備考
錢崇威			甲辰科庶吉士	三十一年六月學務處咨送	本部官費		現在法政大學專門部第二年級	三十四年陽曆七月畢業				
（夏道輝）		湖北人	內閣中書	仝前	仝前		法政速成科	三十四年四月			病故	
宋育德			庶吉士	三十一年九月學務處咨送	本部官費		應入專門部第一年級	三十六年陽曆七月畢業	前在早稻田大學預科畢業			
方兆鼇			兵部主事	三十一年十一月學務處咨送	仝前		早稻田大學專門部第二年級	三十五年陽曆七月畢業				
王汝榆			法部主事進士館學員	三十二年三月本部咨送	仝前		中央大學高等預科	三十四年秋間畢業	由早稻田大學特別預科畢業	由大學高等預科畢業後入中央大學部		
李景銘			度支部主事	三十一年十月學務處咨送	仝前		早稻田大學專門部第一年級	三十五年陽曆七月畢業				
閔道			兵部主事	三十一年正月由學務處咨送	仝前						已回國	
章圭瑑		江蘇人	工部主事進士館三學期	仝前	仝前		仝前	仝前				
田明德		陝西人	甲辰庶吉士進士館學員	仝前	仝前		仝前	仝前				

光緒三十三年留學日本國學生一覽表

留學各國學生統計表 日本國

氏名	現年	籍貫	履歷	某年某月由何處咨送	學費何出	到學年月	現習何科	預計某年某月畢業	曾由某校某科幾年畢業或修業幾年	畢業後擬入何校何科或歸國	因事輟學或退學	備考
江志伊		安徽人	戊戌科編修	三十二年八月本部咨送	本部官費		法政速成科第五班	三十四年陽曆四月				
潘昌煦			戊戌科編修進士館畢業	三十三年三月本部咨送	仝前		仝前	仝前				
陸鴻儀			癸卯庶吉士進士館畢業編修	仝前	仝前		仝前	仝前				
楊廷綸			庶吉士進士館畢業編修	三十三年三月本部咨送	仝前		仝前	仝前				
徐彭齡			法部主事進士館畢業	本年三月本部咨送	本部官費		法政速成科第五班	三十四年陽曆四月				
胡嗣瑗		貴州人	癸卯庶吉士進士館畢業	仝前	仝前		仝前	仝前				
麟趾	十九歲	滿洲人	譯學館學生	三十一年九月學務處咨送	仝前		高等工業學校窯業科	三十四年九月				
王桐齡	二十九歲	直隸人	大學堂學生	二十九年十一月學務處咨送	仝前	二十九年十二月入第一高等	第一高等文科	三十六年畢業原表以七年為率		入帝國大學文科		
唐演	三十一歲	江蘇人	仝前	仝前	仝前	仝前	帝國大學法科選科	三十四年			三十四年奉考察憲政大臣留東襄助編譯事宜	

光緒三十三年留學日本國學生一覽表

留學各國學生統計表　日本國

氏名	現年	籍貫	履歷	某年某月由何處咨送	學費何出	到學年月	現習何科	預計某年某月畢業	曾由某校畢業後某科幾年	或轉入何校何科或畢業幾年	因事輟學或退學或歸國	備考
吳宗棫	三十歲	浙江人	大學堂學生	二十九年十一月學務處咨送	本部官費	二十九年十二月入第一高等	一高第二部農科	三十四年七月		入農科大學		
成雋	二十五歲	鑲黃蒙古	仝前	仝前	仝前	仝前	仝前	仝前		仝前		
馮祖荀	二十八歲	浙江人	仝前	仝前	仝前	仝前	帝國大學理科選科	三十六年	一高第二部理科			
朱炳文	二十七歲	山東人	仝前	仝前	仝前	仝前	一高第二部農科	三十四年七月		仝前		
席聘臣	二十八歲	雲南人	大學堂學生	二十九年十一月學務處咨送	本部官費	二十九年十二月入第一高等	一高第一部文科	三十四年七月		入文科大學		
黃蓺錫	二十七歲	江蘇人	仝前	仝前	仝前	仝前	一高第二部農科	仝前		入農科大學		
余榮昌	三十歲	浙江人	仝前	仝前	仝前	仝前	帝國大學法科本科	三十七年六月	一高第一部德法科			
屠振鵬	二十八歲	江蘇人	仝前	仝前	仝前		仝前	仝前				
范熙壬			仝前	仝前	仝前		仝前	仝前				

光緒三十三年留學日本國學生一覽表

留學各國學生統計表　日本國

氏名	現年	籍貫	履歷	某年某月由何處咨送	學費何出	到學年月	現習何科	預計某年某月畢業	曾由某校畢業後某科幾年	或轉入何校何科或畢業幾年	因事輟學或退學或歸國	備考
朱深	二十九歲	直隸人	大學堂學生	二十九年十一月學務處咨送	本部官費	二十九年十二月入第一高等	帝國大學法科本科	三十七年六月	一高第一部德法科			
張耀曾	二十七歲	雲南人	仝前	仝前	仝前	仝前	帝國大學政治本科	仝前	一高第一部英法科			
陳發檀	二十八歲	廣東人	仝前	仝前	仝前	仝前	仝前	仝前	一高第一部德法科			
景定成	二十七歲	山西人	仝前	仝前	仝前		一高第二部理科	三十四年七月		入理科大學		
鍾賡言	二十六歲	浙江人	大學堂學生	二十九年十一月學務處咨送	本部官費	二十九年十二月入第一高等	帝國大學政治選科	三十六年	一高第一部英法科			
史錫綽	三十歲	四川人	仝前	仝前	仝前	仝前	一高第二部理科	三十四年七月		入理科大學		
劉成志	二十六歲	江蘇人	仝前	仝前	仝前	仝前	帝國大學政治選科	三十四年			三十四年十一月商約大臣帶同回滬派充商約公所差遣委員	
王舜成	二十八歲	江蘇人	仝前	仝前	仝前	仝前	一高等二部農科	三十四年七月		入農科大學		
蘇振潼	二十八歲	江蘇人	大學堂學生	二十九年十一月學務處咨送	仝前	仝前	一高第二部理科	三十四年七月		入理科大學		

光緒三十三年留學日本國學生一覽表

留學各國學生統計表　日本國

氏名	現年	籍貫	履歷	某年某月由何處咨送	某年某月到學	現習何科	何年某月畢業	預計某年某月畢業	畢業後入何學校何科或因事輟學或竟退學	備考
王曾憲	二十五歲	江蘇人	大學堂學生	二十九年十一月學務處咨送	本部官費	二十九年十二月入第一高等	一高第三部醫科	三十四年七月	入醫科大學	
陳治安	二十六歲	廣東人	仝前	仝前	仝前	仝前	帝國大學政治選科	三十七年六月	一高第一部修法科	
劉冕執	二十五歲	湖南人	仝前	仝前	仝前	仝前	仝前	三十五年六月		
施恩曦	二十六歲	江蘇人	仝前	仝前	仝前	仝前	一高第二部工科	三十四年七月	入工科大學	
曾儀進	三十一歲	四川人	大學堂學生	二十九年十一月學務處咨送	本部官費	二十九年十二月入第一高等	西京帝國大學法科選科	三十四年五月		光緒三十三年考察憲政李大臣留充考察隨員
蔣履曾	三十七歲	江蘇人	仝前	仝前	仝前	仝前	西京帝國大學醫科選科	三十五年五月	入大學院或游學德國	
沈家彝		江蘇人	工部郎中仕學館畢業	三十二年八月本部咨送	仝前		帝國大學法科	三十六年畢業		
梁載熊		湖南人	分省補用知縣仕學館畢業	仝前	仝前		仝前	仝前		
何培深	[illegible]									

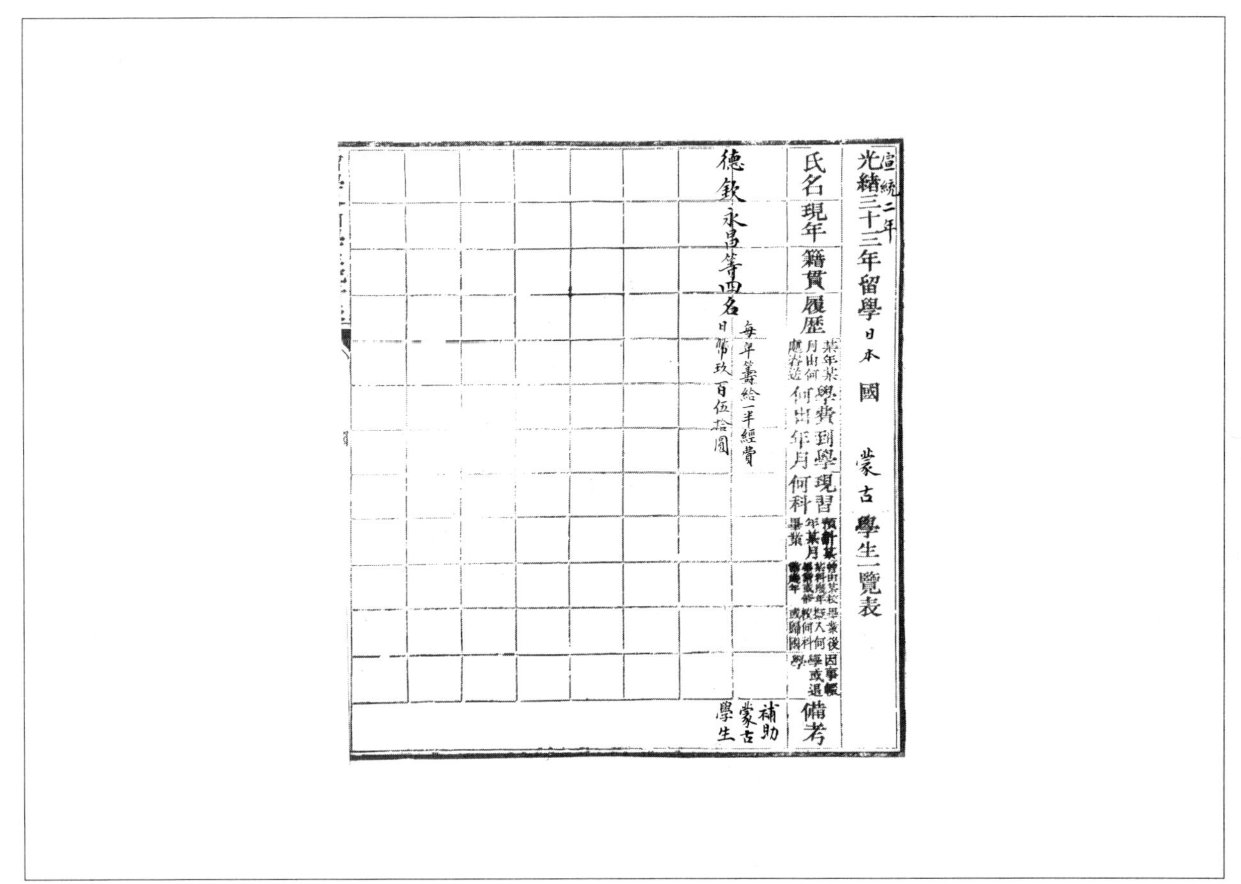

宣統二年（光緒三十三年）留學日本國蒙古學生一覽表

氏名	現年	籍貫	履歷	某年某月由何處咨送	某年某月到學	現習何科	預計某年某月畢業	畢業後入何學校何科或因事輟學或竟退學	備考
德欽、永昌等四名	每年籌給一年經費日幣玖百伍拾圓								補助蒙古學生

一一〇

大清欽命全權大臣便宜行事軍機大臣總理外務部事務和碩慶親王

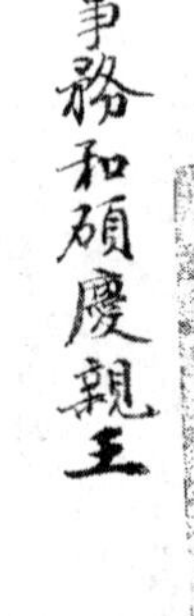

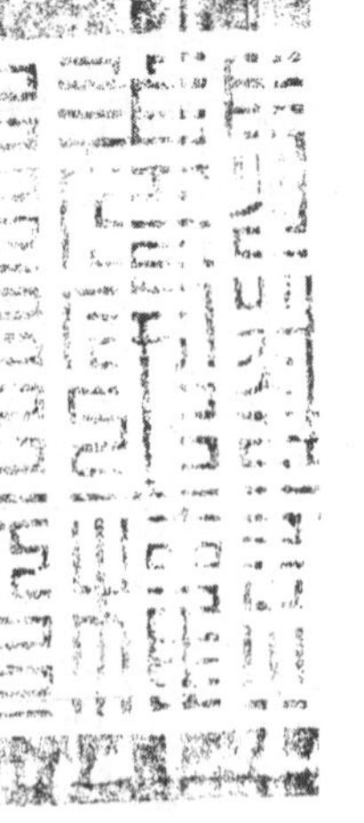

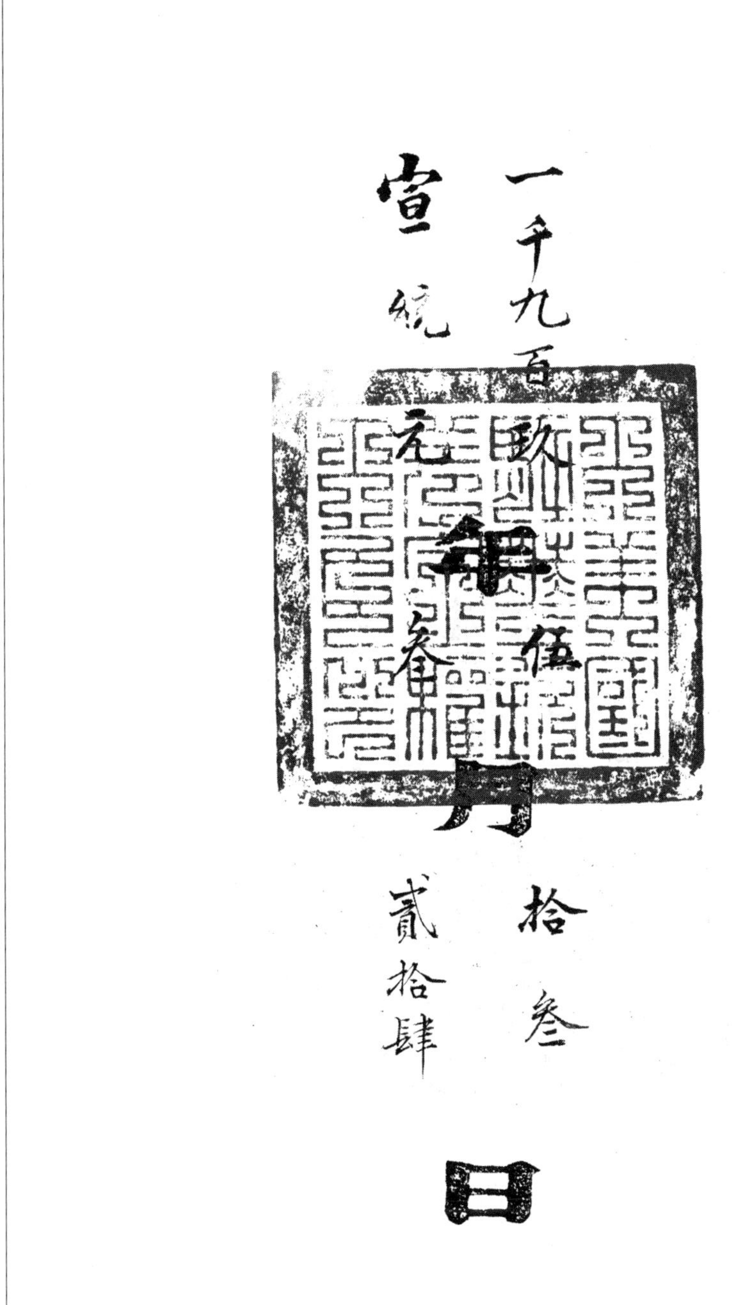

一千九百玖年伍月拾叁日

宣統元年月貳拾肆日

附件一

大亞美理駕合衆國欽命駐劄中華便宜行事全權大臣柔　爲

照會事。福建省辦理選舉事，待美國所立學堂之中國學

生實爲不公，兹將該省洋務局致美國葛領事之函錄送

查閲即應明晰。該函所云，諮議局章程第三條第二項係指在

外國中學堂畢業生而言，至外國在本國設立之學堂其畢業

生之選舉權，章程内尚無專條，碍難照辦一語，實爲大謬。本大

臣即請

貴親王詳閲諮議局章程第三條應有選舉權之第二項云，

係曾在本國或外國中學堂及與中學同等或中學以上之學堂畢業得有文憑者等語，其意係指無論在何處畢業，凡係中學堂同等有文憑者，均有選舉權。今福建官員故違奏章，查其無理之由，不過意存歧視美國所立之學堂而已。是以即希
貴親王查照，轉飭福建及各直省地方官員，嗣後於選舉事，均遵照奏定章程辦理，不應使美國在各處所立之中國學堂畢業生獨於選舉權有所向隅也。為此照會，須至照會者。附洋文及抄件
右
照
會

大清欽命全權大臣便宜行事軍機大臣總理外務部事務和碩慶親王

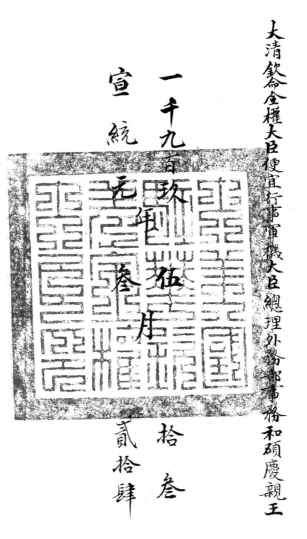

一千九百玖年伍月拾叁

宣統元年叁月貳拾肆

日

附件二

AMERICAN LEGATION,
PEKING, CHINA.

To FO No. 524.

May 12, 1909.

Your Imperial Highness:

I have the honor to bring to the attention of Your Imperial Highness an attempt on the part of the local authorities of Fukien Province to discriminate against the American schools there in the matter of the exercise of the electoral franchise by their graduates.

In this connection I have the honor to transmit to Your Highness a copy of a despatch addressed to the American Consul at Foochow by the Chinese Foreign Bureau at that place. Your Imperial Highness will remark that the statement is therein made that

> "the second section of article three in the Code of Regulations for the Provincial Parliaments refers to graduates of middle schools in foreign countries, and no provision has been made concerning the voting franchise of the graduates from the schools established by foreigners in China."

But Your Highness will note on reference to the Code of Regulations alluded to above that article three reads as follows:

"Any man twenty-five years of age who is a

To His Imperial Highness
Prince of Ch'ing,
President of the Board
of Foreign Affairs.

a native of a province and conforms in any one respect with the requirements enumerated below has the privilege of voting in the elections of members of Deliberative Assemblies (i.e. Provincial Parliaments)"

and section two of this article, which reads

"Graduates of a middle school, or school of corresponding grade, in China or abroad, and possessing proof of the same"

clearly demonstrates that the intention was to give the franchise to the graduates of all schools of the middle grade, and that the action of the local authorities of Foochow is contrary to the Imperial Orders, and can be explained only by a desire to discriminate against American schools in the province.

In view of the above facts I trust that Your Imperial Highness will issue orders that the letter and spirit of the Imperial regulations regarding Provincial Assemblies shall be respected by the local authorities of Fukien, and all other provinces, in so far as the rights of the graduates of American schools under those regulations is concerned.

I avail myself of this opportunity to renew to Your Imperial Highness the assurance of my highest consideration.

AMERICAN LEGATION,
PEKING, CHINA.

To F.O. No. 137.

W.

June 26, 19 06.

Your Imperial Highness:-

I have the honor to inform Your Imperial Highness that I have received a communication from a Committee, representing the Educational Association of China, requesting me to lay before the Imperial Board of Education a petition for the recognition in the new system of public schools of such mission schools and colleges as shall comply with the standards set for schools of similar grades in the public school system.

The Committee says:- "We note with satisfaction that the Chinese School Regulations provide for the establishment of schools by public subscription and private enterprise, that they urge the gentry and men of wealth to undertake such good works, and provide that 'when such schools are being conducted in compliance with all the regulations for government schools, if examination shall show that the efficiency of such schools is equal to that of government schools, graduates of these private and community schools must be accorded the same treatment as those of the government schools' ---------- The Association which we have the honor to represent is composed of 263 gentlemen and ladies, nearly all of whom are directly engaged in educational work in China, a nd have under their direction 109 colleges and boarding schools and 460 day schools situated in 12 different provinces."

The Committee, therefore asks that in harmony with the Regulation above-quoted, the certificates and degre es, conferred upon their graduates by the mission schools and colleges which shall so request may have official recogni-

tion

tion as of equal honor with those granted by government schools of similar grades, and as entitling the holders to all privileges enjoyed by those holding similar certificates and degrees from government schools", and I am asked to present their request that an arrangement be made for an official inspection of the curricula of these mission schools and colleges that solicit this privilege, and that official examiners be appointed to attend the examinations held at such schools and colleges so that the Board of Education may be satisfied of the efficiency of the education given.

I have the honor to assure Your Imperial Highness that the matter is one in which my Government takes a deep interest, and I have the further honor to request that, if Your Highness' Government shall deem it advisable, I may bring the subject to the attention of the Imperial Board of Education.

I avail myself of the occasion to renew to Your Imperial Highness the assurance of my highest consideration.

W. W. Rockhill

Envoy Extraordinary and
Minister Plenipotentiary
of the United States.

To His Imperial Highness, Prince of Ch'ing,
President of the Board of Foreign Affairs.

附件三

照抄福建洋務總局致葛領事函

逕啟者，准

諮議局籌辦處移開：本年二月初八日奉

督憲批：貴局稟：接

葛領事來函，英華格致兩書院畢業生請轉詳諭飭添列等由一案，

奉批：仰福建諮議局籌辦處查明定章核辦，並移洋務局知照。繳稟

批發。清摺函件存。等因。到處。奉此，茲查此案，先接

美國葛領事來函，並送英華格致兩書院主理原信到處，當以查諮

議局章程第三條第二項係指在外國中學堂畢業者而言，至外國人

在本國設立之學堂，其畢業生之選舉權章程内尚無專條，礙難照

辦等因函復

美領事查照，轉在案。茲奉前批，除呈復

督憲外，合就移局查照施行。等因。准此，查此案先准

貴領事函送該兩書院原函到局，當經稟請

督憲核閲在案兹准前因合就沥達即希
查照轉飭知照爲荷專此順頌
升祺　　名另具

附抄閩縣正堂批
正堂劉示抄奉
諮議局籌辦處司道憲批英華格致書院畢業生陳敏望陳開政請補入選舉
册一案蒙
批　查前奉
學部分咨各省外國人在内地設立學堂者無庸立案等因英格兩
書院畢業生各衙門無案可稽據請照諮議局章程第三條第二項
辦理碍難照准仰閩侯初選事務所遵照並傳諭該生等知照繳原
禀抄發等因蒙此合行抄録曉諭特示
二月　　初十　　日給

交外務部

錫良片

再上年十二月間有美國人司托隆向臣請謁臣接見之下據稱為美國石油巨商洛克翻尔之至戚洛克翻尔現捐一千萬元金幣之巨資以設大學於中國已派人赴美經營事頗秘密伊亦分任料理之人懇求諸事贊助等語臣竊知慣技即時拒絕詞曉意嚴謂外交人員不應預聞學務駐歐人員尤不預聞美事彼即無辭而去夫捐絕大巨資為他國興教育何秘密之有而又惟恐不成淺人贊助誠不可解事關國脈根本知

朝廷必倍加慎重無俟臣之鰓鰓過慮惟彼既以捐資設學之密策相告臣不敢過於緘默謹以美國人謁臣情形附片密陳伏乞

聖鑒謹

奏

宣統元年四月初三日奉

硃批覽欽此

承辦此事即希照復又美政府已分飭承辦學務大臣令其襄助中國到美留學各生分送各堂肄業等因查中國政府擬遣派多數學生赴美就學一事備承

貴國政府暨

貴大臣多方贊助實紉睦誼茲特派本部左參議周自齊經理其事遇有應商之件隨時與

貴館丁參贊妥商以期接洽相應照復

貴大臣查照可也須至照復者

美柔使

宣統元年四月　日

一一三

咨憲政編察館准美柔使照稱美國在福建所立中學堂畢業生無選舉權希查核見復由

行 行

外務部左侍郎聯

外務部右侍郎鄒

四月廿日

四月廿日

行

考工司

呈爲咨行事准美柔使照稱福建省辦理選舉事待美國所立學堂之中國學生實爲不公兹將該省洋務局致美國葛領事之函録送查閲即應明晰該函云諮議局章程第三條第二項係指在外國中學堂畢業生而言至外國在本

國設立之學堂其畢業生之選舉權章程內尚無專條礙難照辦等語實為大謬本大臣詳閱諮議局章程第三條應有選舉權之第二項云係曾在本國或外國中學堂及與中學同等或中學以上之學堂畢業得有文憑者等語其意係指無論在何處畢業凡係中學堂同等有文憑者均有選舉權今福建官員故違奏章查其無理之由不過意存歧視美國所立之學堂而已布即轉飭福建及各直省地方官員嗣後於選舉事均遵照奏定章程辦理不應使美國在各處所立之中國學堂畢業生獨於選舉權有所向隅等因併抄送福建洋務局原函暨諮議局

籌辦處稟批前來相應咨行

貴館酌核見復以便轉復美使可也須至咨者　粘

抄洋務局函件

憲政編察館

宣統元年四月　日

敬啓者：接准

貴部咨送收還美國賠款遣派學生赴美會稿一件，本部公同察閲，就中似尚有應商之處，分條縷陳，仍祈

貴部詳酌審定。查奏稿内美國減收賠款遣派游學一事，名爲酬答與國之情，實則推廣育材之意等語。

貴部籌畫此事，宗旨本極分明，無任欽佩。惟是育材之舉，自以用費省而成材多，方見實行推廣之效。若用費多而成材少，内與推廣育材之意既不相符，外與酬答與國之情亦不甚洽。如求用費省而成材多，似以多送第一格學生爲便。

查大綱所載第一格學生選一百名第二格學生選二百名是第一格學生為全數三分之一第二格學生為全數三分之二若於三百人之中選送一百名則第二格學生必較第一格學生為多設如送第一格學生五年可以畢業回國送第二格學生至少亦需十年是成就第二格學生一人之費可以成就第一格學生兩人如謂現在第一格學生恐難滿一百之選不能不兼送第二格學生大綱之中固明明載有選取第一格學生一百名一條可見現在並非實無其選如謂第一格學生年齒較長於語言科學肄習較難此為科學語言皆未入

門者言之確有此弊至於單開所謂第一格學生之資格固已聲明國文通達英文及科學程度可入美國大學或專門學等語是其語言科學程度已深斷非未曾入門可比以已識途徑之人再置之莊嶽之地當見其易不見其難也如謂第一格年齒較長知識已開習染易污流弊可慮不如第二格學生天性未漓約束較易附寄於美國人家可以薰陶善俗不至別滋流弊是亦老成深遠之謀夫垂髫之歲倏已成童成童未幾忽焉壯歲去國之時雖在童年學業未成已屆壯盛當此之時已與第一格學生年齡相若

知識相若以云習染詎能保其不污以云流獘詎能保其必無凡在中材皆有此慮更恐質性駑下根柢淺薄之徒少成若性紛華縈心但慕此間之樂遑論宗國之思關繫至深當爲切戒至若早適異國睠念宗邦不爲異俗所移不爲異説所中是則不數覯之人才不繫乎游學之遲早也故以成效言之則送第一格學生較送第二格學生費省而效多以流弊言之則送第一格學生與送第二格學生異源而同流似以多送第一格學生爲便如謂第一格學生程度太高恐難考選足額不能不酌送第二格學生爲一

時權宜之計而且賠款攤自各省現在風氣初開恐不皆有第一格之選而以第二格學生爲調劑盈虚之圖此亦貴部藎籌之苦心可否明定章程如送一百名之年分則兩格各送五十名送五十名之年分兩格各送二十五名似較三百之中選送一百名較爲分明此應商者一也查單開第二格學生由提學司考送第一格學生則在京城招考不拘省分等語而奏稿則云按照各省賠款數目分勻攤給以示平允單摺似覺兩歧且此項賠款出自各省若不由各省選送將來必啟紛爭且第二格學生既可電行各

省選送則第一格學生自應一律辦理此應商者二也查
單開兩格學生入肄業館甄别後共選一百名其不入選
之生多係額滿見遺並非全係不合格之學生似應仍留
肄業館學習以備次年選送而單開肄業館條下僅云
此館專為已經選取各省學生暫留學習以便考察品學
而設並未預為初次不入選學生肄習地步若因額滿便
予遣回似覺可惜此應商者三也以上三端關係甚要愚
者之慮不得不詳細縷陳亟達
台端尚祈

卓裁斟酌量加改定並懇

轉呈

邸堂核奪迅賜見覆以便會同入告禱切盼切耑此敬請

台安

嚴　修

張之洞頓首

寶　熙

一一五

復學部函派司員唐國安與楊熊祥接晤由

外務部左侍郎聯 五月廿二日 行
外務部右侍郎鄒 五月 日 行

復學部函

敬復者：接奉

惠函，以遣派學生赴美一事，已派司員楊熊祥面商一切，與何處接洽，祈速復等因。兹由本部酌派司員唐國安與之晤商，即希

貴部查照，轉飭楊司員於本月二十日下午三點

鍾前來本部儲才館接晤可也此復順頌

勛祺

堂衔

宣統元年五月　日

一一六

大學士管理學部事務張之洞
協辦大學士學部尚書榮慶 假
學部左侍郎嚴修
學部右侍郎宗室寶熙
學部爲片送事。准外務部文稱：
收還美國賠款，酌擬遣派學生赴
美游學辦法大綱一摺，業將奏稿
繕就，片送會畫前來。本部詳
核辦法，意見相同，已將奏稿畫
齊，相應開具堂銜，并奏稿送還
貴部，希即定期會同入奏可也。須
至片者。
右片行
外務部
計黏堂銜一紙 會稿一件
宣統元年伍月廿一日

一一七

具奏收還美國賠款遣派學生赴美謹擬辦法大綱恭摺具陳由

奏

奏

外務部左侍郎聯

外務部右侍郎鄒

四月　日

四月十五日

奏

謹

奏

為收還美國賠款遣派學生赴美謹擬辦法大綱恭摺具陳仰祈

聖鑒事。竊查光緒三十四年六月二十二日外務部奏稱美國減收賠款，經與駐京美使商定，自撥還賠款之年起，初四年每年遣派學生約一百名赴美游學，自第五年起每年至少續派五十名。其挑選學生及到美安插、送學等事，俟商定章程，另行知照美政

府賚一切彼此互換照會聲明以為議定之據等
語此項賠款業於宣統元年正月起按照議定減收
數目逐月攤還在彼既已寔行則選派學生一事
在我自應舉辦以昭大信惟是此次遣派遊學名
為酬答與國之情寔則推廣育材之計造端必
期宏大始足動寰宇之觀瞻規畫必極精詳庶
可收樹人之功效臣等公同商酌擬在京師設立
游美學務處由臣等派員管理綜司考選學生
遣送出洋調查稽核一切事宜並附設肄業館一
所選取學生入館試驗擇其學行優美資性純
篤者隨時送往美國肄業以十分之八習農工商
礦等科以十分之二習法政理財師範諸學所有在
美收支學費稽察功課約束生徒照料起居事務
極為繁重擬專派監督辦理至於學生名額自

應按照各省賠款數目分匀攤給以示平允其滿洲蒙古漢軍旗籍以及東三省内外蒙古西藏亦應酌給名額俾收普及之效以昭公溥謹將籌擬辦法大綱開列清單進呈

御覽恭候

命下即由臣等遵照分别辦理其餘詳細章程應督同學務處人員隨時核擬施行所有收還美國賠款遣派學生赴美緣由謹合詞恭摺具陳伏乞

皇上聖鑒訓示再此摺係外務部主稿會同學部辦理合併聲明謹

奏

宣統元年五月二十三日具奏奉

硃批依議欽此

附件

御覽

謹擬遣派游美學生辦法大綱開列清單恭呈

一設游美學務處 由外務部學部會派辦事人員專司考選學生管理肄業館遣送學生及與駐美監督通信等事並與美國公使所派人員商榷一切

一設肄業館 在京城外擇清曠地方建肄業館一所（約容學生三百名其中辦事室講堂書庫操場教習學生等居室均備）延用美國高等初級各科教習所有辦法均照美國學堂以便學生熟悉課程到美入學可無扞格此館專為已經選取各省學生暫留學習以便考察品學而設（詳細章程另擬）

一考選學生各條 所取學生擬分兩格 第一格年在二十以下國文通達英文及科學程度可入美國大學

外務部原改

或專門學 第二格年在
十五以下國文通達姿稟特
異以上二項均須身體
强壯性情純正相貌完全
身家血統清白始為合格 每年擬取
除由外務部學部在京招考外並分咨各省提
學使在各該省招考錄取合格學生不拘額數
第一格學生一百名不拘
咨送外務部學部覆考選取實在合格者
省分在京招考送入肄業館
學習或數月或一年再行
由館甄別 擬取第二格
學生二百名凡二十二行省
民籍滿蒙漢旗人及內外
蒙古西藏等處參照省

外務部原改

分大小賠款多寡以及無有
賠款斟酌裒益定為額
數由學部行知各省提
學使各按單開定額選取
送京入肄業館學習或數月
或一年再行由館甄別 甄別辦
法係將考試分數及平日分
數合計甄別之後於兩格學
生內各共選一百五十名送赴美國
其不入選之生仍留館肄業
留學 所有各省提學使咨
送入館之第二格學生如查
有年歲不符及學行不好純者

咨回本省其往來川費責任令

該提學使賠繳本年應派學

生爲時已迫擬電行各省選

取合格學生各若干名勉期

送部考試擇尤送往美國仍

一面在京招考派送

一津貼在美自費生

經費如有盈餘每年酌撥若

干爲獎賞自費學生之用至

多者每年約五百美金至少

者一百美金此項學生須由

駐美出使大臣或部派駐美

留學監督查照確係在大學

正班肄習實業已入第二年

班以上功課實有成績景况

實在困苦者方爲合格至於

獎金多少亦按照景况功課

酌定

一專設駐美監督

在美學生人數衆多妥置學

校照料起居稽查功課收支

學費等事自必異常繁重應

設監督管理選品學才望

足資矜式之員派充駐美

學生監督准其調用漢洋

文書記支應員各一人幫

同辦理

收還美國賠款遣派學生赴美奏議

謹

奏爲收還美國賠款遣派學生赴美謹擬辦法大綱恭摺

具陳仰祈

聖鑒事竊查光緒三十四年六月二十二日外務部奏稱美國減收賠款經與駐京美使商定自撥還賠款之年起初四年每年遣派學生約一百名赴美游學自第五年起每年至少續派五十名其挑選學生及到美安插送學等事俟商定章程另行知照美政府贊襄一切彼此互換照會聲明以爲議定之據等語此項賠款業於宣統元年正月起按照議定減收數目逐月撥還在彼既已實行則選派學生一事在我自應舉辦以昭大信惟是此次遣派游學非第酬答與國之情實兼推廣育材之計造端必期宏大始足動寰宇之觀瞻規畫必極精詳庶可收樹人之功效臣等公同商酌擬在京師設立游美學務處由外務部學部派員管理綜司考選學生遣送出洋調查稽核一切事宜並附設肄業館一所選取學生入館試驗擇其學行優美資性純篤者隨時送往美國肄業以十分之八習農工商礦等科以十分之二習法政理財師範諸學所有在美收支學費稽察功課約束生徒照料起居事務極爲繁重擬專派監督辦理至於學生名額自應按照各省賠款數目分勻攤給以示平允其滿洲蒙古漢軍旗籍以及東三省內外蒙古西藏亦應酌給名額以昭公溥謹將籌擬辦法大綱開列清單進呈

御覽恭俟

命下卽由臣等遵照分別辦理其餘詳細章程應督同學務處人員隨時核擬施行所有收還美國賠款遣派學生

赴美緣由謹合詞恭摺具陳伏乞

皇上聖鑒訓示再此摺係外務部主稿會同學部辦理合併

聲明謹

奏

宣統元年五月二十三日奉

硃批依議欽此

附件

謹擬遣派游學學生辦法大綱開列清單恭呈

御覽

一設游美學務處由外務部學部會派辦事人員專司考選學生管理肄業館遣送學生及與駐美監督通信等事並與美國公使所派人員商榷一切

一設肄業館在京城外擇清曠地方建肄業館一所（約容學生三百名其中辦事室講舍書庫操場教習學生等居室均備）延用美國高等初級各科教習所有辦法均照美國學堂以便學生熟悉課程到美入學可無扞格此館專爲已經選取各省學生暫留學習以便考察品學而設（詳細章程另擬）

一考選學生各條所取學生擬分兩格第一格年在二十以下國文通達英文及科學程度可入美國大學或專門學第二格年在十五以下國文通達姿禀特異以上二項均須身體強壯性情純正相貌完全身家清白始爲合格每年擬取第一格學生一百名除由外務部學部在京招考外並分咨各省提學使在各該省招考錄取合格學生不拘額數咨送外務部學部覆考選取實在合格者送入肄業館學習或數月或一年再行由館甄別擬取第二格學生二百名凡二十二行省民籍滿蒙漢旗人及內外蒙古西藏等處參照省分大小賠款多寡以及有無賠款斟酌裒益定爲額數由學部行知各省提學使各按單開定額選取送京入肄業館學習或數月或一年再行由館甄別甄別辦法係將考試分數及平日分數合計甄別之後於兩格學生內各選五十名送赴美國留學其不入選之生仍留館肄業所有各省提學使咨送入館之第二格學生如查有年歲不符及學行不純者咨回本省其往來川費責令該提學使賠繳本年應派學生爲時已迫擬電行各省選取合格學生各若干名剋期送部考試擇尤送往美國仍一面在京招考派送

一津貼在美自費生經費如有盈餘每年酌撥若干爲獎賞自費學生之用至多者每年約五百美金至少者一百美金此項學生須由駐美出使大臣或部派駐美留學監督查照確係在大學正班肄習實業已入第二年班以上功課實有成績景況實在困苦者

方爲合格至於獎金多少亦按照景況功課酌定

一專設駐美監督在美學生人數衆多安置學校照料起居稽查功課收支學費等事自必異常繁重應設監督管理選品學才望足資矜式之員派充駐美學生監督准其調用漢洋文書記支應員各一人幫同辦理

一一九

考工司

呈爲咨行事案查本部會同學部具奏遣派學生赴美擬訂辦法大綱一摺於宣統元年五月二十三日具奏本日奉

硃批依議欽此相應恭錄

諭旨並刷印原奏咨行

貴部督撫欽遵辦理可也須至咨者　附件

學部　南洋大臣　北洋大臣　雲貴總督

四川總督　東三省總督　兩廣總督　湖廣總督

閩浙總督　陝甘總督　黑龍江巡撫　吉林巡撫

奉天巡撫　河南巡撫　浙江巡撫　貴州巡撫

廣西巡撫　安徽巡撫　江西巡撫　湖南巡撫

江蘇巡撫　山東巡撫　山西巡撫　新疆巡撫
陝西巡撫　庫倫辦事大臣　駐藏大臣　科布多大臣
塔爾巴哈台大臣　熱河都統　察哈爾都統　青州副都統
江寧將軍　成都將軍　荊州將軍　福州將軍
寧夏將軍　廣州將軍　西安將軍　杭州將軍
綏遠城將軍　烏里雅蘇台將軍　定邊左副將軍　伊犁將軍
宗人府　內閣　內務府　翰林院
吏部　民政部　度支部　禮部
陸軍部　法部　大理院　農工商部
郵傳部　理藩部　都察院　順天府
駐英大臣李　駐法大臣劉　駐俄大臣薩　駐美大臣伍
駐德大臣蔭　駐奧大臣雷　駐日本大臣胡　駐比大臣李

駐義大臣錢　駐和大臣陸　憲政編查館　會議政務處
資政院

宣統元年五月　日

附件

行學部文 欽此下添(除由本部照會美使並通

行知照外部下接相應

本部文寫 咨文排印

憲政編查館

會議政務處

資政院

一二〇

咨學部派遣學生赴美電稿暨招考告示稿希會畫送還繕發由

行 行

外務部左侍郎聯
外務部右侍郎鄒

六月十二日 行
六月十三日 行
行

考工司

呈爲咨行事。派遣游學生赴美一事，本部現擬通咨各省電稿暨招考告示稿一件，相應咨送貴部查照，會畫送還，以便繕發可也。須至咨者。

附會稿一件

學部

宣統元年六月　日

附件一

外務部
學部

擬告示稿

為出示招考事照得派遣游學生赴美一案現經外
務部學部將辦法大綱於五月二十三日會同具奏
奉
旨依
議欽此欽遵在案惟查美國學校收取學生之期在
西歷九月現在時日將屆今年祇得變通辦理在京

奏稿

考試專取第一格學生先行派遣除通電各直省查
照示諭外即應一面在京招考為此出示曉諭凡年
在二十以下中西科學能合下開（圖片）程度者於七月初十
一日起至七月十六日止取具同鄉京官印結親身
赴外務部報名（並帶相片二張）聽候定期考試幸勿遲延觀望特示
計開考試各門

榮寶齋

一經義
一中國歷史
一中國地理
一英文
詞章　論說
一古今歷史
希臘或羅馬　英或美

奏稿

一古今文字（德法）
希臘或拉丁文法論說並讀過其書二三種淺
近德文或法文並能與英文當面互譯
一算學
高等代數平面幾何立體幾何平面三角

榮寶齋

一初級物理

報考專門科學者其中學英文及古（德法）今文字俱

照以上程度惟史學祇須英兼美或希臘或羅

馬算學加對數物理化學均須有二三年程度

奏稿

榮寶齋

附件二

擬通電稿

各省督撫鑒查派遣游學生赴美一案業將辦法大

綱奏蒙　允准另文咨達在案惟查美國學校收取

學生之期在西歷九月現在時日將屆今年祇得變

通辦理專取第一格學生定於七月二十日在京考

試所考中學西學程度條舉於下一經義二中國歷

史三中國地理四英文詞章英文論說五古今歷史

希臘或羅馬英或美六古今文字希臘或拉丁文法

論說並讀過其書二三種淺近德文或法文並能與

英文當面互譯七算學高等代數平面幾何立體幾

何平面三角八初級物理如報考專門科學者其中

學英文及古今文字俱照以上程度惟史學祇須英

奏稿

榮寶齋

兼美或希臘或羅馬算學加對數物理化學均須有
二三年程度貴治如有合格之選務祈從速通飭曉
諭著迅即來京投到總期實能合格不誤試期如自量
不能合格不必徒勞往返外務部學部巧

一二一

派遣學生赴美事通電各省稿

各省督撫鑒查派遣游學生赴美一案業將辦法大綱奏蒙
允准另文咨達在案惟查美國學校收取學生之期在
西歷九月現在時日將屆今年祇得變通辦理專取第
一格學生定於七月二十日在京考試所考中學西學程
度條舉於下一經義二中國歷史三中國地理四英文
詞章英文論說五古今歷史希臘或羅馬英或美六淺近德
文或法文並能與英文當面互譯七算學高等代數平
面幾何立體幾何平面三角八初級物理如報考專門
科學者其中學英文及古今文字俱照以上程度惟史學祇須
英兼美或希臘或羅馬算學加對數物理化學均須有
二三年程度貴治如有合格之選務祈從速通飭曉諭著

派遣學生赴美事通電各省稿

各省督撫鑒查派遣游學生赴美一案業將辦法大綱奏蒙
允准另文咨達在案惟查美國學校收取學生之期在
西歷九月現在時日將屆今年祗得變通辦理專取第
一格學生定於七月二十日在京考試所考中學西學程
度條舉於下一經義二中國歷史三中國地理四英文
詞章英文論說五古今歷史希臘或羅馬英或美六淺近德
文或法文並能與英文當面互譯七算學高等代數平
面幾何立體幾何平面三角八初級物理如報考專門
一程度惟史學祗須
物理化學均須有
著即來京句　著字擬改迅字
二三年程度責治如有合格之選務祈從速通飭曉諭著
即來京投到總期實能合格不誤試期如自量不能
合格不必徒勞往返外務部學部

招考學生赴美事告示稿

為出示招考事照得派遣游學生赴美一案現經外務部
學部將辦法大綱於五月二十三日會同具奏奉
旨依
議欽此欽遵在案惟查美國學校收取學生之期在西
歷九月現在時日將屆今年祗得變通辦理在京考試
專取第一格學生先行派遣除通電各直省查照示諭外
即應一面在京招考為此出示曉諭凡年在二十以下中
西科學能合下開程度者於七月十一日起至七月十六日止
取具同鄉京官印結親身赴　報名聽候定期考
試幸勿遲延觀望特示

即來京投到總期實能合格不誤試期如自量不能
合格不必徒勞往返外務部學部

招考學生赴美事告示稿

為出示招考事照得派遣游學生赴美一案現經外務部
學部將辦法大綱於五月二十三日會同具奏奉
旨依議欽此欽遵在案惟查美國學校收取學生之期在西
歷九月現在時日將届今年祇得變通辦理在京考試
專取第一格學生先行派遣除通電各直省查照示諭外
即應一面在京招考為此出示曉諭凡年在二十以下中
……月十六日止
取具同鄉京官印結句　擬改取具圖片印結
……定期考
試幸勿遲延觀望特示

計開考試各門
一經義
一中國歷史
一中國地理
一英文
詞章　論說
一古今歷史
希臘或羅馬　英或美
一德法文字
淺近德文或法文並能與英文當面互譯
一算學
高等代數平面幾何立體幾何平面三角

一初級物理

報考專門科學者其中學英文及德法文字俱照

以上程度惟史學祇須英兼美或希臘或羅馬

算學加對數物理化學均須有二三年程度

宣統元年六月　日

一二二

學部為片行事所有會畫通電

各省選派學生赴美游學電並招考

學生告示稿一件本部現已畫訖

相應將原稿片行

貴部發行可也須至片者

右片行　計稿一件

外務部

宣統元年陸月拾柒日

一二三

順天府爲

咨行事准順天高等學堂咨開案照本年五月二十三日

外務部學部會奏收還美國賠款遣派學生赴美謹擬辦法大綱一摺奉

旨依議欽此欽遵在案查原奏辦法第三條内開本年應派學生爲時已迫擬電行各省選取合格學生各若干名剋期送部考試擇尤送往美國仍一面在京招考派送等語竊維順天爲首善之區學堂開辦較早近年由中學班五年畢業學生兩次合計

已有五十餘名之多即現在中學二三四年各級肄業者亦不下百餘人察其程度漢文均屬明通英文及普通科學亦能合格擬請貴衙門咨商

外務部本届選派學生之期可否由敝學堂挑選最優等學生十名送部考試擇尤派赴美國游學以資鼓舞而廣栽成相應咨請

貴部請煩查照轉咨核辦等因到府准此相應咨請

貴部請煩查照見覆以便咨行辦理須至咨者

右

咨

外務部

宣統[illegible]六月拾捌日

監印官 候補縣丞袁福根
府經歷銜[illegible]布

一二四

冊　第七千三百六十二號由天津局寄來一等電報錄呈　乙佈

署直督

外務部衙門鈞鑒：檢考赴美肄學生已行，當因通飭曉諭，逕照辦理。由

宣統元年六月十九日下午八鐘卅分　外務部官電局謹緘

抄

川〇六三

格

川〇六三

署直隸總督致本部電 李

外務

部學部鑒：

洪巧電悉。

招考赴美

游學第一

榜及專門

科學生，已

六月十九

行提學司

迅即通飭

曉諭遵照

辦理，並行

津關覆道知

照。謹。桐。效。

附件

THE IMPERIAL CHINESE TELEGRAPH ADMINISTRATION.

Telegrams accepted for all Telegraph Stations in the World

STATION

TELEGRAM Nr. 274 Class Words. 54

Given in at Tientsin the 190 7 H. M. /m.

5112	Peking	1120	0522
6752	1331	6752	7003
3163	1202	6981	3077
2010	4872	6133	4833
3510	1011	5873	0001
2078	0183	1028	7081
4629	1011	4111	1682
5511	2121	1011	0744
6634	0348	6671	7620
3477	6873	6718	3876
6756	4154	0017	5511
2462	7126	6702	4003
3876	6909	5045	3087
2882	Liang		

一二五

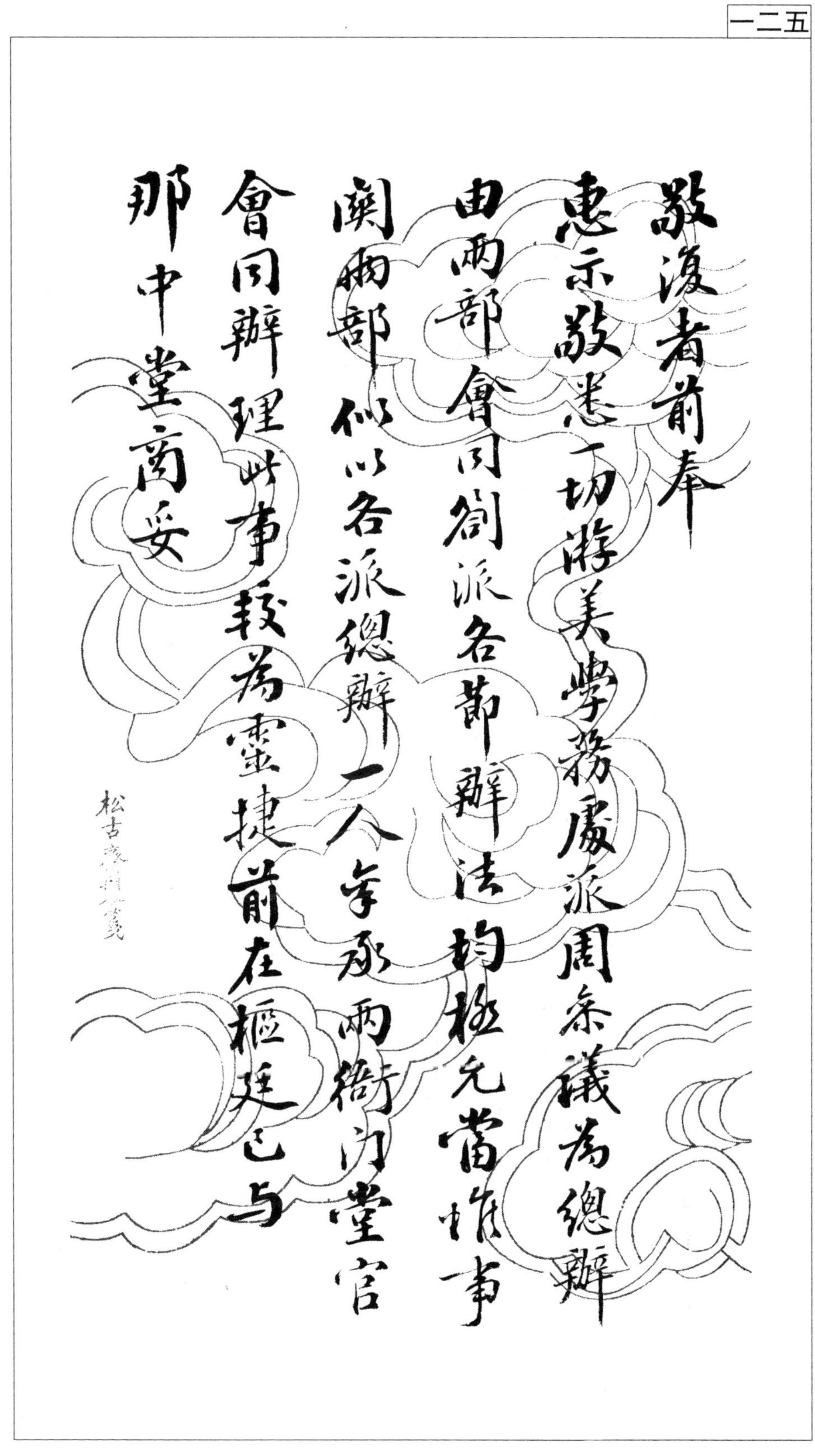
敬復者前奉

惠示敬悉一切游美學務處派周參議為總辦

由兩部會同劄派各節辦法均極允當惟事

關兩部似以各派總辦一人秉承兩衙門堂官

會同辦理此事較為靈捷前在樞廷已与

那中堂商妥

貴部派周參議 敝衙门派楊郎中熊祥現
擬仍照前議派總辦二員即如
尊議由兩部會同劄派仍請
貴部主稿以便早日派定及時開辦既派總辦
二員自無庸再派會辦擬改設爲書記官或
文案二員專司辦理華洋文牘即由兩衙门

松古齋製箋

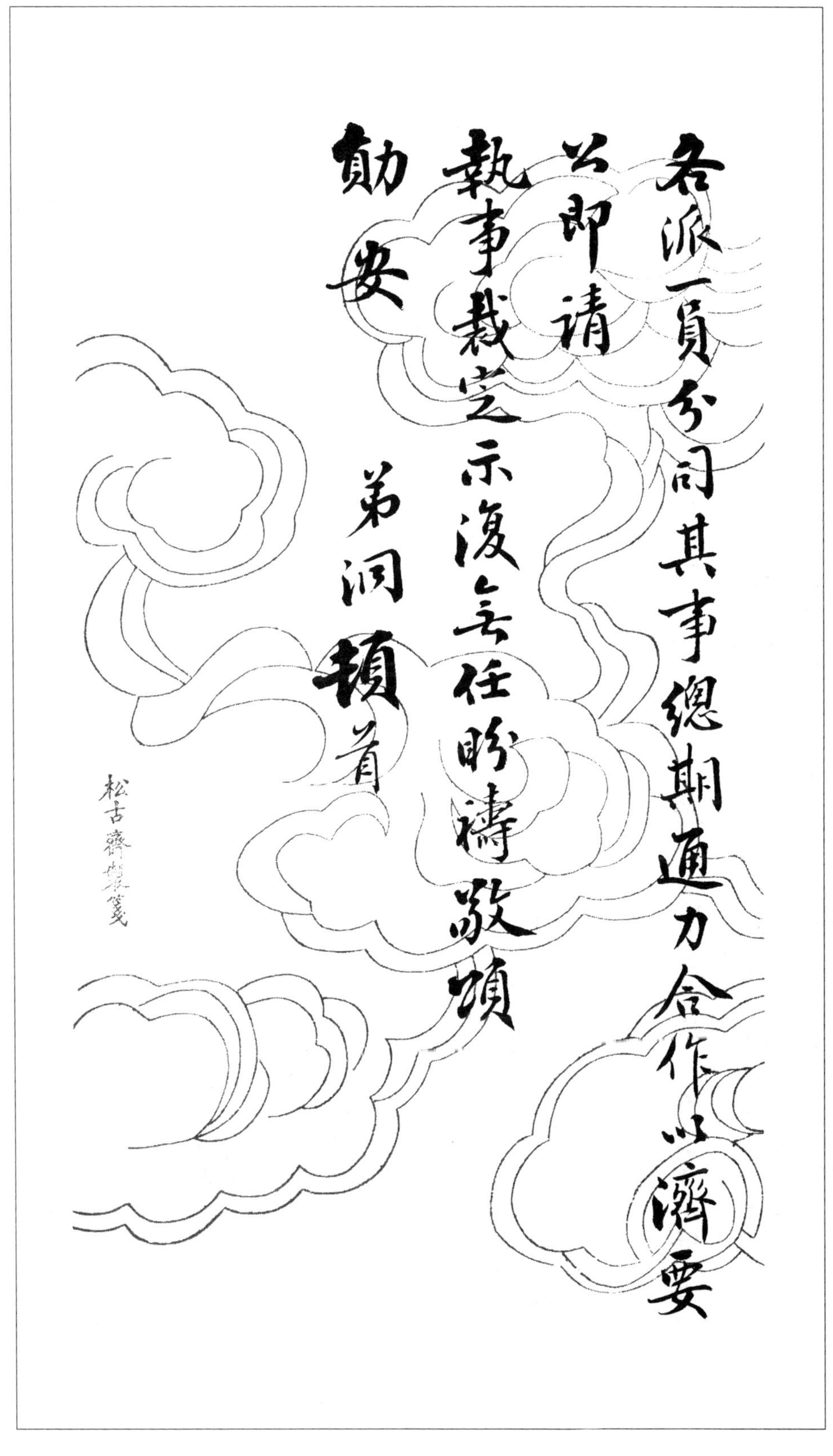

各派一員分司其事總期通力合作以濟要

公即請

執事裁定示復無任盼禱敬頌

勛安　弟洞頓首

松古齋製箋

一二六

劄順天府尹派生赴美順天學堂畢業生可選送考試由

交

交

外務部左侍郎聯

外務部右侍郎鄒

六月二十三日 行

六月廿三日

考工司

呈爲劄復事。六月十八日據洛稱遣派學生赴美一事，順天中學堂畢業生察其程度亦能合格，可否由該學堂挑選最優生十名送部考試，擇尤派赴美國游學，以廣栽成等因前來。查派生赴美一案，現擬專取第一格學生在京考試已由本部會同學部商定辦法通電各省選送在案順天中學堂畢業各生程度如能合格不拘人數多寡亦可送部考試以憑選擇相應劄復順天府府尹遵照辦理可也須至劄者

右劄順天府府尹　准此

宣統元年六月　日

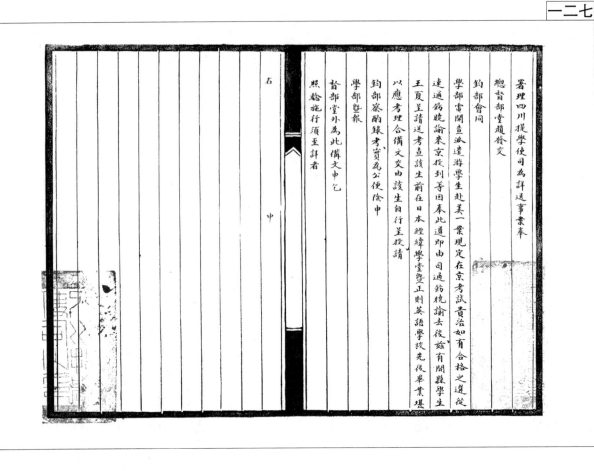

一二七

署理四川提學使司為詳送事案奉
總督部堂趙發交
欽部會同
學部電開查派遣游學生赴美一案現定在京考試貴治如有合格之選從
速通飭曉諭來京投到等因奉此遵即由司通飭曉諭去後茲有開縣學生
王夏呈請送考查該生前在日本經緯學堂暨正則英語學校先後畢業堪
以應考理合備文交由該生自行呈投請
欽部察酌錄考實為公便除申
學部暨報
督部堂外為此備文申乞
照驗施行須至詳者

右　　　　中

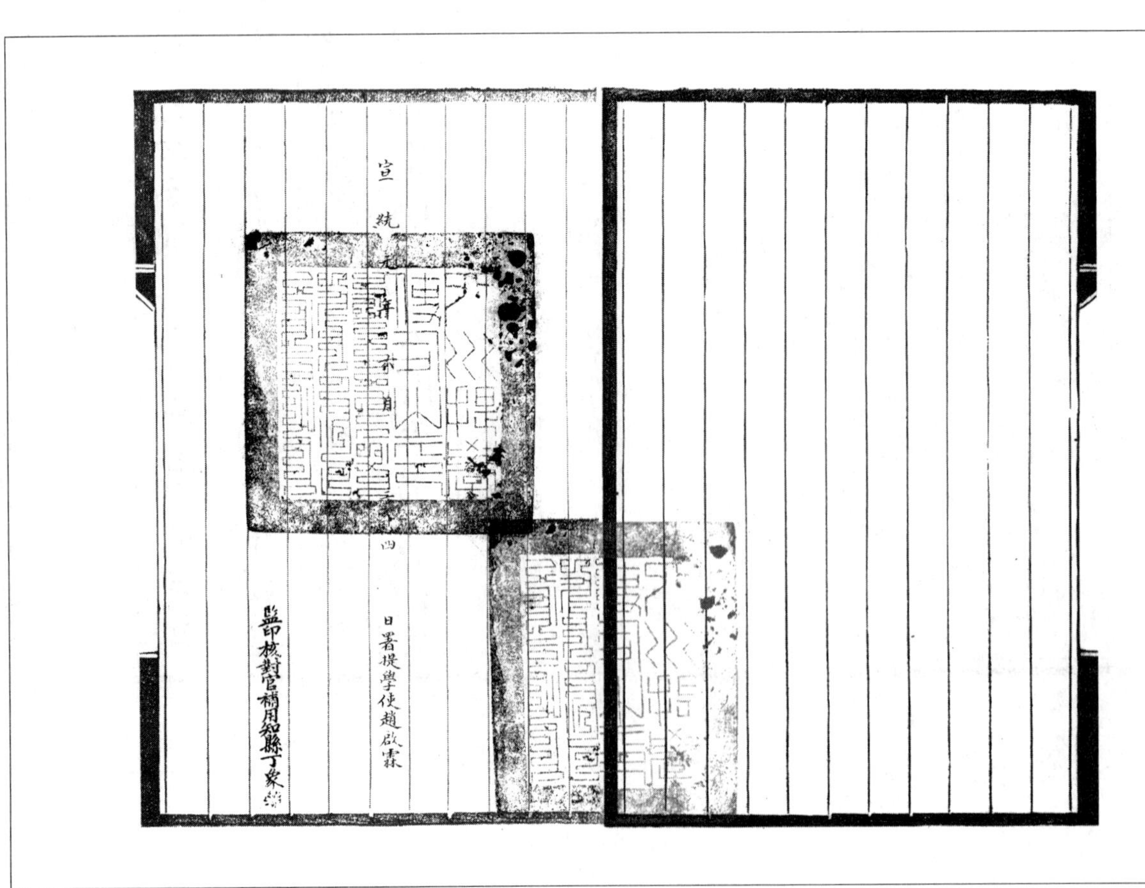
宣統元年三月四日署提學使趙啟霖
監印核對官補用知縣丁象[illegible]

一二八

[illegible]為

咨覆事據署陝西提學使余　堃詳稱案奉行知宣統元年

六月十九日准

外務部學部電開查派遣游學生赴美一案業將辦法大綱奏

蒙允准另文咨達在案惟查美國學校收取學生之期在

西歷九月現在時日將届今年祇得變通辦理專取第一

格學生定於七月二十日在京考試所考中學西學程度

係舉於下一經義二中國歷史三中國地理四英文詞章

英文論說五古今歷史希臘或羅馬英或美六淺近德文

或法文並能與英文當面互譯七算學高等代數平面幾

何立體幾何平面三角八初級物理如報考專門科學者
其中學英文及古今文字俱照以上程度惟史學祇須英
兼美或希臘或羅馬算學加對數物理化學均須有二三
年程度責治如有合格之選務祈從速通飭曉諭迅即來
京役到總期實能合格不誤試期如自量不能合格不必
徒勞往返等因到院行司奉此除分移外查陝西省城高
等學堂及三原宏道高等學堂均係補習中學於上年始
行舉辦畢業此次赴美游學招收學生部章既指定第一
格程度條舉門類懸格甚高中學畢業之生尚難應選本
司再四思維與其勉强申送徒勞無益似不如俟

部咨招考第二格學生時再行慎選咨送則程度既合或不致往返徒勞所有擬請緩送緣由是否有當理合詳請鑒核咨覆等情到本部院據此除分咨外相應咨覆爲此合咨

貴部請煩查照施行須至咨者

右咨

外務部

宣統元年七月初九日

一二九

考工司

呈為咨行札知事案查本部會同學部

貴部設立留游美學務處專辦按年遣派學生赴

美留學一切事宜應由本部遴派幫會辦一員以資襄

助茲查有本部候補主事唐國安精通西學堪以派

充該處幫辦除札知該員遵照咨行學部查照外相應咨札行候補主事唐

國安遵照可也須至札者

貴部查照可也須至咨者

學部

右札候補主事唐國安　准此

宣統元年七月　日

一三〇

考工司

呈為劄知事案查按年遣派學生赴美留學一

事極為繁重茲由外務學部會同設立留游美學務

處查有署理外務部右丞左參議兼學部丞

參上行走周自齊中西學問俱稱優長堪以

派充該處總理綜辦留學一切事宜為此劄知

該右丞遵照可也須至劄者

右劄署理外務部右丞左參議兼學部丞參上行走周自齊准此

宣統元年七月　日

一三一

函游美學務處轉送上海實業學堂名單由

行　外務部左侍郎聯　七月　日

行　外務部右侍郎鄒　七月十二日　行

函致游美學務處

敬啓者昨准郵傳部咨稱准上海實業學堂唐侍郎（唐山路礦學堂監督申送甲班生穀銓等玖名乙班生周厚坤等拾壹名）咨送專科生康時清等四十二名年齡程度均核與考試章程相符理合開單咨送並附該生等籍貫履歷清單等因前來相應將原送清單函送貴處查核辦理可也此泐順頌

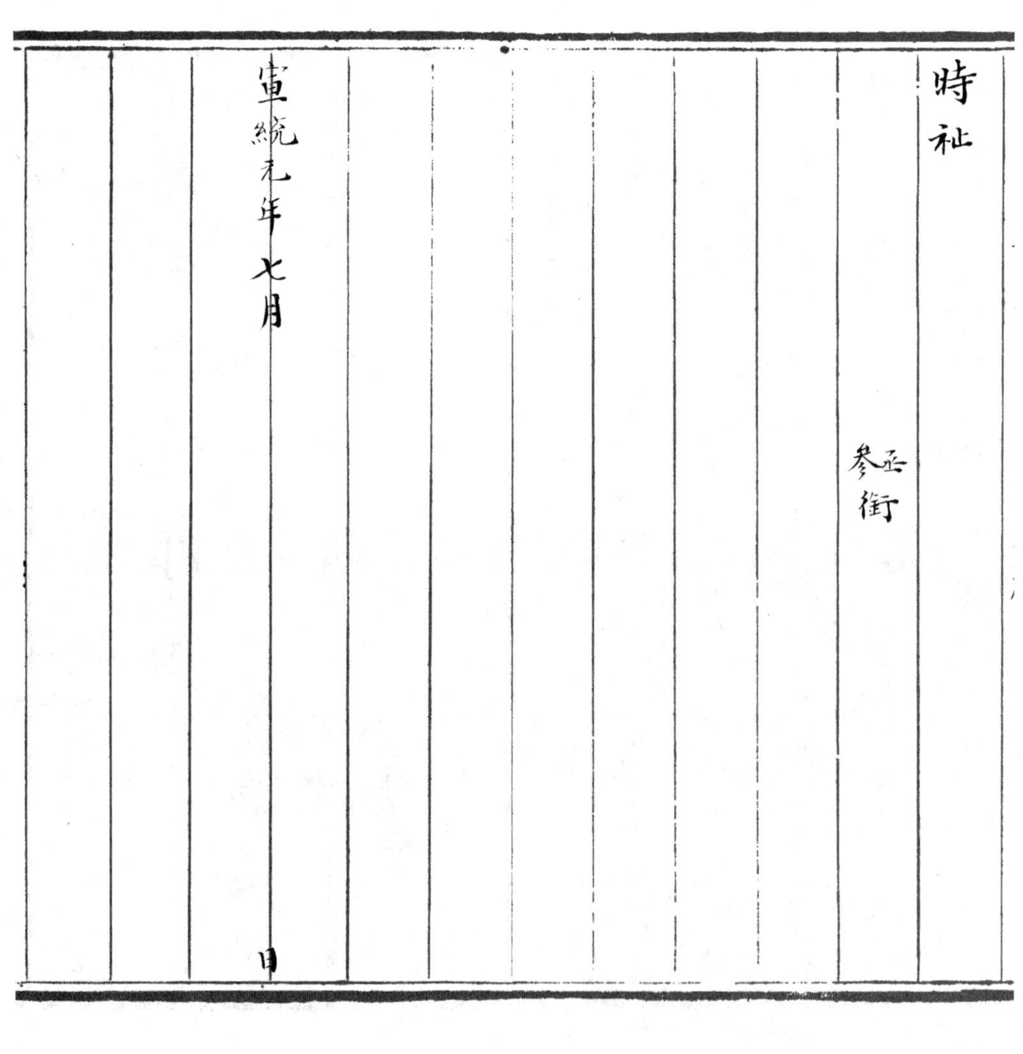

時祉

參丞銜

宣統元年七月 日

附件

敬啓者，昨准郵傳部咨稱，准上海實業學堂唐侍郎咨送專科生唐時清等四十二名，年歲程度均核與考試章程相符，理合開單咨送，並附該生等籍貫履歷清冊等因前來，相應將原送清冊函送

貴處查核辦理可也。此布，順頌

時祉

參丞衙

函游美學務處轉送上海實業學堂名冊由

唐周范

大人

一三二

郵傳部為咨呈事參議廳法制科案呈

准上海高等實業學堂監督唐侍郎咨稱

本學堂咨送考試留美學生康時清等

四十二名經備文咨請轉咨在案兹又有

專科生林莊孫世纘吳玉麟黃理中邱

養吾華應宣等六名續行報到核其年

齡程度均與考試章程相符自應給予川

資令其刻日起程以遂觀光之願相應開

具該生等籍貫履歷清單咨請迅賜轉咨外務部學部收錄考試并聲明嗣後續有報到再行備文咨送等因到部查考試赴美本部業將上海實業學堂唐山路礦學堂各學生先後咨請收考在案茲准唐侍郎續咨並送具該生等籍貫履歷清單前來相應咨呈

貴部查照辦理可也須至咨呈者

附清單一紙

右咨呈

外務部

宣統元年柒月　拾伍　日

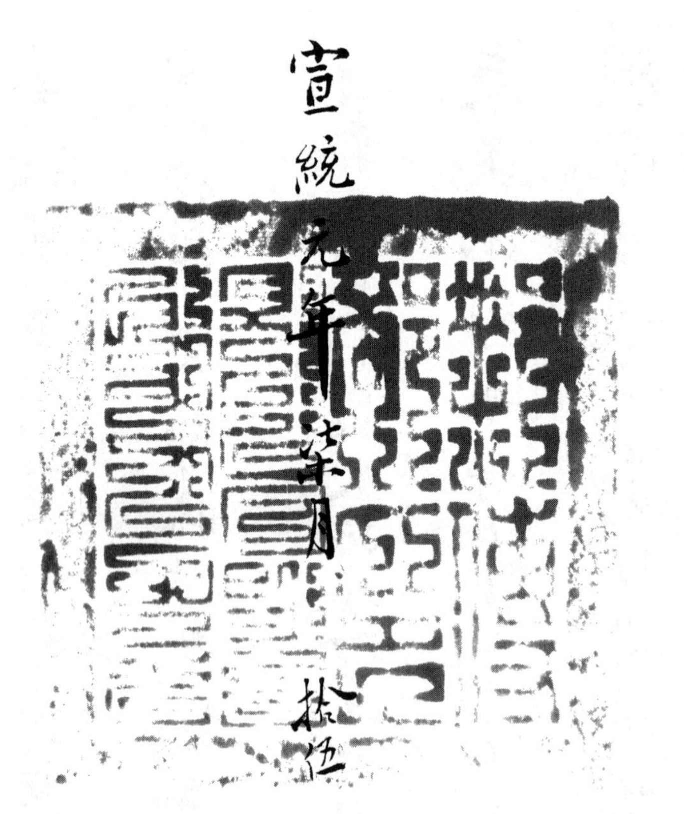

附件

照錄郵傳上海高等實業學堂續送考試留美學生清單一件

計開

林　莊　年二十歲　福建閩縣人

曾祖韶光　祖鴻文　父懷清

孫世纘　年十八歲　福建連江縣人

曾祖成彬　祖家蔚　父筠

吴玉麟　年二十歲　江蘇元和縣人

曾祖慎義　祖超儁　父家瑋

黄理中　年二十歲　浙江秀水縣人

曾祖金闓　祖鐘　父方鴻

邱養吾　年二十歲　浙江烏程縣人

曾祖學泗　祖其相　父炳鎔

華應宣 年二十歲 江蘇無錫縣人

曾祖允 祖蘭蓀 父蔚三

丞參廳法制科

一三三

詳請咨送事據署提學使孔祥霖呈蒙撫部院札准
外學部電開選送合格學生於柒月貳拾日到京考試
以便派遣赴美游學等因到司奉此當經出示曉諭
如有合格學生令其向學務公所報名投考並商同
高等學堂及優級師範學堂就該堂考選合格學生
以備送京投考嗣據各屬遵照撫部院電飭先後申
稱並無合格學生可以申送
部限迫促未便久延所有自行報名投考者貳拾貳
人祇有北京大學堂卒業生本省駐防舉人秉志壹

人各科程度優異允係合格合之由高等學堂選取
程度較優之學生胡震等伍名由優級師範選科卒
業生選取之張希聖等貳名共得捌名自應詳請
咨送
外學部考試此外又有自費留學日本曾貽武壹名留
學上海萬鴻圖等伍名共陸名均稟稱願赴京投考
查該生等均畧有程度惟程途較遠未及回省考驗擬
請壹併咨明
外學部准其考試所有選取學生共拾肆名遵章送
部考試派遣赴美游學緣由理合分別造具清册呈

請鑒核咨送等情到本部院據此除咨

學部外相應咨明為此合咨

貴部請煩查照施行須至咨者

計咨送清册壹本

右　　咨

外務部

宣統元年柒月　拾　陸　日

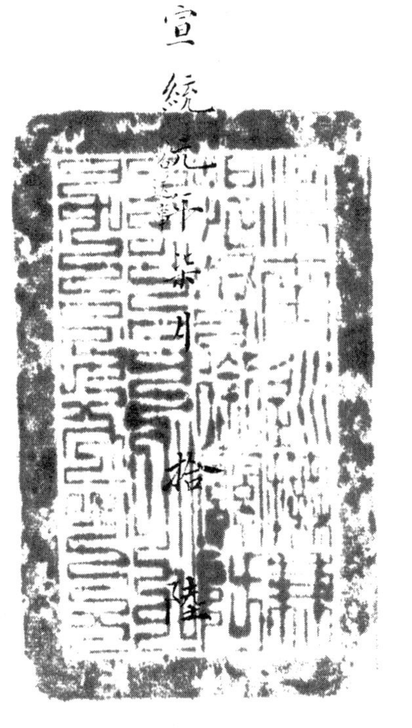

附件

附文壹件收

河南提學使司謹將選送赴美游學學

生姓名年歲籍貫三代履歷造具清　册

河南提學使司謹將遴送赴美游學學生姓名年歲籍貫三代履歷

造具清冊呈請

鑒核

計開

東志 年二十歲河南駐防營舉人 北京大學堂畢業生

曾祖集成 祖萬順 父海林

胡震 年二十歲淮甯縣附生 河南高等學堂正科學生

曾祖大蔚 祖建和 父掄元

杜俊 年二十三歲汲縣附生 河南高等學堂正科學生

曾祖進朝 祖信 父德威

蔡茂芬 年二十歲永城縣人 河南高等學堂正科學生

曾祖懋修 祖學泗 父蔭蘭

王誌 年二十一歲鄢陵縣附生 河南高等學堂正科學生

曾祖廷林 祖長庚 父國藩

黃琳 年二十三歲南召縣監生 河南高等學堂正科學生

曾祖之澍 祖大文 父平理

張希聖 年二十歲濬縣人 河南優級師範選科畢業生

曾祖進元 祖津林 父太和

清冊 第一頁

張盤銘 年二十歲孟縣人 河南優級師範選科畢業生

曾祖大煥 祖鶴樓 父華清

曾昭武 年十九歲光山縣人 日本成城學校畢業生

曾祖 祖 父

萬鴻圖 年二十歲鄭州人 上海中國公學學生

曾祖 祖 父

談克峻 年二十歲滎澤縣人 上海中國公學學生

曾祖 祖 父

王潔臣 年十九歲封邱縣人 上海中國公學學生

曾祖 祖 父

魯鴻琦 年二十歲 人 上海中國公學學生

曾祖 祖 父

魯鴻琮 年十七歲 人 上海中國公學學生

右 具

冊

宣統元年柒月拾叁日

清冊 第一頁

一三四

郵傳部為咨呈事。叅議廳學務科案呈，准上海高等實業學堂監督唐侍郎咨稱，本校學生赴京咨送考試留美學生業經兩次咨請轉咨在案，茲又有本校舊生朱復一名，自備資斧到京稟請給咨，一併與考，並造具該生履歷清單等因前來，相應咨呈貴部查照辦理可也。須至咨呈者。

右咨呈

外務部

宣統元年柒月拾柒日

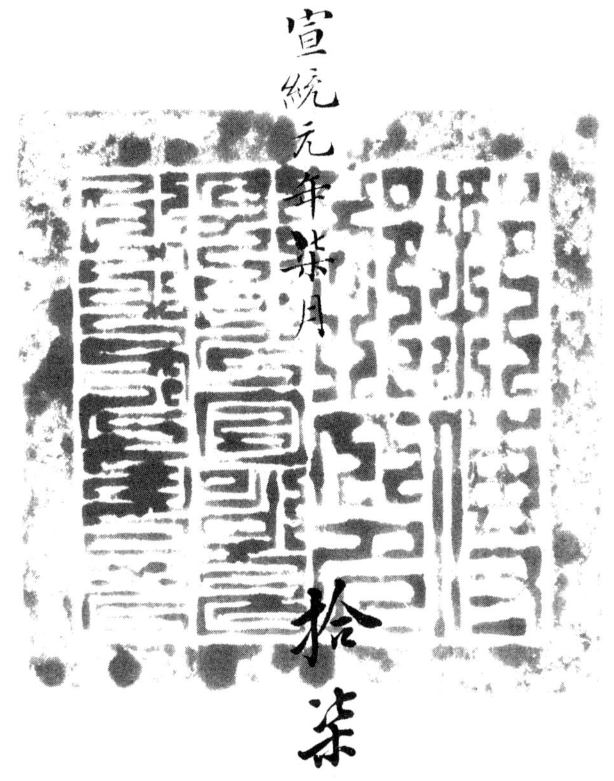

附件

照錄郵傳部上海高等實業學堂監督唐侍郎咨送本校舊生朱復援例自備資斧

到京考試留學開具履歷一件

計開

朱復　年二十歲江蘇嘉定縣人

曾祖　元照　　祖　維城　文錫齡

一三五

郵傳部爲咨呈事。參議廳學務科案呈：准上海高等實業學堂監督唐侍郎電稱，本校學生鍾鍔，年二十歲，廣東嘉應州人，曾祖昌榮，祖育華，父士赴考，游美學生已到京，乞迅賜分咨等因到部，相應咨呈貴部查照辦理可也。須至咨呈者。

右咨呈

外務部

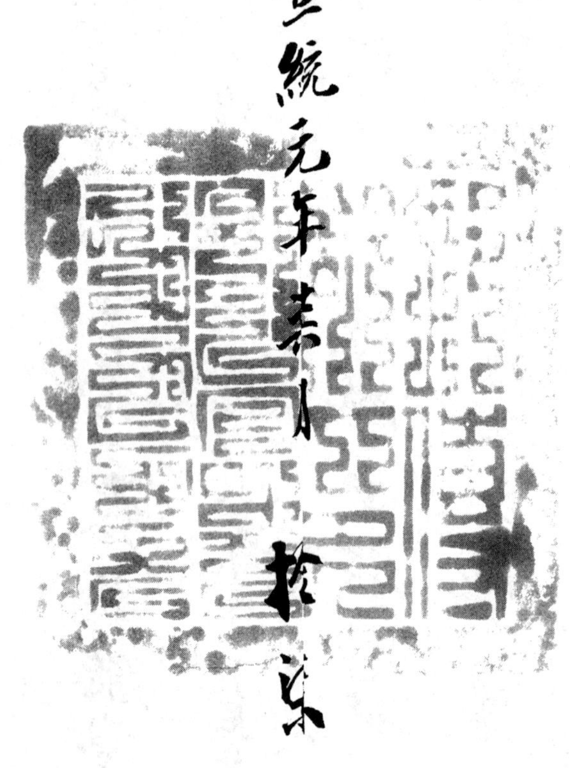

宣統元年叁月拾柒日

一三六

署理四川提學使司為詳送事案奉
總督部堂趙發交
欽部會同
學部電開查派遣游學生赴美一案現定在京考試貴治如有合格之選從速通飭曉諭來京投考等因奉此遵即由司通飭曉諭去後旋據各屬學生陸續呈請送考前來當經署司先行電達查川省學生共十六名除王夏宓兆齡李昌言楊萬華四名業將該生等詳送在案茲有上海法蘭西學校三年畢業復往日本東京外國語學校二年畢業生韓驛成都鐵道學堂畢業生梅箴吳瀛梁程元選上海中國公學三年半畢業復往日本實科學校學習一年生梅實成都洋務總局英文官學堂最優等畢業生鄧昌陽上海中國公學三年半畢業生税紹武上海復旦公學畢業生周復傅驌四川高等學堂本科第二類學生曹其光華陽縣中學堂畢業生王瀚四川省城華美學堂專修英文三年現由高等學堂普通科畢業生王文瓚等堪以應考理合備文詳請
欽部察酌錄考實為公便除申
學部暨報
督部堂外為此備由申乞
照驗施行須至詳者
右　　申

外務部

宣統　日署四川提學使趙啟霖
監印校對官補用知縣易家雄

一三七

呈

遊美學務處謹

呈為呈報事竊本年應送遊美學生擬就本京報考及各

處咨送之第一格學生内考選派送各節前經呈明在案

茲由自齊等公同議定通諭各生自本月十一日起至十

六日止在本處報名填册所有年籍三代及所習科學均

須本人親筆填寫並於册内粘貼相片其非咨送者取具

圖片印結以杜弊端現計陸續報到已有六百餘人擬定

本月二十日在學部衙門考棚考試國文為第一場二十

一日考試英文為第二場二十三四兩日校閲試卷各按

分數先行取錄張榜曉示已錄取者准其接試科學於二

十五日考試代數平面幾何法文德文拉丁文為第三場

二十六日考試立體幾何物理美史英史為第四場二十

七日考試三角化學羅馬史希臘史爲第五場隨時校閱各給分數一俟取定之後傳至本處核對筆蹟相符然後取具願書另訂日期放洋赴美所有考生報名情形及分場考試取錄辦法除呈明

學部外理合備文呈報伏乞

中堂
王爺
大人 詧核施行須至呈者

右

呈

外務部

宣統元年七月十八日

一三八

順天府爲咨呈事。案准順天高等學堂咨開：案查六月十二日准咨開：准外務部文開：順天中學堂畢業各生程度如能合格，不拘人數多寡，亦可送部考試，以憑選擇。相應文行遵照辦理等因。准此，相應咨行查照等因到堂。查敝堂甲乙兩班均係由中學班五年畢業提升本堂高等班肄業，甲班年歲較大，恐不合格，茲就乙班選擇程度最優之學生六名，咨請送部考試。相應造具該生等年歲、三代、籍貫暨畢業年月、現時程度清册，咨呈查照轉咨辦理等因到府。准此，相應咨呈

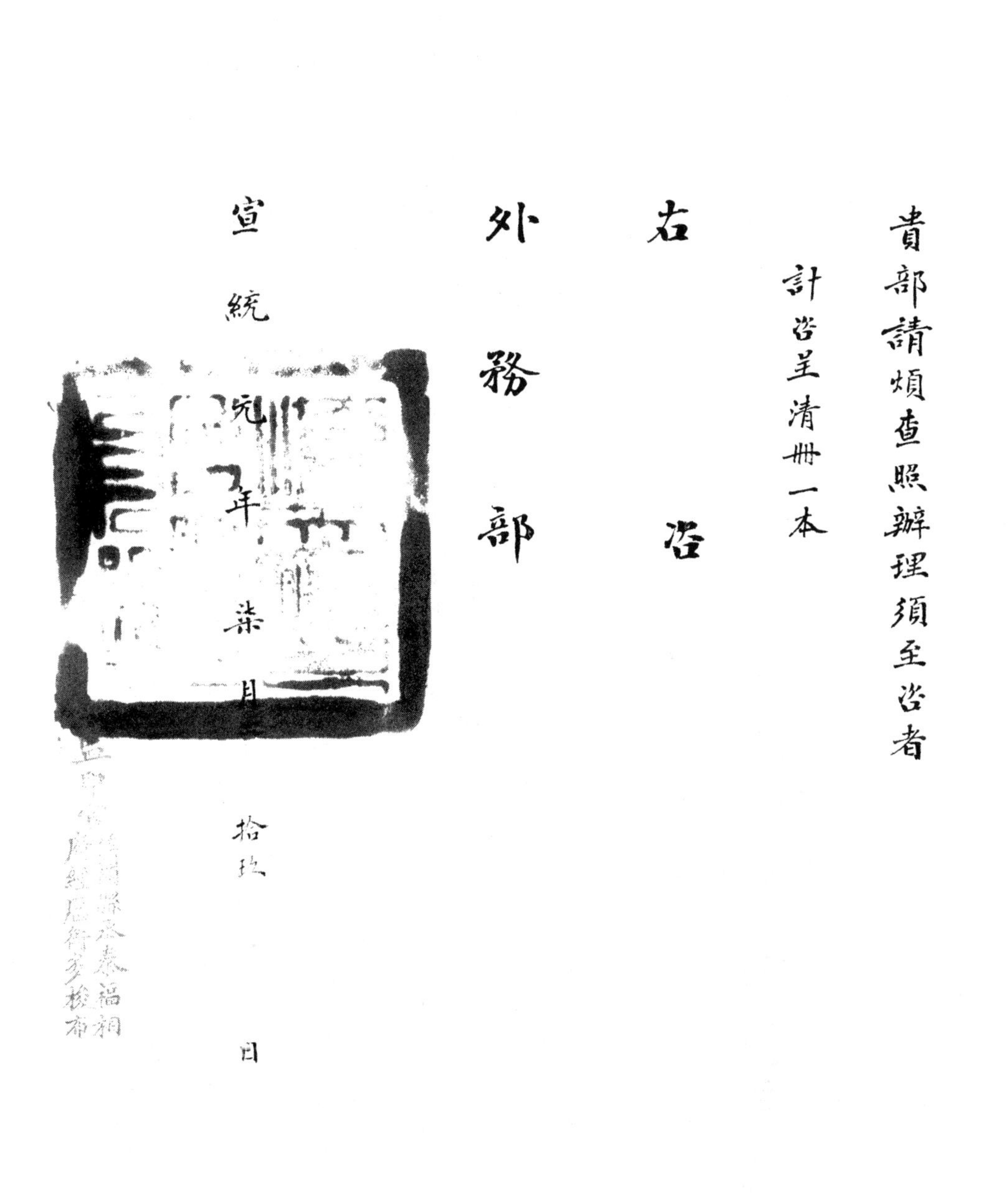

貴部請煩查照辦理須至咨者

計咨呈清册一本

右咨

外務部

宣統元年柒月拾玖日

一三九

第弍千〇七十號由開封局寄來一等電報錄呈

河南巡撫致外學部

外務部衙門　鈞啓

宣統元年　月　九日下午十鐘〇分　外務部官電局謹緘

THE IMPERIAL CHINESE TELEGRAPH ADMINISTRATION

Telegrams accepted for all Telegraph Stations in the ~~World~~

STATION

TELEGRAM Nr. .... Class .... Words. ....

Given in at .... the .... 190 .... H. .... M. .... /m.

3966 1331 2480 2609 2582 [illegible]507 2776 0001
0682 3966 1331 0006 3189 0032 0948 0361
1331 5502 7703 0156 6151 0344 1498 3769
3381 5356 7627 7703 3823 7627 7703 3827
0063 0682 0076 0971 3970 2589 4453 1683
2354 4390 5261 7349 6384 0079 2121 5072
0936 6424 6678 0008 0644 0932 6276 5072
7516 5174 0694 0678 2706 2992 0008 2413
1801 2814 4842 0001 0164 0791 6623 6060
0264 0577 0734 0682 4827 0330 1129 6752
5072 1353 6791 6623 6115 3932 4583 0402
0059 0577 0467 2107 0079 1888 0791 0451
6525 6688 3676 2974 7193 7115 3538 2400

Seal

THE IMPERIAL CHINESE TELEGRAPH ADMINISTRATION

Telegrams accepted for all Telegraph Stations in the World.

STATION

TELEGRAM Nr. Class Words.

Given in at the 190 H. M. /m.

[illegible] 1332 3945 6311 [illegible] [illegible] 1353 6663

[illegible] [illegible] 1331 4583 0736 0686 0626 1353

[illegible] 1653 [illegible] 7359 7024 7181 0066 6693

[illegible]417 3945 1331 0614 6693 1353 0678 2706

5074 0251 4426 1807 0001 0086 0642 7359

[illegible] 1331 [illegible] 6693 0648 4453 1653 [illegible]

0027 0057 1331 2932 5770 [illegible] 2629 0193

[illegible] 5399 [illegible] 3767 6125 7406 3839 0063

0652 0327 4787 1577 4636 6693 4430 0586

2814 3932 6693 0648 1728 1555 5110 1728

4149 6900 0057 0652 2974 1120 0017 2259

附件

11Ko

抄

豫撫致本部 歸工司

外務
部學部鑒前電屬選
學生由貴部考定送
美游學等因查原定
程度太高頗難重選
茲由學司選定合格
者僅秉志一人又高

等學堂選取程度較
優之學生胡震杜俊
蔡義璟王誌黃琳玉
名優級師範選科畢
業生選取張希聖張
盤銘二名共前送有

歸　司

留學日本曾昭武一
名留學上海中國公
學鄭鴻圖謝克峻王
潔臣魯鴻琇魯鴻琛
五名亦均略有程度
據稟自願赴京投考
因路遠不及回豫考

七月二十

驗　負洛　洛　特

驗能否令揀殊不敢
必業經一併咨送計
共十四名統候分部
考定酌送該生等准
二十前抵京恐咨到
較遲物去電陳懇致

一四〇

頭品頂戴陸軍部侍郎銜兼都察院副都御史巡撫江蘇等處地方提督軍務兼理糧餉端　爲

咨送事據復旦公學監督江蘇候補道夏敬觀詳稱窃職校於本年五月十五日舉行第二次畢業稟奉前督院端　委派曾道磐會同蘇松太道蔡道乃煌蒞校會考監視給發文憑計畢業生十六人合將姓名年籍三代分數清冊備文詳送再現屆學外兩部考試留美學生所定考試出洋程度與職校畢業學生所習各科科學尚能符合懇恩以職校此次畢業學生十六人暨光緒三十四年五月第一次畢業學生八人一併咨部准予自行措資赴部考試等情到本部院據此相應咨送爲此咨呈

貴部謹請查照施行須至咨呈者

計咨送 冊貳本

右 咨 呈

欽命總理外務部

宣統

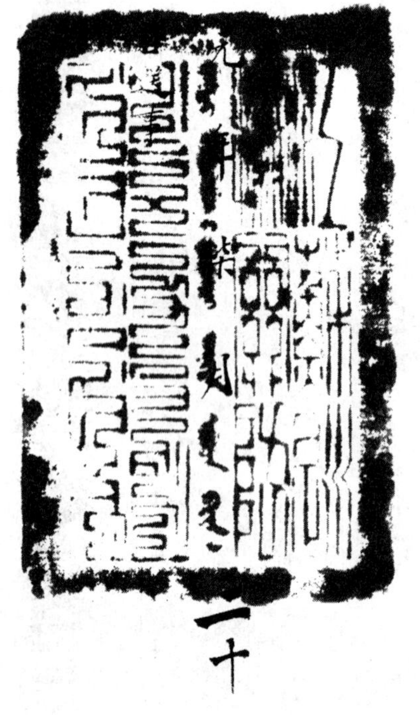

十

日

附件一

㊟附宣統元年八月十四日收

造呈復旦公學光緒三十四年第一次畢業生姓名年籍三代清册

鑒

謹將復旦公學光緒三十四年第一次畢業學生姓名年籍三代造冊呈請

計開

最優等二名

楊　鎏　年二十歲貴州銅仁縣人　曾祖棟澤祖珍弼父思齊

王仁弼　年二十四歲江蘇崑山縣人　曾祖嘉俊祖逢源父德祥

優等三名

蔣恩鎬　年二十六歲江蘇鎮洋縣人　曾祖宸楓祖銘燕父汝城

鄭　傳　年二十三歲江蘇吳江縣人　曾祖以泰祖恭樊父慈毅

吳澤民　年二十三歲廣東潮陽縣人　曾祖益明祖樊元父俊達

中等三名

許士達　年十八歲浙江錢塘縣人　曾祖鼎　祖大綱父承嘉

徐仁錆　年二十一歲江蘇宜興縣人　曾祖溥　祖煥章父達聲

郭　翔　年二十歲廣東潮陽縣人　曾祖文斌祖國忠父啟明

以上二名因所習科目內有一科不滿四十分照章不列優等

宣統元年七月十一日

附件二

收坿　八月十二日收

復旦公學第一次畢業生姓名籍貫分數冊

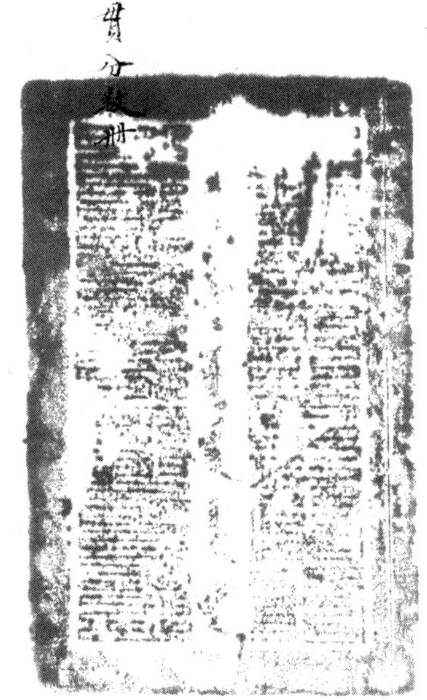

謹將光緒三十四年復旦公學第一次畢業生姓名年籍三代[illegible]

憲鑒

計開

最優等二名

楊　鋆　年二十歲貴州銅仁縣人　曾祖棟澤　祖玲獬　父恩齊

王仁瀚　年二十四歲江蘇崑山縣人　曾祖嘉後　祖逢源　父德祥

優等三名

蔣恩鎬　年二十二歲江蘇鎮洋縣人　曾祖宸楓　祖銘藎　父汝城

鄭　傅　年二十三歲江蘇吴江縣人　曾祖以泰　祖荼燮　父慈穀

吴澤民　年二十三歲廣東潮陽縣人　曾祖益明　祖燮元　父俊達

中等三名

許士達 年十八歲 浙江錢塘縣人 曾祖鼎 祖大綱 父承嘉

徐仁錆 年二十一歲 江蘇宜興縣人 曾祖溥 祖焕章 父達[illegible]

以上二名因所習科目内有一科不滿四十分照章不列優等

郭 翔 年二十歲 廣東潮陽縣人 曾祖文斌 祖岡志 父啟明

宣統元年 某月 日

一四一

劉游美學務處酌給留美學生陳容等津貼事

交　交

外務部左侍郎聯
外務部右侍郎鄒

七月廿二日　交
七月廿二日　交

考工司

呈爲劄行事宣統元年七月十六日准上海高等實業學堂監督咨呈據本校學生陳容禀稱生於光緒三十二年冬自備資斧前往美國留學現在哈佛大學肄業二年以來學費支絀萬狀幾至退學情形困迫現聞大部新章凡留學外國已在大學二年者

准予津貼學費學生程度與新章相符懇求轉咨
援例照貼等情又據本校學生祁玉麐禀稱生於三
十三年冬自備資斧赴美留學現入可訓高等學堂
四年級讀書原擬插入哈佛大學因年稚齡較稚該校長
囑多加預備為將來受完全教育地步惟是抵美以
來學費不貲家况艱窘可否仰求轉懇大部查照
津貼留學之案一律優予貼費等情查該二生前
在本校修業精勤洵屬有志之士自赴美以後學
費不繼日在窘鄉俱係實况儻蒙大部俯念孤寒
酌予津貼俾得竟其所學實紉公益等因前來查留
美學生陳容祁玉麐學費支絀當係實情可否由
游美學務處項下酌撥津貼應由游美學務處查

核辦理爲此劄知即遵照核復以憑轉復可也須至
劄者

右劄游美學務處 准此

宣統元年七月 日

一四二

[illegible]江總督部堂張　為

咨明事據蘇州提學司詳稱案奉

前憲台札准

學外務部巧電以派遣赴美游學生本年專取第一格學生定於七月二十日

在京考試飭司從速曉諭如有以上程度之學生速赴該司報名投驗如能

合格詳由本護部堂給咨送

部聽候考試惟須在七月初十日以前啓程赴京勿稍延誤並奉

撫憲瑞准電札同前由各等因奉經咨准上海復旦公學夏監督咨送畢

業生二十四人聲明已於七月十五日以前自行措資逕速赴京候考業經由司

照造清册詳請憲台核咨並報明

撫憲在案。嗣據青浦勸學所申送李維藩一名，長元吳勸學所呈送孫翼舜、朱家浩二名，聲明已先赴京；崑新勸學所申送張謀一名，江震勸學所申送方箴一名，各到司。當經本司以外務部、學部條舉考試派遣赴美學生程度限制極嚴，故有自量不能合格，不必徒勞往返之語。今該所等所送學生程度能否一一符合，無從懸揣，現在為時急迫，若令來司投驗，又恐貽誤考期，自應由該所按照部定資格確切詢問，果係一一符合，即令其剋日赴京報考，一面趕速具文復司，并將起程日期報候詳咨，否則不必徒勞往反。據經陸續批飭去後，茲據青浦勸學所申稱遵邀李維藩到所詳細詢閱，據稱習過英文五年，法文二年，物理三年，算學五年，中外歷史五年，中國地理五年，自量尚能合格，並定於七月初十日起程。長元吳勸學所復稱孫翼舜朱家浩於七月初八日起程並據靖江勸學所申報郵傳部高等實業學堂預科畢業現肄業本堂鐵路工程頭班生盛守鏊郵傳部高等實業中學畢業現肄業本堂電機三班生盛守鈺二名奉本堂監督咨送遲行赴京應試開具履歷三代申祈鑒核並據新陽崇明川沙太湖靖湖等廳縣復稱並無合格應試之人各前來其餘近無一處復到張謀方箴二名亦尚未據具復現在考期已届未便再延合將各生姓名年籍三代先行開册詳祈憲台鑒核咨至應否先行電部之處伏候憲裁並乞批示祇遵寔為公便再此案因往返駁查是以詳辦稍遲合併聲明等情並清册到本大臣據此除批示外相應抄錄清册咨明為此咨呈

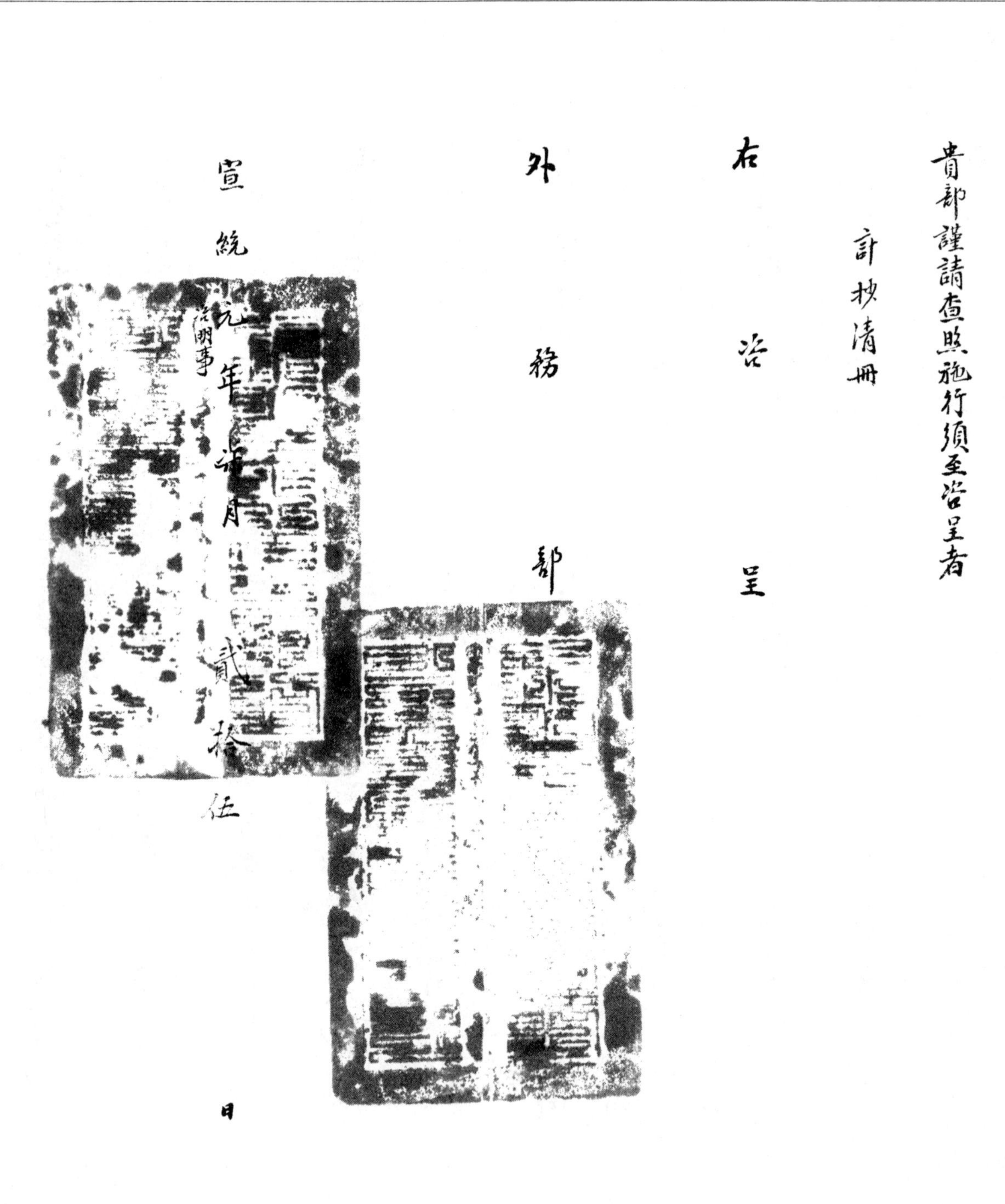

貴部謹請查照施行須至咨呈者

計抄清册

右　咨　呈

外　務　部

宣統元年　月　貳拾伍　日

附件

謹將赴京各生姓名年籍三代開冊

計開

李維藩　年二十歲　青浦縣附生
曾祖鴻肇　本生祖湧泉 祖湶泉　父天爵

孫翼舜　年二十歲　長洲縣籍
曾祖達志　祖燦雲　父鳳彬

朱家浩　年二十歲　嘉定縣籍　寄居蘇城
曾祖元熙　祖維城　父錫齡

盛守鑫　年二十六歲　靖江縣籍
曾祖襄　祖毓騏　父德新

盛守鈺　年二十五歲　靖江縣籍
曾祖襄　祖毓騏　父德新

張謀　年二十歲　崑山縣籍
曾祖津泉　祖兆棨　父士型

方箴　年二十歲　震澤縣籍
曾祖廷椿　祖城　父有年

一四三

札游美學務處署四川提學使詳送學生王夏應考由

外務部左侍郎聯 行

外務部右侍郎鄒 行

七月廿六日 許

七月廿六日 行

考工司

呈爲札行事。准署理四川提學使詳稱：茲有開縣學生王夏呈請送考，查該生前在日本經緯學堂暨正則英語學校先後畢業，堪以應考，理合備文，交由該生自行呈報，請紉部察酌録考等因前來。相應札行游美學務處

查照可也須至札者

右札游美學務處 准此

宣統元年七月 日

一四四

收

遊美學務處謹呈

呈為呈報事竊此次考取遊美學生放洋在即以後每年仍當陸續選送人數逐年加增事務自形繁賾舉凡在美分送入學稽察學行收支經費辦理文報等事必得妥員經理始足以昭慎重而專責成查有駐美使署參贊候選道容揆曾在美國耶路大學畢業文名素著品行純篤足為諸生矜式歷充湖北江南廣東等省遊美學生監督於遊學情形尤為諳悉以之派充駐美學生監督允堪勝任除呈報

學部外理合呈請

中堂王爺大人鑒核備案施行須至申呈者

右　　呈

外務部

宣統元年八月初十日

一四五

尚賢堂督辦美國博士李佳白謹禀

中堂王爺大人鈞座為擬欵興學造就通才事竊佳白自慚末學猥抱愚忱積廿餘年居游攷證之功攬五大洲邦國盛强之要是以光緒二十二年呈請開辦尚賢堂章程内列有擬設學館凡中國俊髦之士皆可來習各種政治之學並一切關乎中外交涉之事一條今值

聖主臨朝

憲章預備職務之舉必羣策羣力之是資聞見之真在相觀相摩而益善擬就上海本堂專授法政名曰通肄集滿蒙漢多士於同方既可化一隅之偏見得中東西名人以宣講并不勞萬里之遠游以視各省之散處出洋之跋涉功效雖或相均而利便則過之矣夏間

佳白在都謁見時曾將大概情形上瀆
鈞聰特恐口述未詳兹呈説帖撮舉要端伏乞
賜覽從速籌撥的欵俾得及時興辦行見
皇猷黼黻蔚成明體達用之才
帝世贊襄羣副詢事考言之選佳白不勝欣忭企望之至除繕遞
學部一份外專候
訓示遵行祇請
崇安恭呈
鈞鑒李佳白謹稟
計呈説帖一件
宣統元年八月　日

一四六

咨覆

總管内務府爲咨覆事。官房租庫案呈，准外務部咨稱：本部會同學部具奏擬請賞撥清華園地畝興築游美肄業館一摺，於八月十五日具奏，本日奉

硃批著照所請該衙門知道欽此欽遵咨行前來查
清華園房間地畝既經
貴部會同學部
奏准興築游美肄業館之用自應欽遵撥給相應
咨覆
貴部派員於本年玖月拾貳日午刻會同本
府官房租庫人員前往指交俟接收後希即知

照本府以憑存案可也須至咨覆者

右咨覆

外務部

宣統元年玖月初柒日

一四七

片行學部擬派郎中長福會同學部員外郎范源濂接收清華園片行查照由

外務部左侍郎聯　行　九月　日

外務部右侍郎鄒　行　九月　日

考工司

呈為片行事接准内務府來文以本部會同

貴部具奏請

賞撥

清華園地畝興築遊美肄業館之用現定於本

月十二日午刻派員交收等語本部現派郎中

長福會同

貴部員外郎范源濂並中營王總兵文煥等

是日前往接收除片行内務府外相應片行

貴部查照飭遵可也須至片者

學部

宣統元年九月　　日

一四八

廿二件請入收項 九月十三日

宣統元年

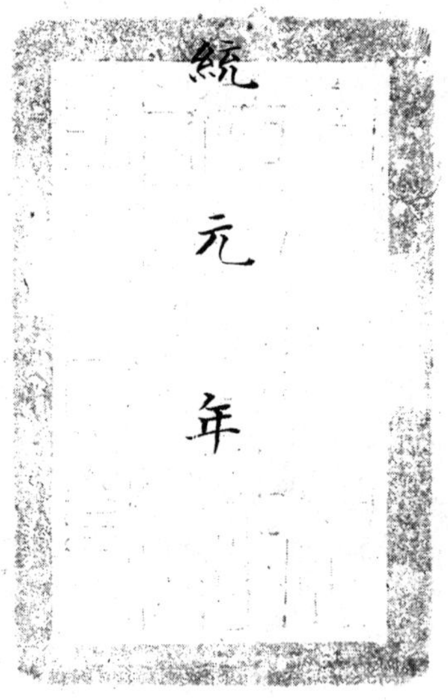

清華園房間册

七檩 大宮門三間 厰上頂椽木脱落無存

五檩 東西門房六間 厰一間坍塌前後簷椽木脱落無存

五檩 西房二間 門窗不全上頂椽木脱落無存

石橋一道

六檩 東朝房三間 厰上頂椽木脱落無存

六檩 西朝房三間 厰上頂椽木脱落無存

六檩 二宮門三間 門二閣前簷推窗八扇 御筆清華園匾一塊

六檩 過廳房三間 門窗不全

七檩工字前殿七間敞

東房三间　西房一間

四檩工字過廳三間敞

八檩工字後殿七間敞

五檩東耳殿一間敞

東所

房三間補盖

六檩垂花門一座怡春院匾一塊

七檩正廳房五間敞

七檩　後廳房五間　敞落地二間明三間後簷坍塌木植無存

五檩　東耳房三間　敞後簷坍塌木植無存

西所

五檩　北房五間　補蓋

後羣房五間　敞

東轉角房三間　敞

西跨院

西北轉角房七間　門窗不全

五標 西穿堂三間 門窗不全

八標 西花廳五間 廠上頂簷椽脫落 古月堂匾一塊

六標 東房三間 廠

六標 西房三間 廠

飯房院井一眼

角門一道 門一閤

五標 西房五間 門窗不全

五標 東房五間 門窗不全

東西棚子二間 廠

北棚子二間 廠

馬圏一所

五檩 東房五間 廠内三間簷椽脱落

五檩 西土房一間 廠

五檩 西房二間 門窗不全

黄花院

土房三間 廠

西棚子二間 敞

西草房二間

正土房三間

龍王廟井一眼 補盖房一間

土地廟一座

方亭一座

佛堂院

磚門一座

佛樓上下六間上頂坍塌三間

東耳房一間廠

南房二間廠

東房二間廠

東西土房二間

西角門一座

現存灰瓦房土房共計一百三十一間

園内熟地一頃七十餘畝

南面墻一百二十二丈五尺

東面墻一百七十五丈

北面墻一百四十丈

西面墻二百十丈

附件

卅八

清華園樹株冊

呈

謹將飭查

清華園樹木開列呈

閱

計開

牡丹二池

玉蘭一棵

黃柏八十五棵

紅柏一百三十九棵

馬尾八棵

楊樹六棵

柳樹七十九棵

榆樹二百二十七棵

槐樹三十九棵

桑樹二十三棵

山茶二十七棵

椿樹十棵

象槐五棵

棗樹三棵

秋樹七棵

枯樹二十三棵

以上共六百九十一棵

一四九

札游美學務處清華園地畝已接收清楚抄録房間樹木飭知由

外務部左侍郎聯　交　九月十五日

外務部右侍郎鄒　交　九月十二日

考工司

呈爲劄行事所有本部會同學部具奏擬請

賞撥清華園官地修築游美肄業館之用業經奉

旨允准札行在案並由本部咨行内務府定期交收去後

兹准復稱定於九月十二日交代當經派員會同内務

府官員接收清楚除咨復内務府外相應抄録原有房

間樹株數目清單札行游美學務處遵照辦理可也須至札者 附單

右札游美學務處准此

宣統元年九月　日

一五〇

賞給

再德國在青島設立學堂曾經學部准其立案並
奏請酌籌經費派員稽察現在該學業已開課所
有專管該學事務尤為出力之德員不無微勞足
錄茲准駐德使臣廕昌開單知照前來擬請
德國海軍部侍郎稽甯好司二等第二寶星海
軍部正參議文科進士克布乃爾二等第二寶星
海軍部副參議左福乃爾二等第三寶星海軍部
參議魯斐特爾二等第三寶星海軍部郎中萬錄慈三
等第一寶星又美國教士李佳白在上海創設尚
賢堂學堂分設科學教授華人頗著成效該學堂
經費均由李佳白自行捐募美國商人羅維康
捐助銀一萬三千餘兩為數最多洵屬見義勇

賞給該商人羅維康三等第一寶星如蒙
俞允即由臣部分別轉交祗領以示嘉獎理合附片具
陳伏乞
聖鑒訓示謹
奏
宣統元年九月廿五日奉
硃批依議

一五一

逕啟者：兹有滙文大學堂置買崇文門内孝順胡同西口外路東門面房三間、灰瓦房二十九間、灰棚二間，共房三十四間，買價京平足銀五千兩，正立有賣契一張，跟隨原圖書契紙二張、老紅契九套、白契三張，請為轉送蓋印等因。相應將所立賣契一張及原圖書契紙二張、老紅契九套、白契三張函送

貴部王大臣查照，希即轉交順天府飭縣蓋印，至所應納税銀若干，請開明

美國使署

示悉，以便囑該置業主滙文大學堂如數補納，再行函送轉解可也。此泐，順候

日祉。附洋文並外附包一件

費勒器啟 十月初八日

附件

AMERICAN LEGATION,
PEKING.

To F. O. No. 590.

November 20, 1909.

Your Imperial Highness:

I have the honor to inform Your Highness that the Ching-tu Hui-wen University of the American Methodist Mission of Peking has purchased a lot with the buildings thereon, on the Hsiao Shun Hu-t'ung near the Hatamen. I send herewith the old deed and the new deed, the latter to be stamped by the Ta-ch'ing Hsien, and trust that Your Highness' Board will forward the same in the usual way. The legal fees chargeable on the transfer will be forwarded on the return of the deeds.

I avail myself of this opportunity to renew to Your Imperial Highness the assurance of my highest consideration.

Charge d'Affaires.

Enclosures:

Deeds as stated.

To His Imperial Highness
Prince of Ch'ing,
President of the Board
of Foreign Affairs.

榷算司

呈爲劄行事。宣統元年十月初八日，准美柔使函稱：兹有滙文大學堂置買崇文門内孝順胡同西口外路東門面房三間、灰瓦房二十九間、灰棚二間，共房三十四間，買價京平足銀五千兩，立有賣契一張，跟隨原圖書契紙二張，老紅契九套，白契三張，請轉送蓋印等語。今將所立賣契及圖書契等共十五張函送查照，希轉交順天府飭縣蓋印，至應納税銀若干，請開明示悉，以便如數補納，再行函送轉交等因前來。相應將原送契紙十五張劄交順天府府尹查核辦理，並聲復本部可也。須至劄者。附契紙一包，計十五張。

右劄順天府府尹　准此

宣統元年十月　日

一五三

一等電報錄呈

第二千六百□號由美京局寄來

駐美伍大臣

外務部衙門鈞鑒

洪一字

歉實揆椿所派監督葉八

悉不必請旬用甘語芳亦由

宣統元年十月廿二日午五鐘廿分外務部官電局謹繕

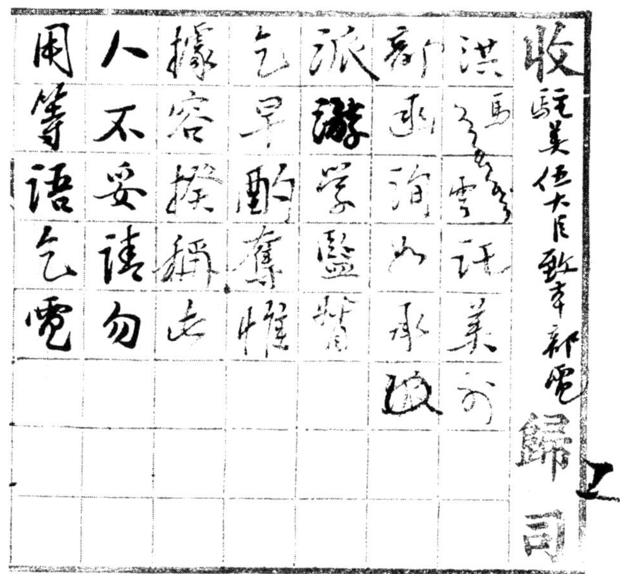

抄

收駐美伍大臣致本部電 歸 司 工

洪馬雪託美府劄函詢以承政派游學監督乞早酌奪惟據容揆稱此人不妥請勿用等語乞電

知 簡

示廷芳

十月二十二日

附件

THE IMPERIAL CHINESE TELEGRAPH ADMINISTRATION.

Telegrams accepted for all Telegraph Stations in the World

STATION

TELEGRAM Nr. 2157 Class ______ 53 Words. ______

Given in at Washington the 10 190 ______ H. ______ M. 6 /m.

Waiwupu [illegible]

3163	[illegible]	6530	8531
78650	0121	6805	[illegible]
04242	0510	1010	70600
18006	53580	6541	20531
25222	13400	2152	6629
35037	2049	0096	2502
53394	1558	1310	6569
9447	1142	0900	

一五四

遊美學務處謹

呈為呈報事竊前奉

鈞部奏撥清華園地畝修造遊美肄業館並承接收劄交在案查該園原有圍牆倒塌殆盡現在籌築館舍自應將圍牆先行修建然後將各項工程次第舉辦且園內房舍樹木漫無保障亦有偷拆毀壞之虞經公同酌核勘明該牆尺寸開具做法清單招商投票當衆開示以長順永和東茂等三廠估價最為合宜計包修該館圍牆陸百伍拾貳丈每丈價銀壹拾壹兩合銀柒千壹百柒拾貳兩整又包修該地七空橋一座合銀壹百伍拾兩整二共合計需用京平足銀柒千叁百餘兩當據開呈合同底稿分段修築核與原議尚屬相符似可准其承辦蓋分廠承修既得

有所爭競同時合築亦可速觀厥成期使周垣繚繞將來
續修房舍較為嚴密所有修造遊美肄業館圍牆橋梁工
程情形理合鈔錄該木廠等包修字據備文呈報伏乞
中堂
王爺
大人
詧核批示遵行須至呈者
右　　　　　呈
附呈鈔單一件
外務部
宣統元年十一月初六日

附件

照録長順永和東茂等三木廠包工字據

立包工字人長順木廠李增華、永和木廠李書田、東茂木廠張德榮今領做

遊美肄業館圍牆工程一段，計陸百伍拾貳丈，立標為記。

憑估工做法單，將原有陸拾餘丈未倒之牆不拆，找補頂子，添磚簷，抅縫，如有臌閃處拆砌，其餘牆俱拆至地平，原砌牆高至頂壹丈，厚均貳尺，下寬上窄，用叁成灰柒成土攙灰泥砌，灌桃花漿，簷子壹層用大開條磚，頂子抹蔴刀灰軋光，抅凸縫用蔴刀青灰成做，所用虎皮石料除由肄業館供給壹半外，餘均歸本廠備辦，石料有餘仍歸肄業館自用。舊有水門仍照原樣，立石栅修補齊整，牆根內外地基如有不堅固之處，並須培修完固。以上活計照單成做，每丈議定工價京平足銀壹拾壹兩整，其銀於備料時

支領叁成工程及半續領四成下餘叁成俟全工完竣收工
後查與做法單無誤照數支領本工程定於宣統貳年貳
月初間開工限壹個半月完訖工成之後定五年為保固
期限期内儻有臌閃等情仍歸本廠自備工料修理今
憑保人立此為據各廠另有保結字壹張
北面原有七空橋壹座石頭臌閃坦塌照舊歸安添石柵
工料合銀壹百伍拾兩整此係三廠合做
長順　局分修伍成
宣統元年十月十三日立永和木廠分修叁成
東茂木廠分修貳成

一五五

札游美學務處包修游美肄業館圍墻所開價值尚屬核實自應准其承辦由

交　交

外務部左侍郎聯

外務部右侍郎鄒

十一月十六日　諾

十一月十三日　友

考工司

呈為札行事宣統元年十一月初六日據呈稱前奉奏撥清華園地畝脩造游美肄業館查該園圍墻倒塌殆盡經公司勘明該墻尺寸開具做法清单招投票當衆開示以長順永和東茂等三廠估價最為合宜計包修該館圍墻陸百五十二丈每丈價銀一十一兩合銀七千一百

七十二兩又包修該地七空橋一座合銀一百五十兩二共合計需用京平足銀七千三百餘兩當開呈合同底稿分段修築核與原議相符抄録該木廠等包修字據呈報察核批示等因前來查該木廠等所估價值既據核與原議相符應准承修修竣後切實勘明報部相應札行游美學務處轉飭遵照辦理可也須至札者

右札游美學處 准此

宣統元年拾壹月　日

洛陝西巡撫所請將原派學生補入美國退還賠款留學經費額内礙難照准由

行　行

外務部左侍郎聯

外務部右侍郎鄒

十一月十六日　十一月　日

考工司

呈爲洛復事宣統元年十一月十六日接准

洛稱據西潼鐵路有限公司稟稱前派學生分赴德美學習管理建築汽機專門學問以備他日任使查悉該兩國留學經費歲需約肆千餘元公司成立之初實無此巨款而該生等迭次來函告急倘費不足恐有廢學之虞惟查美國退還庚子賠款撥充留學美國經費可否將派赴美國鐵路學生劉寶鍔一名補

入美國退還賠欵留學經費額内等因本部查美國退還賠欵經本部會同學部奏設游美學務處專設肄業館以資教授其肄業館建築設備及開辦後常年經費為數實屬不貲若各省紛紛援請恐有窮於應付之勢所有各省派出舊生仍應由各省自行籌欵撥濟前准北洋大臣來咨請將派赴美國留學生補入退還賠欵額内業經本部以礙難照辦等情聲復在案兹貴撫來咨事同一律自亦未便照准相應咨復

貴撫查照可也須至咨者

陝西巡撫

宣統元年十一月　日

一五七

遊美學務處謹

呈為呈請事宣統元年十二月初四日准駐美監督電稱

學期需款懇申部速滙等因前來竊查本年第一次留學

經費業經呈請奏撥在案現在學生到美已逾兩月之久

前款計已支發殆盡所需學款自應續懇

鈞部飭催江海關道迅速撥發滙寄駐美監督收存以資

支用所有己酉年第二次請撥遊美學生經費數目除呈

報學部外理合開具清摺備文申呈伏乞

中堂王爺大人鑒核施行須至申呈者

右　　呈　附清摺一扣

外　務　部

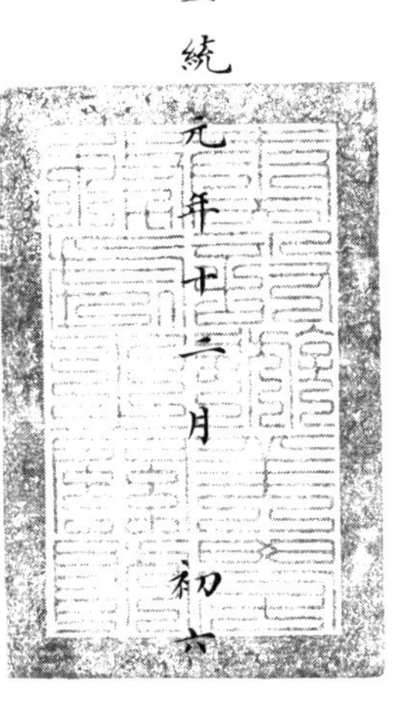

宣統元年十二月初六日

附件

謹將己酉年第二次請撥遊美學生經費數目列左

一學生四十七名學費每名每月金洋六十四元暫按豫備學堂各生辦法共計金洋九千零二十四元按西歷計

一監督三個月薪水每月金洋五百元兼差領半實支金洋二百五十元共計金洋七百五十元按西歷計

一華文文案一名三個月薪水每月金洋一百四十元如係兼差領半共計金洋四百二十元按西歷計

一紙張電報火車等費共計金洋二百五十元

以上四柱合共金洋一萬零四百四十四元

一五八

遊美學務處謹

呈為申呈事竊宣統元年八月遣送學生赴美前經申請委派本處會辦唐國安護送出洋並經呈報放洋日期等因在案現准唐會辦回京覆稱奉委後遵即隨帶本處文案唐彝督同學生四十七名出都於十月初一日安抵美京旋率諸生往士普令飛魯分入各埠學校適值該地學校學期業已過半且各生程度不一勢難概受同等教育其優者固宜直入大學俾無廢時之患其次者亦必及時豫備循序漸進方無躐等之虞當經會商駐美監督容揆選送學生金濤入科乃魯大學魏文彬入安穆士德大學程義法梅貽琦范永增張福良胡剛復程義藻陸寶淦朱惟傑楊永言吳清度等十名入羅蘭士高等學校鄺煦堃

唐悦良謝肇基李鳴龢何杰等五名入飛獵士高等學校朱復羅惠僑吳玉麟賀楙慶邢契莘王士杰裘昌運徐佩璜王仁輔金邦正等十名入惟禮是敦高等學校戴濟嚴家騶秉志陳焜張廷金陳慶堯盧景泰陳兆貞袁鍾銓徐承宗等十名入惟士來安高等學校方仁裕邱培涵王健高崙瑾張準王長平曾昭權王璡李進隆戴修騊等十名入課新高等學校既將諸生分別送學隨即親赴各校詳細查察所有教授管理諸法均甚相合諸生亦皆安心向學惟戴生濟入校後猝發瘋疾當經送往那咸頓癲病院醫治等語刻據駐美監督電稱戴生亦已病愈入校等因准此所有第一次遣派學生到美入學情形除申呈

學部外理合備文呈報伏乞

中堂
王爺
大人鑒察施行須至申呈者

右　　呈

外務部

宣統二年正月初七日

一五九

考工司

呈爲片行事所有本部會同

貴部具奏第一次遣派學生到美入學情形一摺

暨派員外郎范源廉等充學務處會辦各差一

片茲擬就會稿二件相應片送

貴部會畫畫齊後送還本部以便定期具奏

可也須至片者 附會稿二件

學部

宣統二年正月　日

外務部
王　爺
大
臣
台
啟

逕啟者，昨准

函稱郵傳部左參議張元濟赴英法荷德

比與義俄各國游歷並至美調查教育事

務，又另函稱有巴那瑪三等書記官繆蔚

楨由港搭輪赴美舊金山，再行換輪前赴巴

那瑪，特繕就漢文護照各一張，函請簽字

蓋印送還等因。本署大臣茲已分别簽就，

將簽字各原照蓋印送還，即希

貴王大臣查收分給可也。即頌

日祉。附洋文各一紙，並原照二張。

費勒器啟 正月二十一日

美國使署

附件

AMERICAN LEGATION,
PEKING.

To F.O. No.626.

March 2, 1910.

Your Imperial Highness:

I have the honor to acknowledge the receipt of a despatch from Your Highness's Board dated March Ist.,1910, enclosing the Passport Mr. Chang Yuan-chi, with the request that I visa the same.

I have had much pleasure in complying with the request, and now return the Passport, availing myself of the opportunity to renew to Your Highness the assurance of my highest consideration.

Charge d'affaires.

To His Imperial Highness,
Prince of Ch'ing,
President of the Board of Foreign Affairs.

AMERICAN LEGATION,
PEKING.

To F.O. No.627. March 2, I9IO.

Your Imperial Highness:

I have the honor to acknowledge the receipt of a Despatch dated March Ist.,I9IO, from Your Highness' Board, enclosing the Passport of Mr. Miao Wei-chen, Third Class Assistant in the Consulate General at Panama, with the request that I visa the same.

I have had much pleasure in complying with request, and now return the Passport, availing myself of the opportunity to renew to Your Highness the assurance of my highest consideration.

Charge d'affaires.

To His Imperial Highness,
Prince of Ch'ing,
President of the Board of Foreign Affairs.

呈

遊美學務處謹

呈為申呈事宣統二年正月十二日准駐美遊學監督申稱辦理在美學務所有往來函件造具報銷在在均關緊要擬請委派通判職銜容嘉言充當書記美國大學畢業生張謙充當洋文書記以資佐理再本監督尚未奉到關防此後與各處往來公事日益繁多擬請頒發關防一顆以便鈐用為此備文申請核覆施行等因前來竊查奏定遊學辦法大綱内開駐美監督准其調用漢洋文書記各

一人幫同辦理該監督申請分派容嘉言張謙充當漢洋文書記尚與奏案相符似應准如所請至頒發關防一節亦擬由本處刊給木質關防一顆文曰駐美遊學生監督之關防俾資信守所有核准駐美監督派定漢洋文書記各員及頒發關防緣由除申報學部外理合備文申呈伏乞

中堂王爺大人鑒核備案施行須至申呈者

右 呈

外務部

宣統二年正月二十六日

一六二

會奏第一次遣派學生到美入學情形由

奏　奏

外務部左侍郎聯奏　正月十二日

外務部右侍郎鄒奏　正月十二日

謹
奏為詳陳第一次遣派學生到美入學情形恭摺仰祈
聖鑒事竊臣等於宣統元年五月二十三日具奏收回美國賠
款遣派遊美學生辦法大綱當奉
諭旨允准在案查第一年應送學生定額一百名因時日迫促
不及如額取錄業就各處咨送學生分場考試國文英

文及各種科學認真校閱取定四十七名經臣等委派
外務部主事兼充遊美學務處會辦唐國安於上年
八月間護送出洋現據遊美學務處轉據唐國安回京
覆稱奉委後遵即督同學生四十七名出都於十月初一
日安抵美京旋率諸生往士普令飛魯分入各埠學校
適值該地學校學期業已過半且各生程度不一勢難
概受同等教育其優者固宜直入大學俾無廢時之
患其次者亦必及時豫備循序漸進方無躐等之虞當
經會商駐美監督容揆將學生金濤等分別送入科
乃魯各大學暨羅蘭士各高等學校並親往詳細查
察所有教授管理諸法均甚相合諸生亦皆安心向
學等情呈報前來臣等竊維遣生遊美就學於中國

教育前途大有關係此次倉猝考試雖未足百名之
額而所派學生四十七名程度均有可觀年齡亦皆合
格現經學務處送入美國各大學暨各高等學校分班
肄業辦理尚稱妥協因材授學既未凌節而施殊塗
同歸足收樹人之效所有第一次遣派學生到美入
學情形理合恭摺會陳伏乞
皇上
聖鑒再此摺係外務部主稿會同學部辦理合併
陳明謹
奏
宣統二年二月初一日奉
硃批
知道了欽此

會奏第一次遣派學生到美入學情形由

奏 正月 日

奏 正月十三日

外務部左侍郎聯
外務部右侍郎鄒
奏

謹
奏為詳陳第一次遣派學生到美入學情形恭摺仰祈
聖鑒事竊臣等於宣統元年五月二十三日具奏收回美國
賠款遣派遊美學生辦法大綱當奉
諭旨允准在案查第一年應送學生定額一百名因時日迫
促不及如額取錄業就各處咨送學生分場考試國

文英文及各種科學認真校閱取定四十七名經臣等委派外務部主事兼充遊美學務處會辦唐國安於上年八月間護送出洋現據遊美學務處轉據唐國安回京復稱奉委後遵即督同學生四十七名出都於十月初一日安抵美京旋率諸生往士普令飛魯分入各埠學校適值該地學校學期業已過半且各生程度不一勢難概受同等教育其優者固宜直入大學俾無廢時之患其次者亦必及時預備循序漸進方無躐等之虞當經會商駐美監督容揆將學生金濤等分別送入科乃魯各大學暨羅蘭士各高等學校並親往詳細查察所有教授管理諸法均甚相合諸生亦皆安心向學等

情呈報前來臣等竊維遣生游美就學於中國教育前途大有關係此次倉猝考試雖未足百名之額而所派學生四十七名程度均有可觀年齡亦皆合格現經學務處送入美國各大學暨各高等學校分班肄業辦理尚稱妥協因材授學既未凌節而施殊塗同歸足收樹人之效所有第一次遣派學生到美入學情形理合恭摺會陳伏乞

皇上

聖鑒再此摺係外務部主稿會同學部辦理合併

陳明謹

奏

宣統二年二月初一日奉

硃批

知道了欽此

附奏派員外郎范源廉充學務處會辦各差由

奏
外務部左侍郎聯
正月十二日
奏

奏
外務部右侍郎鄒
正月十二日
奏

奏
再臣等奏定遣派遊美學生辦法大綱有設立遊美學務處暨專設駐美監督各條前由臣等會派前署外務部左丞左參議兼學部丞參上行走周自齊充學務處總辦業經
明在案該處事務殷繁舉凡考選學生管理肄業館遣送學生等事在在需人襄理查有學部員外郎范源廉外務

部主事唐國安中西學問均屬精通堪以派充該處會
辦至駐美監督專管收支學費約束生徒責任極爲重要
查有駐美使署參贊候選道容揆曾在美國耶路大學
畢業歷充湖北江南廣東等省遊美學生監督於遊學情
形素爲諳悉以之派充駐美學生監督允堪勝任除由臣
等分飭遵照外理合附片陳明伏乞
聖鑒謹
奏
宣統二年二月初一日奉
硃批知道了欽此

附奏派員外郎范源廉充學務處會辦各差由

奏

奏

外務部左侍郎聯

外務部右侍郎鄒

奏

五月十三日

五月日

奏

范司員業經提升郎中員外郎三字擬改郎中

再臣等奏定遣派游美學生辦法大綱有設立遊美學務處暨專設駐美監督各條前由臣等會派前署外務部左丞左參議兼學部丞參上行走周自齊充學務處總辦業經

明在案該處事務殷繁舉凡考選學生管理肄業

館遣送學生等事在在需人襄理查有學部員外

中郎范源廉外務部主事唐國安中西學問均屬精通堪以派充該處會辦至駐美監督專管收支學費約束生徒責任極爲重要查有駐美使署參贊候選道容揆曾在美國耶路大學畢業歷充湖北江南廣東等省遊美學生監督於遊學情形素爲諳悉以之派充駐美學生監督允堪勝任除由臣等分飭遵照外理合附片陳明伏乞

聖鑒謹

奏

宣統二年二月初一日奉

硃批知道了欽此

一六四

考工司

呈爲咨行事。二月初一日會奏第一次遣派學生到美入學情形一摺，附奏派充學務處會辦各差一片，本日奉

硃批：知道了。欽此。相應恭錄

諭旨咨行

貴部欽遵可也。須至咨者。

學部

宣統二年二月　日

一六五

考工司

呈爲劄行事所有本部會同學部具奏第一次遣派學生到美入學情形一摺附奏派充學務處會辦各差一片於二月初一日具奏奉

硃批知道了欽此相應恭録

諭旨鈔録原奏劄行學務處欽遵可也須至劄者 附抄件

右劄游美學務處 准此

宣統二年二月 日

遊美學務處謹

呈為申呈事竊本處遵照奏案每年應行遣派學生赴美且現在籌辦肄業館期於本年秋間開學自應先將考選學生及各省提學使考送學生兩種辦法詳細擬定及早發布俾各省得以周知乃為入手要着竊查奏定遣派遊美學生辦法大綱内開第一格學生除在京招考外並由各省提學使在各該省招考錄取合格學生不拘額數送京覆考本屆自應遵照辦理其第二格學生考取辦法原定由各省提學使各按該省定額選取送京惟各省在京子弟其能應考入選者當亦有人如必概由提學使選送則在京者不免全數向隅似未得事理之當擬將原案酌量變通一面在京招考一面由提學使考選送京覆試如

有年歲不符及程度不合者仍行咨回本省毋令失學其來往川費遵照奏案責令該提學使賠繳以免冒濫又查第二格學生考取入館後學科多由外國教習直接授課亦非全無普通知識者所能從事擬於考試國文外添試粗淺英文算學等科以覘學力而便教授其招考學生之學科程度並由本處參照美國學程酌中擬定各省提學使考試學生之時應即按格分別命題庶考試辦法彼此免涉紛歧入選諸生程度亦歸齊一又查肄業館原定學額祇三百名現擬推廣至四百名此時育材較多將來遣派出洋更足以資精選本年考取諸生擬一律先令入館視其學力高下編歸高等初等兩科分班教授入館三箇月後舉行甄別除擇取學行尤為優美者遣派遊學外其

有實難造就者則令退學考試及格者仍行留館以宏作
育所有酌擬考選學生及各省提學使考送學生辦法除
申請
學部分行各省提學使外理合另繕清摺備文申呈伏乞
中堂
王爺
大人鑒核施行須至申呈者
右　　　　呈　附清摺
外務部
宣統二年二月十一日

附件

謹擬考選學生及各省提學使考送學生辦法開具
清摺恭請
鈞鑒

考選學生辦法

第一章　招考學生學額

第一節　本年招取第一格學生遵照奏案一面在京招考一面由各省提學使招考錄取合格學生不拘額數送京覆考

第二節　本年招取第二格學生三百名除在京考取百名外餘二百名應由各省按照該省賠款實數所占學額考取合格學生送京覆試各省學額開列於左

計開

直隸六名　山東八名　河南十名
山西十名　陝西六名　甘肅二名
新疆二名　安徽十名　江蘇二十六名
江西十八名　浙江十二名　福建八名
湖北十四名　湖南八名　廣東二十名
廣西二名　四川十八名　雲南二名
貴州二名

計共一百八十四名餘額十六名仍歸併在京招考

第二章　招考學生程格

第一節　凡報考第一格學生以年在十五歲

以上二十歲以下者為限報考第二格學生以年在十二歲以上十五歲以下者為限

第二節　各生均須身體堅實體格完全身家清白者

第三節　各生均須自量能力志願不至中途輟業者

第三章　招考學生學科程度

甲　招考第一格學生學科程度

一中文論説

二英文論説作文繙譯

三歷史須曾讀過普通史其並讀過希臘羅馬英國美國專史者尤佳

四地理普通地理學

五算學須曾習英文代數平面幾何平面三角其並習過高等代數立體幾何解析幾何等學者尤佳

六格致中等理化學動植物學生理學

七德文或法文二者之中須曾習一門能作文繙譯其曾兼習拉丁文者尤佳

右列學科自第二項至第六項均用英文考試

乙　招考第二格學生學科程度

一中文論説

二英文誦讀默寫初步作文

三歷史發問

四地理發問

五算學加減乘除命分

第四章　報考規則

第一節　各省咨送各生限於六月初十日以

前來京報到聽候覆試

第二節 在京投考各生限於五月二十七日起至六月初二日止旗籍取具佐領圖片漢籍取具同鄉京官印結到史家胡同遊美學務處報名聽候考試

第三節 咨送及投考各生均應親到學務處填寫報考書並繳四寸相片二張

第四節 各生填具報考書後由學務處發給准考憑照一紙隨帶入場

第五章 就學規則

第一節 取錄各生均應遵照定式繕呈願書並取具保證書

第二節 取録各生一律收入肄業館按照學力撥歸高等初等兩科分班學習

第三節 取録各生入館後均不繳納學膳房金

第四節 肄業館學生每年定期甄別一次擇學行優美者遣派遊學次者留館至性習體質難於造就者則令退學本年取録各生入館三箇月後亦即舉行甄別考試

第五節 肄業館高等初等兩科學生均以四年為畢業期限每年給予修業文憑習完初等科者給予初等科畢業文憑准其升入高等科習完高等科者給予高等科畢業文憑

各省提學使考送學生辦法

第一條 各省提學使接到部文後應及早將本
處所擬考選學生辦法曉喻應考諸生示期
考試
第二條 各省提學使考選學生均應遵照奏定
原案並按照此次本處所擬考選學生辦法
辦理
第三條 各省提學使考送第一格學生不拘額
數考取第二格學生應各按該省定額選取
送京
第四條 各省提學使考試第一第二兩格學生
所試學科均應按照本處所擬之招考學科程
度分别命題

第五條 各省提學使考取送京覆試之學生其
名册試卷相片等件統於本年五月十五日以
前咨到本處若交通不便之省分不能如期送
到者可先將考取學生姓名先行電咨總期不
誤期限

一六七

駐美留學生監督遇缺即選道容揆爲申復事。奉宣統元年十二月初八日

鈞部劄開：據游美學務處呈稱，已酉年第二次游美學生經費合金洋一萬零四百四十四元，懇請飭江海關道匯寄駐美監督收存，以資支用等因。前來除電飭江海關道在於收還美國賠款内如數撥付外，相應劄行駐美監督遵照，將收到金洋數目日期申復本部可也等因。奉此，當經江海關道向上海花旗銀行兑購美金，於十二月十四日電匯到美。職道即於是日前赴該銀行照數收到美金一萬零四百四十四元，理合將收到金洋數目日期申復

鈞部，謹請

鑒核施行。須至申者。

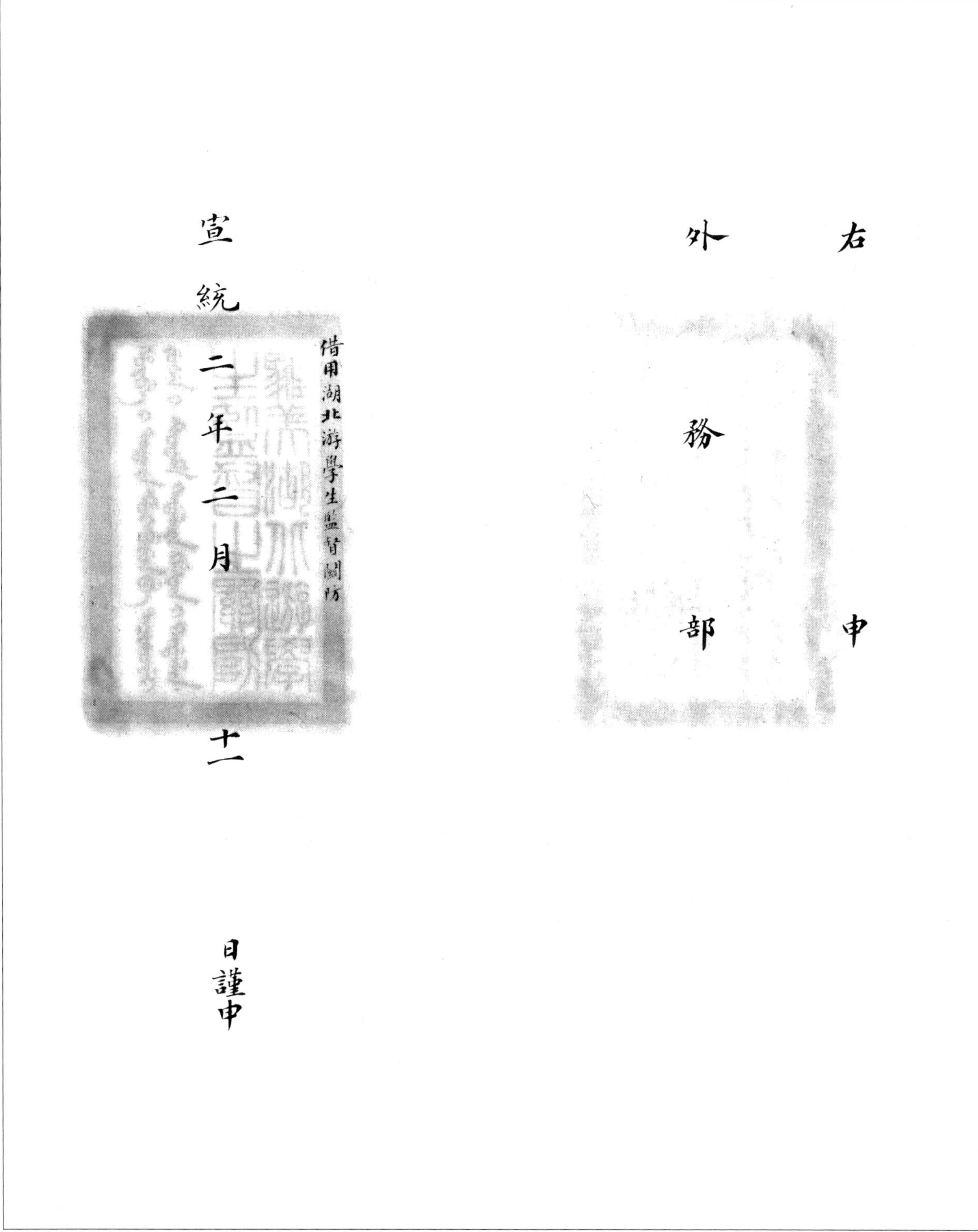

右申

外務部

宣統二年二月十一日謹申

一六八

遊美學務處謹

呈爲申呈事竊本處第一次遣派學生赴美前經申請委

派本處會辦唐國安護送出洋並奉撥發整裝川資諸費

在案嗣據唐會辦回京銷差並將收支各款開具清册計

新收共京平足銀三萬二千九百五十四兩六錢一分開

除共京平足銀三萬一千六百二十七兩一錢七分實存

一千三百二十七兩四錢四分一併送處核報等情前來

本處覆核無異所存款項應歸入本處下届常年經費舊

管項下造報所有第一次遣派赴美學生整裝川資旅費

電費數目理合鈔録原册備文申呈伏乞

中堂王爺大人查核准銷備案施行須至申呈者

右　　　　　呈

附清册

外務部

宣統二年三月十四日

一六九

遊美學務處謹

呈爲申呈事竊本處開辦經費前承核准發給在案現在

本處開辦事宜均已就緒所有收支各款自應分晰開報

以清款項惟本處事屬創始原無舊管之款計新收京平

足銀三千兩開除共京平足銀二千九百八十九兩五錢

二分五釐實存京平足銀十兩零四錢七分五釐應歸入

本處下屆常年經費項下造報所有本處開辦收支銀款

數目理合另具四柱清册備文申呈伏乞

中堂王爺大人查核准銷備案施行須至申呈者

右　　呈附清册

外務部

宣統二年三月十四日

一七〇

遊美學務處謹

呈為申呈事竊本處遵照奏案每届年終應將用過銀數造具清册申請核銷現自宣統元年六月初一開辦之日起至十二月底止所有本處常年經費項下收支各款自應分晰開報以清款項惟本處經費均係按月支領本届事屬創始原無舊管之款計新收共京平足銀一萬五千六百五十兩開除共京平足銀一萬二千零七十二兩零三分八釐實存京平足銀三千五百七十七兩九錢六分二釐俟歸入下届舊管項下造報所有本處常年經費自宣統元年六月初一日起至十二月底止收支存款銀數理合另具四柱清册備文申呈伏乞

中堂王爺大人查核准銷備案施行再原擬常年經費每月支領二

千五百兩經格外撙節支用而開辦伊始一切添置均屬
無幾故能盈餘至三千五百餘兩之多嗣後常年經費自
未便預爲核減致有支絀之慮合併陳明須至申呈者
右
呈 附清册
外務部
宣統二年三月十四日

遊美學務處謹

呈爲申呈事竊本年考選學生赴美及招考遊美肄業館學生辦法前經本處申請鑒核在案查美國學校收取學生之期在西歷九月故原定辦法擬於本年六月舉行考試實爲各生到美入學便利起見現在招考之期既已迫近而肄業館各項工程須俟本年冬間方能告竣各省咨送第二格學生均係年甫成童自不便令其遠道旅京久荒功課因思暫賃民房先行開學覓訪多日迄未得合式之屋宇復向各處舊校商量借用又皆以多所窒礙爲辭本處再三商度只得變通原擬招考辦法援照上年考試成案本年六月在京招考仍專取第一格學生選送赴美其第二格學生率俟肄業館落成再行招考雖開學之期展緩數月而校舍完備則管理易周立學之始基既良惡習之流傳難入似轉於肄業館前途較爲有益爰即通電

各省提學使查照原定期限專送第一格學生來京覆試至所選第二格學生改於明年正月二十日以前送京以便覆考如此辦理庶於派生赴美無所妨礙而各省年幼子弟亦不致有旅居失學之虞所有變通原定招考學生辦法并通電各省提學使分别送學情形除申呈學部外理合具文呈報伏乞

中堂
王爺
大人鑒核備案須至申呈者

右　　呈

外　務　部

宣統二年五月初九日

一七二

郵傳部為咨呈事參議廳學務科案呈准上
海高等實業學堂監督唐侍郎咨稱案查上年
七月間外務部學部會考派遣留美學生案內
准本部六月智電挑選合格學生給與川資送
京考試無庸限以額數等因當經本監督遴選范
永增等各生備文咨送在案現時又屆第二次考
選之期查有顧惟精徐乃蓮陳明壽朱禧過科先
方於楠王元懋胡明堂陳大啟施鑾王承熙黃理

中孫志敬王琳席德懋周象賢袁紹昌周銘
王啟濂唐榕賡鍾文滔董邦霖楊廷英車志
城沈宗漢張行恆徐佩璜卓泰鴻蘇在奇楊
炳勛倪徵暘沈德先章曾濤楊丙吉徐應桐趙
錫先秦翹王臨堅胡瑞行等三十九名程度均屬
相當仍照去年成案給發川資送京候試相應開
具清摺咨請本部轉咨外務部學部一體收考等因
到部相應將該生顧惟精等三十九名履歷清冊

咨呈

貴部查照辦理可也須至咨呈者

右咨呈

外務部 附履歷清册一件

宣統貳年陸月初壹日

附件

郵傳部上海高等實業學堂咨送考試留美學生姓名履歷清單

計開

顧惟精 年十九歲 江蘇無錫縣人
曾祖時茂 祖文煥 文炳 父浩然

徐乃蓮 年二十歲 廣東香山縣人
曾祖德佩 祖贊堯 父侶琴

陳明壽 年二十歲 江蘇元和縣人
曾祖樸 祖勳 父繼昌

朱禧 年二十歲 廣東南海縣人
曾祖啟蕃 祖文湘 父雄才

過科先 年二十歲 江蘇金匱縣人
曾祖光昱 祖寧均 父錫瑞

方於楠 年二十歲 浙江嘉興縣人
曾祖惟寅 祖受穀 父錫榮

王元懋 年十九歲 浙江慈溪縣人
曾祖廣潤 祖孝賡 父悌慶

胡明堂 年十九歲 安徽婺源縣人
曾祖誠 祖琨 父光熏

陳大啟 年二十歲 浙江海鹽縣人
曾祖明藻 祖其旋 父德球

施鎣 年二十歲 江蘇吳縣人
曾祖詠 祖塈 父楠

王承熙 年十九歲 浙江嘉善縣人
曾祖庭榕 祖臣泰 父傳禎

黄理中　年二十岁　浙江秀水縣人
曾祖金閶　祖鐘　父方鳴
孫志敬　年二十岁　浙江衢州府人
曾祖釗斗　祖洪泰　父國林
王琳　年二十岁　浙江鄞縣人
曾祖隆璋　祖昌鈞　父詩裒
席德懋　年十九岁　江蘇吴縣人
曾祖元樂　祖素貴　父裕光
周象賢　年二十岁　浙江定海廳人
曾祖孝嵩　祖廷輔　父瑞良
袁紹昌　年十九岁　浙江上虞縣人
曾祖永茂　祖寶善　父長清

周銘　年十九岁　江蘇泰興縣人
曾祖福光　祖彬　父光勉
王啟漢　年二十岁　直隸天津縣人
曾祖鳴燕　祖玲　父清彦
唐榕賡　年十八岁　廣東香山縣人
曾祖瑞亮　祖廷開　父顯勳
鍾文滔　年二十岁　廣東香山縣人
曾祖茂潤　祖懿文　父羣瀾
黄邦棠　年二十岁　江蘇武進縣人
曾祖敏善　祖仁穀　父思承
楊廷英　年二十岁　福建閩縣人
曾祖聿湘　祖樹芬　父兆麟

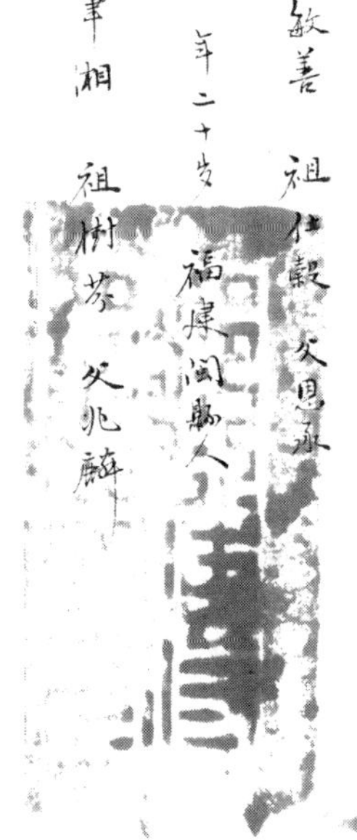

車志澂　年二十岁　浙江會稽縣人

曾祖佐才　祖鳳[illegible]　父軾

沈宗漢　年十九岁　浙江[illegible]縣人

曾祖秋鳳　祖文鎬　父藻

張衍恒　年十九岁　江蘇婁縣人

曾祖敬忠　祖爾唐　父景良

徐佩璋　年二十岁　江蘇震澤縣人

曾祖士俊　祖嘉奎　父惟嶧

卓鴻泰　年二十岁　廣東香山縣人

曾祖換庭　祖雲溪　父鏡階

蘇在亭　年二十岁　福建閩縣人

曾祖振泉　祖晴川　父香溪

楊炳勛　年十八岁　浙江仁和縣人

曾祖全耀　祖博泉　父昌寰

倪徵暘　年二十岁　江蘇吳江縣人

曾祖恢德　祖錦元　父壽康

沈德先　年二十岁　浙江山陰縣人

曾祖傳五　祖懌齋　父一鵬

章曾濤　年十九岁　江蘇嘉定縣人

曾祖寶名　祖元彬　父銘敬

楊丙吉　年十八岁　江蘇上海縣人

曾祖東田　祖如松　父士魁

徐應桐　年二十岁　廣東香山縣人

曾祖瑞珩　祖魁光　父濤

趙錫光　年二十岁　江蘇丹徒縣人
曾祖榕　祖元燮　父慶樑
秦廸　年十九岁　江蘇吳縣人
曾祖治堂　祖士基　父贊堯
王隆堅　年二十岁　江蘇上海縣人
曾祖彭璋　祖萃餘　父肇基
胡繼衍　年十九岁　江蘇太倉州人
曾祖有德　祖汝銘　父朝銓

考工司

呈為札行事宣統二年六月初一日准郵傳部文稱現時又屆第二次考選留美學生之期兹准上海高等實業學堂監督咨送學生顧惟精等三十九名程度均屬相當仍照去年成案送京候試將該生等履歷開具清册應請查照等因前來相應鈔録原送清册札行學務處查照辦理可也須至札者　附鈔件

札留美學務處　准此

宣統貳年陸月　日

一七四

郵傳部為咨呈事參議廳學務科案呈准
上海高等實業學堂監督唐侍郎咨稱竊照
本校學生赴都考試留美生一案業經開單
咨明本部在案現續據楊孝述陸品琳梁汝
洪等三名有志觀光稟請續送前來除酌給川
資飭令促裝起程外相應咨請本部轉咨外務
部學部一律收考等因到部查上海高等實
業學堂監督唐侍郎咨送考試游美學生顧
惟精等三十九名業經本部轉咨在案茲續
送楊孝述陸品琳梁汝洪等三名前來赴考

相應鈔錄履歷清單咨呈
貴部查照辦理可也須至咨呈者
右咨呈
外務部

宣統貳年陸月 初九 日

一七五

[illegible]巡撫陝西等處地方提督軍務兼理糧餉會辦鹽政恩　為

咨明事據署陝西提學使余堃詳稱宣統二年三月二十日奉憲台行知宣統二年三月十四日准

學部咨開專門司案呈據游美學務處申呈竊本處遵照

奏案每年應行遣派學生赴美且現在籌辦肄業館期於本年秋間開學自應先將考選學生及各省提學司考送學生兩種辦法詳細擬定申請行知各省乃為入手要着竊查奏定遣派游美學生辦法大綱內開第一格學生除在京招考外並由各省提學使在各該省招考錄取合格學生不拘額數送京覆試本屆自應遵照辦理其第二格

學生考取辦法原定由各省提學使各按該省定額選取送京惟各省在京子弟其能應考入選者當亦有人擬將原案酌量變通一面在京招考一面由提學使考選送京覆試如有年歲不符及程度不合者仍行咨回本省其來往川費遵照奏案責令該提學使賠繳以免冒濫又查第二格學生考取入館後學科多由外國教習直接授課亦非全無普通知識者所能從事擬於考試國文外添試粗淺英文算學等科以覘學力而便教授其招考學生之學科程度並由本處參照美國學程酌中擬定各省提學使考試學生之時應即按格分別命題庶考試辦法彼此免

涉紛歧，入選諸生程度以歸齊一。又查肄業館原定學額祇三百名，現擬推廣至四百名，此時育才較多，將來遣派出洋更足以資精選。本年考取諸生，擬一律先令入館，視其學力高下，編歸高等、初等兩科，分班教授。入館三箇月後舉行甄别，除擇取學行尤爲優美者遣派游學外，其有實難造就者，則令退學。考試及格者仍行留館，以宏作育。所有酌擬考選學生及各省提學使考送學生辦法，理合另繕清摺，隨文申請分行各省提學使查照辦理等因前來。除粘附考選學生及各省考送學生辦法清摺並劄行提學使司外，相應咨行查照可也等因到本部院。准此，除

考送學生辦法清摺由

部逕劄該司知照外合行劄飭為此劄仰該司查照來劄

事理即便遵照辦理毋違又奉

學部劄行選送學生辦法清摺等因奉此遵即分别照行

並出示招考在案旋據該生等各具保證書相片報名投考

前來由本司定期分門面試第一格學生應考者為數甚

少程度均不及格自應從闕以杜冒濫其第二格學生懸

格稍低尚易入選業已分别録取葉聲呂王久誠王室藩

馬鍾彝吴宓張繼祖等六人正飭該生等依限起行於

五月初八日准

游美學務處虞電内開新建游美肄業館須冬間始能落成貴省選取第二格學生請改於明年正月二十日以前送京覆試其第一格學生應仍限六月初十日以前到京以便考取遝送赴美即祈查照曉示爲荷等因除將第一格現無合格學生先行電復外所有擬取第二格游美學生名册試卷相片理合詳請鑒核分別咨明外務部學部查照等情到本部院據此除咨送學部查照外相應咨明爲此合咨貴部請煩查照施行須至咨者

右

咨

外務部

宣統三年六月初六日

一七六

郵傳部爲咨送事。參議廳學務科案呈：據唐山路礦學堂監督熊崇志呈稱：職堂於宣統元年六月間奉憲台電飭：外務部派生赴美游學，該堂如有合格生，亦可送部咨送考試，無庸限以額數等因。奉此，當即選送投考在案。現在復届考送之期，職堂諸生頗有志願投考，呈請選送前來。查該生等自係志趣向上，未便深阻遵，即擇其平日程度合格及品行端正者，共貳拾肆名：計甲班生四名，乙班生七名，丙班生十三名，飭令該生等於初九日自行赴京，報到呈繳相片，以

備應考理合將履歷備文申送查核俯賜咨送

以備註册等情前來除將該堂申送甲乙丙三班

學生共二十四名履歷鈔送註册外相應咨呈

貴部查照即布一體收考可也須至咨呈者

右咨呈 附履歷册一本

外務部

宣統貳年陸月初十

月

一七七

遊美學務處謹

呈為呈報事竊本處考選學生辦法前經申報並出示曉諭在案計各省送到及在京報考學生共四百餘人由本處借用法政學堂講堂於本月十五日考試國文英文為第一場自十六日至十九日校閱試卷將第一場取錄各生姓名張榜曉示計取學生二百七十二人於二十日考試高等代數平面幾何希臘史羅馬史德文法文為第二場二十一日考試物理學動植物學生理學平面三角化學為第三場二十三日考試立體幾何英史美史地理學拉丁文為第四場二十四日檢查體格其間各生因犯懷挾等弊照章扣考者先後八人所有各場試卷均經各員逐日認真校閱於二十七日分别揭榜計選取分數較優者七十名擬定遣送赴美學習其各科學力深淺不齊而根柢尚有可取年齡亦屬較輕各生亦經從寬選取一百

四十三名擬俟新建肄業館落成收入高等科分班肄習以資豫備所有分場考試情形及分别取録學生辦法除呈報學部外理合分别造具取録學生表册隨文申呈伏乞

中堂王爺大人鑒核備案施行須至申呈者

右　申　呈附表册

外　務　部

宣統二年六月二十九日

附件一

謹將考取第二次遣派赴美學生姓名年歲籍貫等項開具一覽表恭呈
鈞鑒

姓名	年歲	籍貫	學堂	平均分數
楊錫仁	十八	江蘇震澤	南洋中學	七十九分二十分之七
趙元任	十九	江蘇陽湖	江南高等	七十三分五分之二
王紹初	十九	廣東南海	唐山路礦	七十一分二十分之十七
張謨實	十九	浙江鄞縣	約翰書院	六十九分四分之三
徐志薌	十八	浙江定海	約翰書院	六十九分四十分之二十七
譚頌瀛	二十	廣西蒼梧	南洋中學	六十九分十分之一
朱簶	十九	江蘇金匱	東吳大學	六十八分五分之二
王鴻卓	十九	直隸天津	家塾	六十八分二十分之七
胡繼賢	十八	廣東番禺	嶺南學堂	六十七分二十分之十七
張彭春	十八	直隸天津	天津私立中學	六十七分五分之四
周厚坤	二十	江蘇無錫	唐山路礦	六十七分四十分之二十九
鄧鴻宜	十八	廣東東莞	嶺南學堂	六十七分四十分之十九
沈祖偉	十八	浙江歸安	約翰書院	六十六分四十分之二十三
區其偉	十八	廣東新會	嶺南學堂	六十六分十分之九
程闓運	十九	浙江山陰	東吳大學	六十六分八分之七
錢崇澍	二十	浙江海甯州	直隸高等	六十六分二十分之十七
陳天驥	十七	浙江海鹽	約翰書院	六十六分五分之三
吳家高	十九	江蘇吳縣	美國加厘福宜大學	六十六分五
路敏行	二十	江蘇宜興	復旦公學	六十六分二十分之十一
周象賢	二十	浙江定海廳	上海高等實業	六十六分五
沈艾	十七	福建侯官	家塾	六十五分四十分之二十九

姓名	年歲	籍貫	學堂	分數
陳延壽	十七	廣東番禺	長沙雅禮大學	六十五分四十分之二十七
傅驌	十九	四川巴縣	復旦公學	六十五分五分之二
李松濤	十九	江蘇嘉定	約翰書院	六十五分五分之一
劉寰偉	十八	廣東新寧	嶺南學堂	六十四分二十分之十九
徐志誠	十九	浙江定海	約翰書院	六十四分二十分之十七
高崇德	十九	山東棲霞	山東廣文學堂	六十四分
竺可楨	十七	浙江會稽	唐山路礦	六十三分五分之四
程延慶	十九	江蘇震澤	約翰書院	六十三分四十分之三
沈溯明	十九	浙江烏程	浙江兩級師範	六十三分十分之三
鄭達宸	十九	江蘇江陰	復旦公學	六十三分四十分之十一
席德炯	十七	江蘇吳縣	上海實業	六十三分五分之一
徐墀	二十	廣東新寧	唐山路礦	六十三分十分之一
成功一	十九	江蘇江都	東吳大學	六十二分四十分之三十三
王松海	十八	江蘇丹徒	約翰書院	六十二分十分之七
王預	二十	江蘇桃源	江南高等	六十二分二十分之十三
諶立	十九	貴州平遠州	家塾	六十二分五
楊維楨	十九	四川新津	復旦公學	六十二分五分之二
陳茂康	二十	四川巴縣	重慶廣益中學	六十二分十分之三
朱進	二十	江蘇金匱	東吳大學	六十二分八分之一
施贊元	二十	浙江錢塘	約翰書院	六十二分
胡宣明	十九	福建龍溪	約翰書院	六十一分二十分之十七
胡憲生	二十	江蘇無錫	京師譯學館	六十一分四十分之十九
郭守純	二十	廣東潮陽	約翰書院	六十一分四十分之一
毛文鍾	十九	江蘇吳縣	直隸高等工業	六十分十分之九

霍炎昌 二十 廣東南海 嶺南學堂 六十分十分之九
陳福習 十八 福建閩縣 福建高等 六十分二十分之十三
殷源之 十九 安徽合肥 江南高等 六十分二分之一
符宗朝 十八 江蘇江都 兩淮中學 六十分五分之二
王裕震 二十 江蘇上海 美國加利福尼亞學 六十分二十分之七
孫 恒 十九 浙江仁和杭州育英書院 五十九分四十分之二十五

柯成琳 十七 浙江平湖 上海南洋中學 五十九分二十分之十一
過憲先 十九 江蘇金匱 上海高等實業 五十九分二十分之七
鄺翼堃 十九 廣東番禺 約翰書院 五十九分四分之一
胡 適 十九 安徽績溪 中國新公學 五十九分四十分之七
許先甲 二十 貴州貴筑 四川高等 五十八分四分之一
胡 達 十九 江蘇無錫 高等商業 五十八分十分之一

施 鎣 二十 江蘇吳縣 上海實業 五十七分四十分之三十九
李 平 二十 江蘇無錫 江蘇高等 五十七分二十分之七
計大雄 十九 江蘇南匯 高等實業 五十七分四十分之十三
周開基 十九 江蘇吳縣 南洋中學 五十六分二十分之十九
陸元昌 十九 江蘇陽湖 上海高等實業 五十六分
周 銘 十九 江蘇泰興 上海實業 五十五分十分之九

莊 俊 十九 江蘇上海 唐山路礦 五十五分二十分之三
馬仙嶠 十八 直隸開州 保定高等 五十三分五分之二
易鼎新 二十 湖南醴陵 京師財政 五十三分五分之二
周 仁 十九 江蘇江寧 江南高等 五十一分十分之七
何 斌 二十 江蘇嘉定 浙江育英高等 五十一分四十分之九
李錫之 十九 安徽合肥 安徽高等 五十分四十分之二十三

張寶華 二十 浙江平湖 美洲加利福尼大學 五十分五分之一

附件二

謹將取定遊美肄業館高等科學生姓名年歲籍貫履歷開具清摺恭呈

鈞鑒

計開 取列學生一百四十三名

周均 年十八歲江蘇南滙人約翰書院學生

周倫元 年十九歲浙江鄞縣人約翰書院學生

陸鴻棠 年十九歲江蘇上海人約翰書院學生

吴康 年十九歲江蘇吴縣人復旦公學學生

袁維瑩 年十八歲江蘇金匱人東吴大學學生

張行恒 年十八歲江蘇婁縣人上海實業學生

顧維精 年十九歲江蘇無錫人上海實業學生

楊孝述 年二十歲江蘇華亭人上海實業學生

張福運 年十九歲山東福山人烟台實益學館學生
沈德先 年二十歲浙江山陰人上海實業學生
王元懋 年十九歲浙江慈溪人上海實業學生
虞振鏞 年十九歲浙江慈溪人約翰書院學生
吳憲 年二十歲福建侯官人福建高等學生
徐書 年十八歲江蘇金匱人約翰書院學生
簡焕華 年十八歲廣東香山人唐山路礦學生
周明玉 年十九歲浙江鎮海人約翰書院學生
崔有濂 年十八歲安徽太平人上海實業學生
史宣 年十九歲廣東番禺人武昌文華書院學生
陳明壽 年二十歲江蘇元和人上海實業學生
楊炳勛 年十八歲浙江仁和人上海實業學生

顧宗林 年十八歲浙江上虞人天津中學堂學生
黃明道 年二十歲廣東香山人約翰書院學生
顧振 年十七歲江蘇無錫人譯學館學生
劉崇勤 年二十歲福建閩縣人約翰書院學生
梁杜衡 年十九歲廣東三水人香港皇仁書院學生
陳德芬 年十九歲浙江嘉善人南洋中學學生
嚴昉 年十九歲浙江烏程人上海南洋中學學生
楊景松 年十九歲浙江秀水人東吳大學學生
張傳新 年十八歲福建邵武人邵武漢美書院學生
史譯宣 年十九歲山東福山人山東廣文學生
黃國棟 年十八歲福建同安人福州英華書院學生
陳承栻 年二十歲福建閩縣人復旦公學學生

黄靄裕　年二十歲廣東順德人唐山路礦學生
張貽志　年十九歲安徽全椒人江南高等學生
鄭輔華　年二十歲福建永定人上海中西書院學生
蘇明藻　年十九歲廣西容縣人上海實業學生
姜蔣佐　年二十歲浙江平陽人杭州中學學生
徐仁錆　年二十歲江蘇宜興人復旦公學學生

楊丙吉　年十八歲江蘇上海人上海實業學生
宋建勲　年十九歲福建莆田人滙文學堂學生
江山壽　年十九歲江蘇嘉定人約翰書院學生
黄材勲　年十九歲廣東順德人唐山路礦學生
吴壽山　年二十歲直隸武清人唐山路礦學生
羅邦杰　年十八歲江蘇上海人上海中學學生

蔡　翔　年十九歲湖北漢川人武昌文華大學學生
胡博淵　年二十歲江蘇陽湖人唐山路礦學生
何慶曾　年二十歲廣東順德人南洋中學學生
鄧宗瀛　年十八歲貴州貴筑人約翰書院學生
張景芬　年十九歲福建永定人福州英華書院學生
郭尚賢　年十九歲廣東香山人約翰書院學生

金　振　年十九浙江仁和人復旦公學學生
劉天成　年十九貴州清溪人南洋中學學生
楊光弼　年十八歲直隸天津人直隸高等工業學生
陸守經　年十九歲江蘇青浦人復旦公學學生
鍾心煊　年十八歲江西南昌人江西高等學生
朱　禧　年二十歲廣東南海人郵部實業學生

陸品琳 年十九歲江蘇華亭人上海高等實學生

孫學恪 年十九歲山東文登人約翰書院學生

黄宗發 年二十歲安徽無爲州人英國利仔大學學生

王謨 年二十歲福建閩縣人福州英華書院學生

何穆 年十九歲廣東番禺人嶺南學堂學生

鮑錫藩 年十九歲浙江歸安人唐山路礦學堂學生

何運煌 年十七歲湖北江夏人湖北優級師範學生

陳長衡 年二十歲四川榮昌人四川鐵道學堂學生

高大綱 年十九歲浙江仁和人上海育才書社學生

陳福淇 年十九廣東南海人天津中學學生

施瑨 年二十歲浙江餘姚人浙江高等學生

龍夷 年十八歲四川榮縣人四川鐵路學堂學生

卓文悦 年二十歲廣東香山人唐山路鑛學生

梁基泰 年十九歲廣東番禺人唐山路礦學生

郝叔賢 年十九歲直隸武清人約翰書院學生

徐乃蓮 年二十歲廣東香山人上海實業學生

王承熙 年十九歲浙江嘉善人高等實業學生

阮寶江 年二十歲福建閩縣人中等商業學生

淩啟鴻 年二十歲浙江烏程人日本大學學生

原廷楨 年十九歲廣東番禺人芳濟書院學生

趙毅 年二十歲山東安邱人山東高等學生

韓作辛 年二十歲四川崇慶人成都中學學生

梅光迪 年二十歲安徽宣城人復旦公學學生

卓榮思 年十九歲廣東香山人約翰書院學生

孫繼丁 年二十歲 山東蓬萊人 山東高等學堂學生
楊哲 年十九歲 廣東香山人 滙文學堂學生
車志城 年二十歲 浙江會稽人 上海高等實業學生
邱崇彥 年二十歲 浙江諸暨人 杭州中學學生
李祿驥 年二十歲 福建閩縣人 福建高等學堂學生
陸費璜 年二十歲 浙江桐鄉人 南洋中學堂學生
葉建柏 年十六歲 山東歷城人 山東高等學堂學生
司徒堯 年十九歲 廣東開平人 嶺南學堂學生
趙喜森 年二十歲 江蘇寶山人 唐山路礦學堂學生
廖烈 年十九歲 江蘇嘉定人 唐山路礦學堂學生
倪徵暘 年二十歲 江蘇吳江人 上海實業學生
金劍英 年二十歲 浙江山陰人 紹興中學堂學生

吳大昌 年二十歲 浙江錢塘人 杭府中學校學生
衛挺生 年十八歲 湖北棗陽人 兩湖礦業學生
周中砥 年十九歲 福建閩縣人 上海鐵路學生
陸懋德 年二十歲 浙江會稽人 山東高等學堂學生
吳貽榘 年十九歲 江蘇泰興人 復旦公學堂學生
吳賓駟 年十九歲 福建閩縣人 京師譯學館學生
趙文銳 年二十歲 浙江嵊縣人 杭州中學堂學生
宋慶瑞 年十八歲 浙江奉化人 中國公學學生
鮑錫瓚 年十九歲 江蘇長洲人 高等實業學生
胡明堂 年十九歲 安徽婺源人 上海高等實業學生
陳藩 年二十歲 湖南衡陽人 方言學堂學生
解爾康 年二十歲 四川成都人 四川高等學堂學生

許世箴　年十八歲　福建閩縣人　福州英華書院學生
許言藩　年十九歲　浙江秀水人　華童公學學生
樂森璧　年十八歲　貴州黃平人　滙文大學堂學生
朱起蟄　年十九歲　浙江錢塘人　浙江高等學堂學生
錢治瀾　年十八歲　浙江錢塘人　安定中學堂學生
陳榮鼎　年十九歲　廣東新會人　嶺南學堂學生

張承隆　年十八歲　直隸大興人　天津中學堂學生
楊伯壽　年十八歲　湖北監利人　文普通中學堂學生
胡仕鴻　年十八歲　江西德化人　九江同文書院學生
費宗藩　年十九歲　江蘇震澤人　南洋中學堂學生
戴芳瀾　年十七歲　湖北江陵人　上海震旦學生
魯邦瞻　年十七歲　安徽巢縣人　廬州官立中學堂學生

朱德展　年二十歲　山東單縣人　山東高等學堂學生
廖慰慈　年十八歲　福建侯官人　順天高等學堂學生
章元善　年十九歲　江蘇長洲人　江南高等學堂學生
陸鳳書　年十八歲　江蘇無錫人　東吳大學堂學生
徐震　年十九歲　廣東南海人　聖約翰書院學生
譚其蓁　年十七歲　四川榮經人　四川高等學堂學生

唐榕賡　年十八歲　廣東香山人　上海實業學生
唐天民　年十九歲　廣東香山人　上海高等實業學生
謝維麟　年十八歲　江蘇婁縣人　東吳大學堂學生
程宗陽　年十七歲　江蘇金山人　上海中學堂學生
王景賢　年十九歲　直隸天津人　天津中等商業學生
嚴宏模　年十九歲　安徽含山人　安徽高等學堂學生

葉建梅 年十九歲 山東歷城人 山東高等學堂學生
何傳騮 年十八歲 福建閩縣人 英華書院學生
李祖光 年十九歲 安徽懷寧人 懷寧中學堂學生
彭嘉滋 年二十歲 江蘇吳縣人 高等實業學生
劉乃予 年十九歲 福建閩縣人 英華書院學生
李盛豫 年十九歲 安徽含山人 安徽高等學堂學生
黄衍鈞 年二十歲 湖南長沙人 湖南高等學堂學生
薛次功 年十八歲 山西解州人 大學堂學生
朱銘 年十八歲 廣東清遠人 滙文書院學生
戈中 年二十歲 江蘇丹徒人 文華大學堂學生
程紹伊 年十九歲 浙江寧海人 旅寧公學學生
柴春霖 年十八歲 甘肅皋蘭人 北洋容籍學生

葉其菁 年十九歲 浙江瑞安人 浙江高等學堂學生
周文勳 年十八歲 江蘇上海人 華童公學學生
陳嘉勳 年二十歲 湖南湘陰人 正則英語學生

一七八

致美嘉使信

逕啟者：案查遣派學生到美留學一事，本年輪居第二次考送之期，現經選取學生七十名，委派唐彝、胡敦復、嚴智崇帶同前往，於西八月十六由滬乘China九月十號抵舊金山，相應函達貴大臣查照轉達貴國政府可也。順頌日祉。

堂銜

宣統二年六月　日

一七九

考工司

呈為札行事。宣統二年七月初三日准陝西巡撫文稱：招考赴美學生第一格學生應考者為數甚少，程度均不及格，自應從闕。其第二格學生業已分别錄取葉聲呂、王久誠、王室藩、馬鍾彝、吳宓、張繼祖等六人，應請查照等因前來。相應札行游美學務處查照可也。須至札者。

右札游美學務處。准此。

宣統貳年柒月　日

一八〇

郡王銜多羅貝勒載　爲

咨行事。本爵此次出洋，行抵美國，據駐美學界呈遞公禀一件，歷陳官私費及部派學生之流弊，并籌整頓之法，請爲轉達等因前來。除分行學部外，相應鈔録原禀咨行

貴部查照，酌核辦理可也。須至咨者。

右咨

附抄件

外務部

宣統二年七月廿二日

借用關防

附件

王爺

三月十五日面奉

鈞諭案派遣學生出洋留學造就人才於中國前途關係甚大亟應嚴核利弊妥籌辦理查同治年間曾文正李文忠兩公首創遣派學生出洋游學同時日本亦遣派伊籐博文福澤諭吉之徒游學歐美日本學生學成歸國爲政府大用遂有今日之强盛我國當時詆毁游學者甚多遂將學生一律調回以至人才匱之可見游學人才之盛衰關於國家之興替存亡者固如此其重大矣近年留美學生遠涉重洋其苦心毅力講求實學者固不乏人其蕩檢踰閑虚糜學費者亦復不少如各省所派官費學生大半洋文低劣不能

直入大學於是有先習預備科名目已可怪歎其下者領給官款退學游蕩狎邪飲博及學費告竭或向監督强索借款或向商人騙借財物亦未見有資遣回籍者此各省官費學生之流弊也其自費學生大半刻苦在中小學時多半工半學至升入大學功課繁逼不能兼工於是一學期入學一學期作工者有之若富家子弟以遊學為名與各省官費學生游蕩無度者所在多有此各省私費學生之流弊也去年外學兩部考派官費學生四十餘人其中不免程度參差考派游學初意本以能直接大學為及格乃到美考驗洋文與大學相去尚遠者有之不得已又改為預備其有年齡太長家室繫

累甚至藉學費留支以為家用者學費既已不給遑問卒業之期且美國還款為學生費用美人所期於我學生者甚重乃少俊苦學者向隅而紈袴藉勢者濫竽不獨為中國學界所非議抑亦為美國政府所鄙夷此部派學生之流弊也今欲籌整頓已派官費學生之法惟有將預備一年不能升入大學者應即停止官費其躐等强入大學作旁聽生以瞞取官費者或入大學而游蕩曠課第一年年考積分不能及格升入第二年大學正班者應即一律停止官費此亦救今日已派官費學生流弊之一法也若以後遣派官費學生當分兩途一曰選派十六歲之年幼子弟有中國高等小學堂畢業程度者蓋年幼學生有三

善一未有習氣一易施教育一易加管束惟選派此等學生又分二類一為各州縣高等小學堂畢業學生得有畢業文憑者一為各府縣中學堂學生之已有高等小學畢業程度者既已高等小學畢業中西普通學粗有門徑經史大義亦素講明選派時由各省提學司會同各學堂監督合平時功課並臨時積分合計並按照該學堂實在年齡程度公同考選此選派年幼學生學費之法也一為自費學生之能升入大學堂第二年正班者年長學生由內地選派弊實叢生若自費學生至能升入大學非在外洋中小學堂肄業多年必在內地南北洋學堂及各省高等專門學堂畢業已非有名無實者可比況經外國大

學堂監督試驗升入第二年正班其學科程度之高更有憑據若
僅照學部向章祇津貼半費殊覺不公自應一律發給官費以資
鼓勵惟其所入之學堂要指明美國各省有名譽之大學如西美之
卜技利加省大學士丹佛大學東美之耶路大學哥掄比亞大學華
盛頓大學之類以便稽查而免冒濫此鼓勵自費學生之辦法也至
學額一節大學堂第二年正班自費學生無一定額數其升補官
費之年限自應以十年為止十年後再行察議至年幼學生應即
限於一年內選派一千人來美其學額按照各省攤派賠款之多少以
為攤派學生之額數其必欲一年遣派千人者以中國各省之廣大
與今日辦理新政之需人以千人分置各州縣即加以自費各學

生每縣不過一二人而已若一年只派數十人緩不濟急蓋游學生以各國文明科學灌輸我國支持危局早一日得之以行政舉凡内政外交即早一日收囬國家無窮之利益若早一日得之以辦學則一人教成百人百人教成萬人亦早一日養成國家無限之人才今日多派游學似為縻費其實暗中取償於内政外交之中其利益國不止百倍此酌量學額遣派年限之辦法也至學費一節查美國賠欵本利分年派還表内自光緒二十八年起第一年賠四十八萬至第二十一年猶派還四十萬以後遞減至三十九年而止自去年美國退還賠美金十二兆餘以後按年減收即以此欵為一千學生經費之用計所派學生十年可以畢業前六年為中小

學預備每人年給六百四十元每年學費六十四萬後四年為大學正班每人年給九百六十元每年學費九十六萬合計十年七百六十八萬美元即加以學生往來盤費及監督費用亦不出一百萬元若以每年所減收賠款不敷每年學費之用即再以此每年還款作抵籌揭學費當亦有贏無絀若謂自費大學生升補官費不能預計定額則於十年之內通籌還款未敷發給者則按照各省學生之多少責令該各省督撫就地方籌解彌補學成責令當地方義務決非難事此分籌學費之辦法也至學部舊章限定留美學生非習格致工程農醫四科者不給官費尤未允協美國藝學固宜學習若商科理財科師範科三者皆吾國今日急宜師仿以整頓

我國之商務學務財政今一概屏棄之果何理由耶請以後將此商學理財師範三科學生一律准給官費惟於派遣學生之時酌定藝科學額居三分之二文科居三分之一此亦文藝兼重酌量變通之辦法也以上所陳不過就游學一端舉其利弊大致言之若欲吾國人材蔚起與東西各國同立於文明競爭時代不為世界天演公理之陶汰必須將學部所定學堂章程大加改良參以東西洋各國之制度而後能令歐化國粹陶鑄有用之人材日本明治變法以來學堂教育章程今已改良十八次猶欲取法乎上此大易變通趨時之義東西各國自强之基固無時不以改良教育培養人材為起點蓋人材日衆國勢日强也再美政府歸還賠款之意

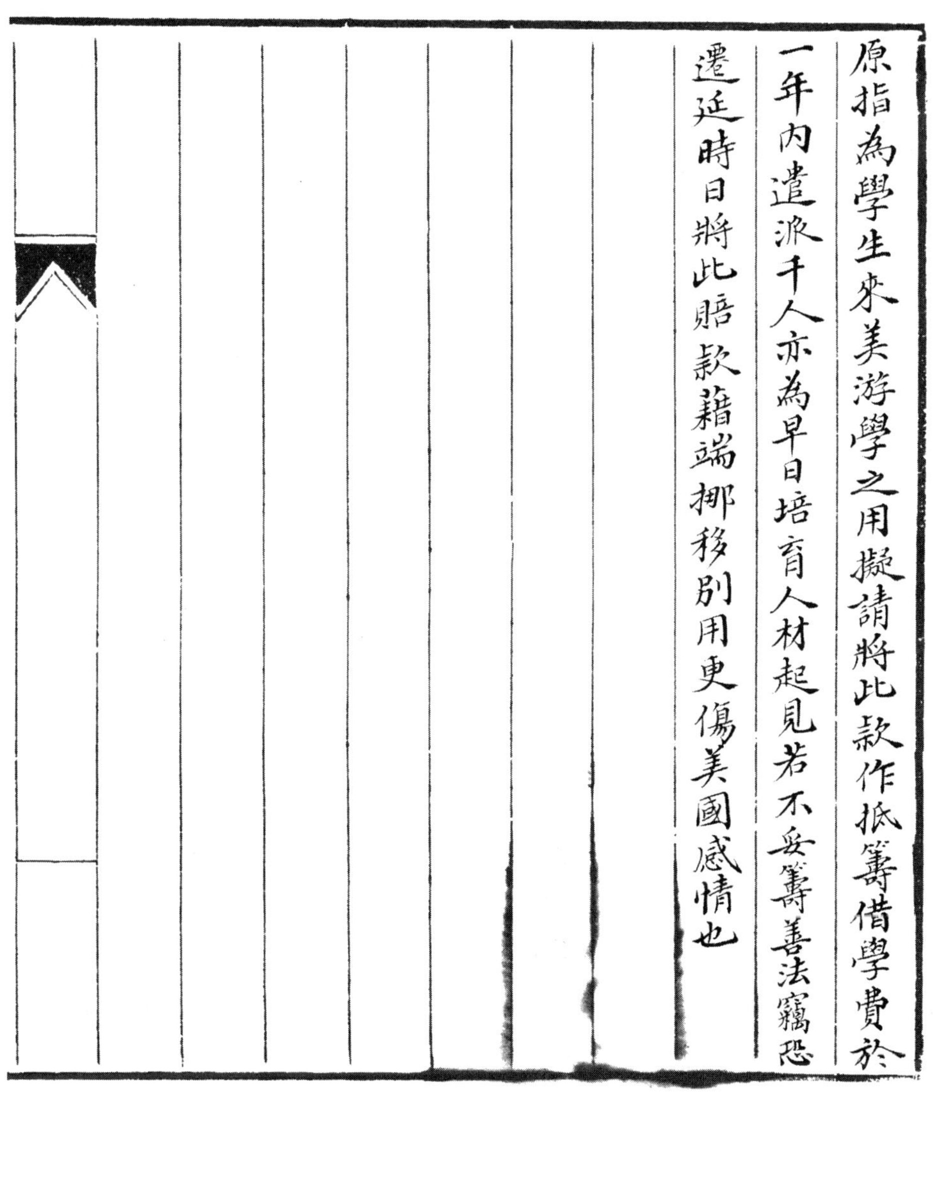

原指爲學生來美游學之用擬請將此款作抵籌借學費於一年内遣派千人亦爲早日培育人材起見若不妥籌善法竊恐遷延時日將此賠款藉端挪移别用更傷美國感情也

一八一

考工司

呈爲札行事。前准出洋考察陸軍大臣文稱，本爵此次出洋行抵美國，據駐美學界呈遞公禀一件，歷陳官私費及部派學生之流弊，并籌整頓之法，咨請酌核辦理等因。前來相應抄録原件札行游美學務處查照備核可也。須至札者。附抄件

右札游美學務處　准此

宣統二年九月　日

一八二

軍諮處爲咨行事。本爵前次出洋考察，親見美國陸軍學堂辦理完善，因與駐京嘉使商定，由本處選派學生二名，於宣統三年赴美留學陸軍業。經咨行

貴部在案。查美國退還賠款一項，係專備本國赴美留學費用。現經本處查明，留學陸軍每年每名需費九百六十美金，川資在外。此項學費、川資擬請在美國退還賠款内照數動撥。

以資應用除咨學部查照外相應咨行
貴部查照見覆可也須至咨者
右　咨
外務部

宣統二年十月　十二　日

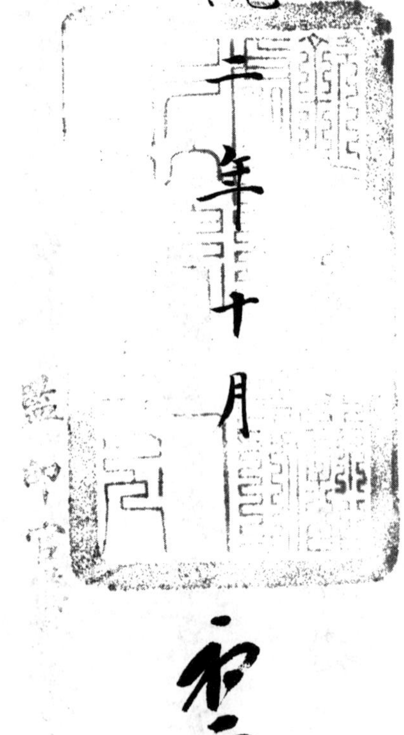

敬啟者八月廿九日肅布美字第八號公函計呈

冰案本年十月初七日即西十一月八號美國各省選舉下次第六十二期國會下議院議員民政黨佔二百二十五名共和黨佔一百六十三名民政黨遂獲優勝查前次第六十一期選舉民政黨佔一百七十二名共和黨佔二百十九名共和黨歷屆本佔多數此次失敗之原因觀於報紙所載蓋由共和黨分離所致溯自共和黨分立保守進步兩派前總統羅斯福投身進步黨該黨勢力陡漲迨羅氏游獵非洲回美

道出奥義德法英諸國均蒙特别優待一時稱爲偉人及抵紐約登岸美人到處歡迎咸以得一瞻風采爲幸舉國視線注重羅氏一人當此之時論者僉謂社會舉動莫不聽羅氏指揮矣而孰意事有出人意料者本年西六月二十號紐約總督任滿例應選舉因改良本州選舉法羅氏力持其議而紐約共和保守黨竟與之反對及西八月間紐約議會選舉議員復舍羅氏而舉現任副總統塞曼於是羅氏與紐約共和保守黨决裂毅然以進步黨領袖自任西游各州演

説新國家主義思欲以急進的進步鼓吹國中其最足動人聽聞者一曰改良政治社會宜首先革除特有之權利一曰法院權力宜加限制一曰天然物產宜統歸政府監督以上三者乃羅氏主要之政見即爲政黨反對之動機迨經報紙喧傳舉國震駭商界及財政界尤引以爲憂謂羅氏苟復秉國權則全國經濟之顛覆指日可待影響所及禍伊胡底其報紙之極力痛詆者甚至謂羅氏新國家主義直欲易共和爲專制置國會法官於總統命令之下全國商業不至破產不止

似此危言聳聽遂使昔之崇拜羅氏者浸假而涣離而民政黨即於是時乘機運動奔走呼號出全力以與進步黨對壘其中或因利害所關即共和保守黨亦有反投民政黨者彼伏此起於是民政黨勢力為之一漲此次選舉之得勝實為十數年來未有之快事雖新選上議院人數現計共和黨五十一名民政黨四十一名民政黨似稍遜於共和黨然民政黨既居下議院之多數其勢力固足以敵共和黨而有餘竊意此後民政黨得勢必悉力修改稅則必悉力節

蓄天然物產必悉力抑制托辣斯專利之事業必悉力排拒外人入境至若一千九百十二年之選舉總統此次影響亦復甚大特此際尚難揣測耳報紙論說大概如是查美國此次選舉為本年最要大政據各報紛傳歷言共和民政兩黨勝負之變局其於羅氏之獨抒政見似未能盡愜輿情然以羅氏自命不凡英雄蓋世崇論閎議一往無前其中別有識力過人之處雖暫為民政黨所反對乃仍復堅持不懈到處演說其目的或終有能達之時將來兩黨之孰勝孰

負未可知也至美政府外交政策兩年以內或無甚
更張但須視下次選舉總統之後彼時變動何如耳
伏乞
代回
堂憲爲荷耑此敬請
勛安唯希
荃察
愚弟張蔭棠頓首
宣統二年十月十五日
美字第九號

附件一

敬再啟者九月十七八兩日古巴全島迭被風災損失人民財產為數甚鉅夏灣拿一埠華僑無恙惟貨物被漬者有之其餘各埠華僑貨物偶有損失亦無大礙經古巴總統議籌賑濟首倡捐助災民賴以救活又十月初九日墨都人民因美國將犯姦墨人用火焚斃於是聚衆鼓噪排斥美人之野蠻突起暴動扯落美旗毀折美商舖户墨政府恐釀國際交涉派兵彈壓轟斃亂黨數人拘押二百

餘人始漸解散日來民情洶湧風潮未息惟幸墨政府極力防範所有華僑貿易如常尚不至爲其波累

知關

廑注用特附陳再請

勛安

弟棠又頓首

宣統二年十月十五日

美字又第九號

附件二

再啓者現據試署古巴二等書記官何鴻達美館書
記生周澤岐先後稟請轉咨
大部援照王景春等准給官費成案改為官費留美學
生每月給領學費美金八十元俾得專心向學如蒙
俯准即願開去原缺各等情前來查該兩員到差以
來篤志好學程度日高功課日密若令其仍在使館
供差一面辦公一面讀書實難兼顧茲既據稟請援
案改為

大部官費留美學生情詞懇切洵屬苦心孤詣其志可嘉似宜准如所請俾得藉資激勸造就成材以備他日外交之選如蒙奉准改為官費學生該兩員所遺原缺應請

大部派員接署以資辦公除備文咨呈外伏乞

代回

堂憲為荷再請

勛安

弟崇文頓首

宣統二年十月十五日

美字又第九號

一八四

欽差出使美墨秘古等國大臣張　為

咨呈事竊照現據試署古巴二等書記官何鴻逵稟稱竊書記於去年蒙外務部奏派試署古巴分館二等書記官隨同憲台出洋即於去年十一月初五日奉札到差書記於辦公之暇温習前日所學西文覺愈學愈深學問正無窮盡擬懇轉咨外務部援王景春等准給官費成案改為外務部留美官費學生每月照章給

領學費美金八十元俾得學有成就
再行聽候差遣如蒙俯准即願開去
書記官一缺又據美館書記生周澤岐
禀稱竊生去年隨憲台來美充當使
館書記生遵照部章半日辦公半日
入學堂學習政治文學日力實有不給
惟生志在求學擬懇轉咨
外務部援照留美學生王景春等之
例改作官費學生每月給領學費美
金八十元俾得專心求學如蒙賜准即願
開去書記生一缺各等情先後禀請

前來本大臣據此查該二員到差以來篤
志好學程度日高功課日繁若令其一面
辦公一面求學實難兼顧茲據稟擬請
援案改為
大部官費留美學生一俟奉准即願將
原缺開去以期一心向學其志可嘉似宜
准照所請俾成有用之才除批示外理
合據情備文咨呈核辦如蒙准給官
費學生則該二員所遺原缺即請
大部派員接署以資辦公為此咨呈
大部謹請察核辦理示復施行須至

咨呈者

右　咨

呈

外務部

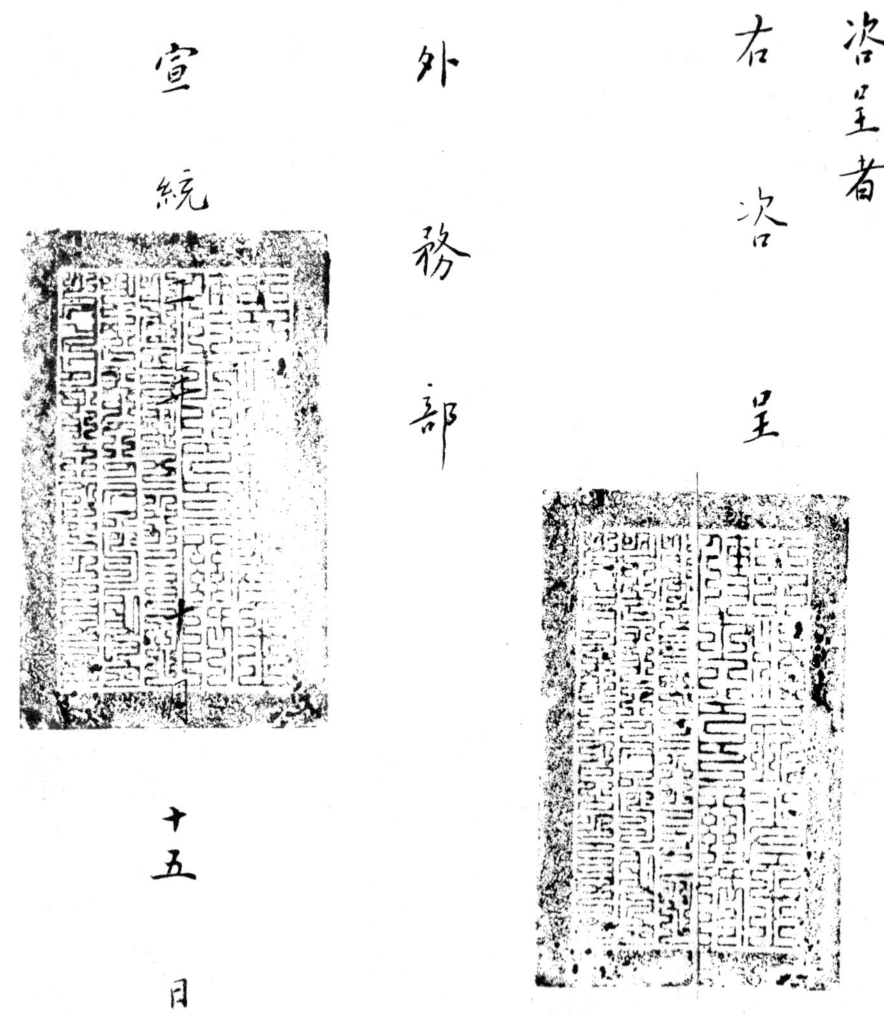

宣統　年十十五日

一八五

遊美學務處謹

呈為申呈事竊本處考選學生辦法前經申請鑒核嗣經本處通電各省緩送第二格學生來京覆試並於本年六月取錄遊美肄業館高等科學生一百四十三名均經呈報在案現在遊美肄業館定於明年春初開學自應舉行高等科學生分班考試並應按照原定辦法招取第二格學生收入肄業館初等科以宏造就現經本處出示曉諭並一面通電各省提學使一律示諭定於宣統三年正月初六日至初十日為在京投考第二格學生報名期限正月二十日以前為各省咨送第二格學生來京報考期限正月三十日以前為高等科學生報到期限所有各項考試各俟到期即行分別舉辦庶各省學生遠道來京不至過

於迫促而分場考試先後有序亦免窒礙所有擬定考試

學生期限除呈報

學部外理合具文呈報伏乞

中堂王爺大人鑒核備案須至申呈者

右 呈

外 務 部

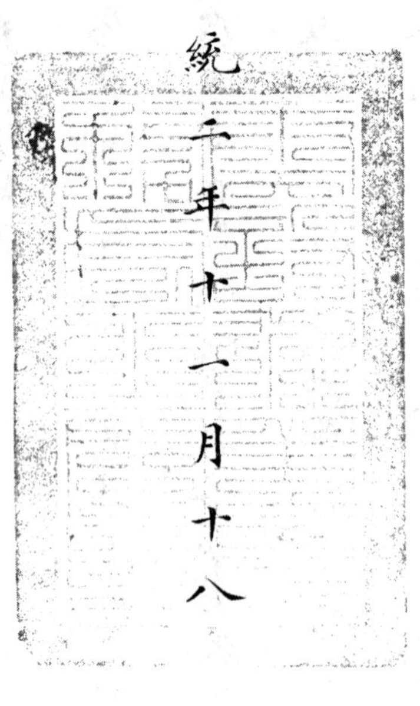

宣統二年十一月十八 日

一八六

咨學部會畫第二次遣派學生到美情形奏稿由

行　行

外務部左侍郎胡

外務部右侍郎曹

十一月廿二日

十一月廿日

考工司

呈爲咨行事。案查收回美國賠款第一次遣派學生到美入學情形，業經本部會同貴部具奏在案。現據游美學務處將第二次遣派之學生護送到美分送各學肄業情形呈報前來，自應援案辦理。相應擬就奏稿

咨送

貴部會晝俟晝齊後開列堂銜一併送部以

便繕摺具奏可也須至咨者 附會稿一件

學部

宣統二年十一月　日

一八七

遊美學務處謹

呈爲申覆事前奉

鈞部劄開准駐美張大臣咨稱試署古巴二等書記官何

鴻逵美館書記生周澤岐稟稱志在求學擬請轉咨外務

部援照留美學生王景春等之例改爲官費學生月領學

費美金八十元如蒙允准情願將現署之書記官及書記

生開缺等因查該書記官何鴻逵書記生周澤岐情殷求

學其志可嘉自應照准除咨行駐美張大臣外相應劄飭

查照辦理等因奉此查駐美大臣咨據書記官何鴻逵書

記生周澤岐稟請開缺補充官費學生既經

鈞部照准本處自應遵辦惟遣派學生歲有定額一切經

費均經預算限定現在使館官費學生已有六名之多於

本處遣派學額不無妨礙自非預爲規定將來紛紛援請

必有窮於應付之勢擬請咨行駐美大臣聲明該項學生由本處撥發學款原係通融辦法嗣後不必援例請派以示限制一面由本處知會駐美監督查明該生等所入學校及所習專科迅速見覆以便核定學費數目所有應行保護約束之處均與本處所派各生一律辦理庶管理不虞窒礙而辦法亦不至有所參差所有遵辦使館書記官等改充官費學生緣由理合具文申覆伏乞

中堂王爺大人鑒察施行須至申呈者

右　呈

外務部

宣統二年十二月十六日

一八八

咨學部會稿具奏日期壹銜有無註寫希聲復由

外務部左侍郎胡 行 十二月廿三日

外務部右侍郎曹 行 十二月 日

考工司

呈爲片行事所有會奏第二次遣派學生到美入學情形一摺現定於十二月二十五日會同具奏

貴部前開壹銜有無註寫希於二十四日午前聲復本部以便繕摺具奏可也須至片者

學部

宣統二年十二月 日

一八九

會奏第二次遣派學生到美入學情形由

奏 奏

外務部左侍郎胡奏 十一月 廿一日

外務部右侍郎曹奏 十二月 二十日

謹

奏為詳陳第二次遣派學生到美入學情形恭摺仰祈

聖鑒事竊查收回美國賠款第一次遣派學生赴美入學情形業經臣等於本年二月間奏明在案其第二次應派之學生當就各省咨送及在京報考學生於本年六月間分場考試國文英法等文及各種科學認真校閱選取分數較優者七十名遴送赴美學習其

各科學力深淺不齊而根柢尚有可取年齡亦屬較輕之各生經選取一百四十三名俟新建肄業館落成收入高等科分班肄習以資豫備所有取定分數較優之學生七十名經臣等委派游美學務處文案候選知縣唐彝等護送出洋現據游美學務處轉據唐彝等回京覆稱奉委後遵帶學生於本年八月初八日抵美適值開校期迫當商駐美監督容揆詳察諸生學力並就該生等平日所習科學因其性之所近分別認習農工商礦理醫文學等科即由舊金山至波士頓沿途分送入哥倫比亞各大學及考老樂都各專門大學該生等入校後均能安心向學等情呈報前來臣等查上年遣派各生學力淺深不齊故到美後就其科學程度分別送入各大

學暨各高等學校分班肄業尚有未能劃一之處
此次考選各生甄錄綦嚴頗能整齊一致該生等到
美後以所學資格按諸各該學等級尚無差異遂
一律直入各大學暨各專門大學肄習較第一次所
遣派者尤有進步可期日臻完備以收速成之效所有
第二次遣派學生到美入學情形理合恭摺會陳伏乞
皇上
聖鑒再此摺係外務部主稿會同學部辦理合併
陳明謹
奏
宣統二年十二月二十五日奉
硃批
知道了欽此

附件

會奏第二次遣派學生到美入學情形由

奏

外務部左侍郎胡奏 十二月二十日

奏

外務部右侍郎曹奏 十二月二十日

奏

謹

奏爲詳陳第二次遣派學生到美入學情形恭摺仰祈

聖鑒事。竊查收回美國賠款第一次遣派學生赴美入學情形業經臣等於本年二月間奏明在案。其第二次應派之學生，當就各省咨送及在京報考學生於本年六月間分場考試國文、英、法等文及各種科學，認真校閲，選取分數較優者七十名遝送赴美學習其各科學力深淺不齊而根柢尚有可取年齡亦屬較輕之各生經選取一百四十三名俟新建肄業館落成收入高等科分班肄習以資豫備所有取定分數較優之學生七十名經臣等委派游美學務處文案候選知縣唐彝等護送出洋現據游美學務處轉據唐彝等回京覆稱奉委後遵帶學生於本年八月初八日抵美適值開校期迫當商駐美監督容揆詳察諸生學力並就該生等平日所習科學因其性之所近分別認習農工商礦理醫文學等科即由舊金山至波士頓沿途分送入哥倫比亞各大學及考老樂都各專門大學該生等入校後均能安心向學等情呈報前來臣等查上年遣派各生學力淺深不齊故到美後就其科學程度分別送入各大學暨各高等學校分班肄

業尚有未能劃一之處此次考選各生甄錄綦嚴頗能整齊一致該生等到美後以所學資格按諸各該學等級尚無差異遂一律直入各大學暨各專門大學肄習較第一次所遣派者尤有進步可期日臻完備以收速成之效所有第二次遣派學生到美入學情形理合恭摺會陳伏乞

皇上聖鑒再此摺係外務部主稿會同學部辦理合併陳明謹

奏

以收速成之效擬改造成通材

和會司

呈為咨行事試署古巴書記官何鴻逵暨使館書記生周澤岐稟請開去差缺改為留美官費學生一事業經劄飭游美學務處查照辦理並咨行在案茲據游美學務處申稱遣派學生歲有定額一切經費均經預算限定現在使館學生已有六名於本處遣派學額不無妨礙擬請咨行駐美大臣聲明該項學生由本處撥款係通融辦法嗣後不必援例請派以示限制一面由本處知會駐美監督查明該生等所入學校及所習專科以便核定學費數目所有應行約束保護之處均與本處所派各生一律辦理等因前來相應咨行

貴大臣查照並轉飭知悉可也須至咨者

駐美張大臣

宣統二年十二月　日

一九一

遊美學務處謹

呈爲申呈事宣統三年正月初七日據駐滬委員唐元湛電稱軍諮處遣派學生陶叔懋王廷棻二名到滬亞細亞輪已開支那輪須西四月開擬改乘蒙古輪放洋每人須加給船資美金五十元請電滬道照發等因前來查該生等赴美學習陸軍前經本處認撥川資學費茲據前因自應申請

鈞部速電江海關道每人加給船資各美金五十元以便該生等購買車船各票早日放洋所有請電滬道加給軍諮處遣派學生船資緣由理合備文申呈伏乞

中堂王爺大人鑒核施行須至申呈者

右　　呈

外務部

宣統三年正月初八日

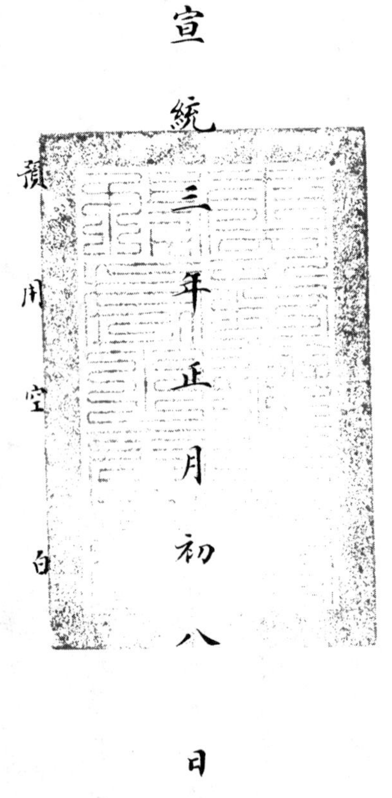

預用空白

咨呈

學部爲咨商事本部疊據美洲及南洋華僑稟稱海外興學諸多困難擬請撥款協助等因前來查華僑繫心祖國刱設學堂其志極堪嘉尚本部節經先後派員遄赴海外各埠視察勸導其中熱心教育之士實不乏人惟各學堂多藉僑民捐助經費每苦拮据勢必國家

設法維持始可徐圖久遠本部籌
辦分科大學推廣普及教育經費
已屬支絀萬難再行補助僑民擬
由外務部在遊美經費項下撥給
一萬兩交由本部匀撥各華僑既
遂僑民求學之志益堅僑民内嚮
之心爲數雖微收效甚巨可否撥
給之處相應咨商

貴部查照見復可也須至咨呈者
右咨　呈
外務部
宣統三年二月　初八　日

一九三

附六號 三年四月初三日收
隨駐美梁大臣文

漢洋文各一件

十四

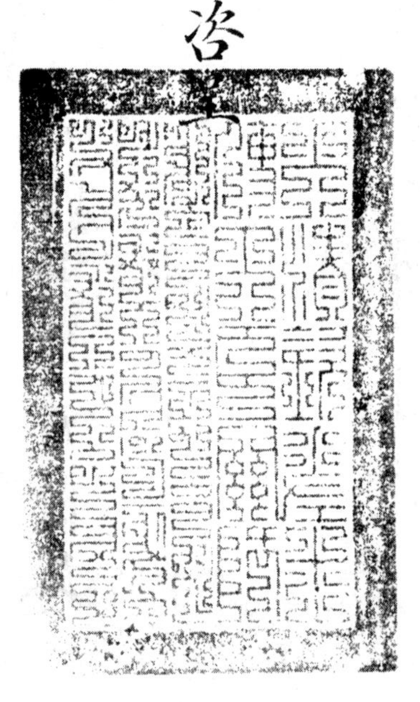
咨

欽差出使美墨秘古等國大臣張　為

咨呈事案照宣統二年十一月初一日承准
大部咨開宣統二年十月初二日准軍諮處文稱准美國嘉使函開日
前貴貝勒爺派員詢以本國陸軍大學堂可否允准中國學生二名
入堂肄業本大臣詢准政府文稱美國陸軍大學堂如收有外國學
生必須奏明由上下議院議准方能附入學堂在西一千九百零五年
曾有中國學生二名入堂肄業已經畢業在案現據本國外部意
見如照向章函請照辦上下議院斷無不准等語本處擬於宣統
三年選派學生二人赴美留學請知照駐美公使轉達該國政府查
照見復等因前來相應咨行查照轉達美國政府並見復等因承
准此當即照會美外部去後茲准照復據稱經上下兩院決議准收
中國學生二名入堂肄業等語並將決議印本附送前來除電達

外理合將美外部復文並附件譯録漢洋文各一分備文咨呈爲此咨呈

大部謹請察照轉咨

軍諮處查照辦理施行須至咨呈者　附送漢洋文各一分

右　咨　呈

外　務　部

宣統二年二月初八日

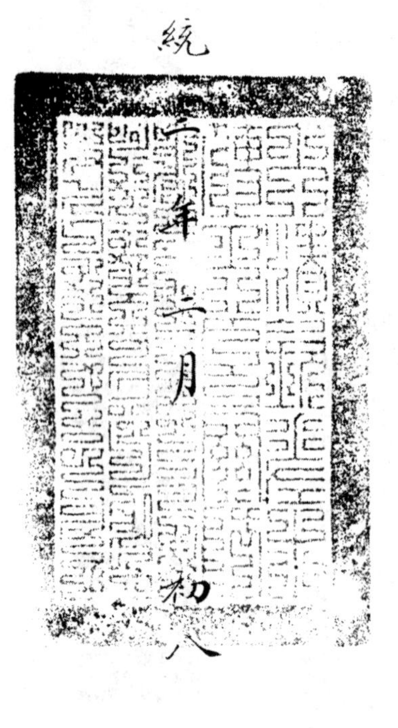

附件一

C O P Y.

Department of States.

Washington.

March 6th. 1911.

Sir,

Referring to the Department's note No. 215.of March3rd.enclosing for your information prints of the joint Resolution authorizing the admission to the Military Academy at West Point for instruction of two Chinese subjects to be designated by the Government of China, I have now the honour to inform you, at the request of the Secretary of War, that each new class of cadets begins its duties at the military Academy about the middle of June annually, and that the young men whom the Chinese Government may designate as members of the new class of this year will be received, agreeably to the terms of the resolution, upon presenting themselves to the Superintendent at West Point, New York, on the 14th day of June next.

Accept, Sir, the renewed assurances of my highest consideration.

sd. Alvey A. Adee.

Acting Secretary of States.

Mr. Chang Yin Tang,

Chinese Minister.

C O P Y.

War Department.

Washington.

March 3rd. 1911.

Dear Mr. Ambassador:

When I was in China, Prince Tsai Tao was very deeply interested in sending two Chinese subjects to West Point, and I told him that I would endeavor to get authority from congress for that purpose. A Joint Resolution has been passed, a copy of which inclose you. Prince Tsai Tao expressed a wish to designate the appointees, and I assured him that this would be quite agreeable to the President.

The Next Academic year begins the fourteenth of June, and it would be desirable for them to enter at that time. They will not be required to take any entrance examination. As the course is very hard, it is desirable that they should be physically sound and robust, and free from communicable disease. It is therefore highly desirable that they be thoroughly examined as to physique before they leave China. It is very desirable that they have a fair knowledge of English, for otherwise it would be a long time before they could get the full benefit of the course.

If you desire any information, I shall be very happy to give it to you.

On account of the time necessary for coming here, you will probably communicate the substance of this by cable. May I ask that when you write, you will do me the honour of presenting Prince TsaiTao my very cordial greetings and best wishes?

Respectfully,

Secretary of War.

Mr Chang Yin Tang,

Chinese Ambassador,

2001 19th Street,

Washington. D.C.

C O P Y.

Department of States.

Washington.

March 3rd. 1911.

Sir:

Referring to your note of January 9th last and to the Department's reply of the 14th of that month, I have the honour and the pleasure to enclose herewith two prints of the Joint R Resolution, approved February 24th. 1911, authorizing the Secretary of War to receive for instruction at the Military Academy At West Point two Chinese Subjects to be designated hereafter by the Government of China.

Accept, Sir, the renewed assurances of my highest consideration.

Sd. P.C. Knox.

Mr. Chang Yin Tang,

Chinese Minister.

(Public Resolution___59)
(S.J.RES.131.)

Joint Resolution authorizing the Secreatry of War to receive for instruction at Military Academy at West Point, two Chinese subjects, to be designated hereafter by the Government of China.

RESOLVED BY THE SENATE AND HOUSE OF REPRESENTATIVES OF THE UNITED STATES OF AMERICA IN CONGRESS ASSEMBLED that the Secretary of War be, and he hereby is, authorized to permit two Chinese subjects to be designated hereafter by the Chinese Government, to receive instruction at the Military Academy At West Point: PROVIDED, That no expense shall be caused to the United States thereby, and that the said Chinese Subjects shall agree to comply with all re-gulations for the police and discipline of the Academy, to be studious, and to give their utmost efforts to accomplish the courses in the various Departments of instruction: AND PROVIDED FURTHER, That in the case of the said Chinese subjects the provisions of sections thirteen hundred and twenty and thirteen hundred and twenty-one shall be suspended.

APPROVED, FEBRUARY 24, 1911.

附件二

照錄美外部復文 西歷一千九百十一年正月十四號

為照復事照得本部准

貴大臣本月九號來文內開奉

貴政府命請敝國准令收受中國學生二名入西岬武學院肄業等因查本部於本年來文以前業經逕照

貴大臣面商之意於西十二月十五號轉請敝國國會定議准武備院衙收受

貴國政府選派學生二名入院學習矣茲敝國上院對於此事舉動頗為順適至於現期下院對此事之舉動本部竊料當無不與上院和同之處也為此照復須至照會者

又來文 西歷一千九百十一年三月三號

為照會事照得

貴大臣正月九號來文內開云云本部已於正月十四號照復在案茲兩院決議於一千九百十一年二月二十四號通過援決議准令陸軍大臣收受中國政府擬派之華人二名入西岬武學院肄業相應將決議印本二分送上以資查閱為此照會須至照會者

照錄兩院通過決議 西一千九百十一年二月二十四號核准

美國上議院下議院為決議事議得陸軍大臣准其收受中國政府擬派之華人二名入西岬武學院受學惟訂明此事一切費用不得向美國

開支該派華人應允願遵守一切警章及院
中規律勤奮向學并竭力作畢各科課程又
訂照法律第一千三百二十第一千三百二十一
兩節該載就此次該派華人而言應即暫廢

文美外部來文　西一千九百十一年三月八號

為照會事照得准收中國學生入西岬武學院
肄業一事兩院決議經已通過本部茲於西
三月三號第二百十五號公牘內曾將該決議
印本附呈查閱茲據陸軍大臣文開西岬武學
院本年於六月中旬開教該班士官中國該
派學生入本年該班者於本年六月十四
號華歷五月十八日至紐約省西岬謁見該院監督
自當收錄此種辦法於決議文義亦屬相
合請本部轉達
貴大臣查照辦理為此照會須至照會者

一九四

咨學部
札遊美學務處華僑在海外興學經費困難
即在遊美經費項下撥給一萬兩以資協助由

行　行

外務部左侍郎胡　二月　日

外務部右侍郎曹　二月　日

考工司

呈爲咨札行事宣統三年二月初八日准學部

咨稱本部疊據美洲及南洋華僑稟稱海外興學諸

多困難擬請撥款協助等情查華僑繫心祖國剏設學

堂其志極堪嘉尚本部節經派員遄赴海外各埠視察勸

導其中熱心教育之士實不乏人惟各學堂多藉華民

捐助經費每苦拮据勢必國家設法維持始可徐圖久遠本部籌辦大學推廣普及教育經費已屬支絀萬難再行補助僑民擬由外務部在遊美經費項下撥給一萬兩交由本部勻撥各華僑等因前來查華僑在海外興學經費困難自應設法維持以期久遠即在遊美經費項下撥給一萬兩藉資協助除札行遊美學務處遵照咨行學部外相應札咨行

貴部查照
遊美學務處遵照可也須至札咨者

學部

右札遊美學務處　准此

宣統叁年貳月　日

一九五

咨軍諮處准駐美張大臣電稱陸軍學生二人西六月十四入學由

外務部左侍郎胡　行　二月六日

外務部右侍郎曹　行　二月六日

考工司

呈爲咨復事。宣統二年十月初十日接准

咨稱：本處擬於宣統三年選派學生二人赴美留學，應請知照駐美公使轉達該國政府查照等因。當經本部咨行駐美張大臣去後。茲准電復稱：美外部稱陸軍學生二人西六月十四入學

等因前來相應咨復
貴處查照可也須至咨者
軍諮處
宣統三年二月　日

一九六

遊美學務處謹

呈爲申呈事竊本處考選學生辦法及暫行開學等情均經先後申明在案查此學生計分三項一爲宣統二年六月備取之第一格學生一爲各省咨送之第二格學生一爲本年正月在京招考正取之第二格學生又備取之第二格學生本處以此項學生係爲豫備送往美國遊學起見有遠涉風濤之事美國學堂章程皆須身體合格方准入學設或所招學生體格不能完全非特將來難冒風濤之險且恐到美之後仍有不能入學之虞故於此次分場考試之後復派西醫考驗其身體是否强固有無疾病自二月初七日至二十五日逐日考驗其有一次考驗未真者又令覆驗現據西醫報告内有患病較重者六人均飭令俟治愈後再行入學其餘合格學生俱已入學一律於

三月初一日分班受課除備取第一格學生姓名籍貫已
於上年六月呈報外兹將各省咨送第二格學生及本年
正月在京招考正備取第二格學生姓名籍貫造具清册
呈報除分呈
學部外理合備文申呈
中堂王爺大人察核備案須至申呈者
右　　　　　　　　　　呈　附清册二本
外　　務　　部
宣統　三　年　三　月　初九　　日

附件一

王

附仁号

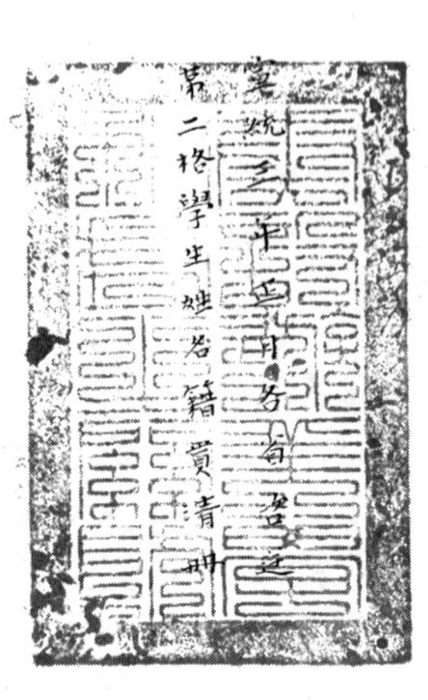
宣統三年正月各省咨送
第二格學生姓名籍貫清册

謹將宣統三年正月各省咨送第二格學生年歲籍貫造具清册呈請

察核須至册者

王培深年十五歲直隸天津縣人

楊頤桂年十六歲直隸天津縣人

温祖蔭年十六歲直隸天津縣人

孫挽瀾年十五歲直隸灤州人　病假

李汝祺年十四歲直隸天津縣人

李恩科年十五歲直隸天津縣人

胡　丕年十六歲山東臨清州人

張廷玉年十五歲山東新城縣人

孫孝先年十五歲山東棲霞縣人　病假

張幹臣年十六歲山東濰縣人
金宸棟年十五歲山東德州人
孫建中年十四歲山東蘭山縣人
魏祖壽年十五歲山東歷城縣人
劉振綱年十五歲山東益都縣人
孫延中年十五歲河南商邱縣人
孔慶顏年十五歲河南新鄉縣人
張天祥年十六歲河南汲縣人
張廣輿年十五歲河南鞏縣人
李承先年十五歲河南鞏縣人

陳世楨年十五歲河南內鄉縣人
張桂齡年十六歲河南鞏縣人
曹明鑾年十六歲河南固始縣人
朱　潛年十六歲河南商城縣人
許善初年十四歲河南信陽縣人
梁上彬年十三歲山西崞縣人
曾廣駢年十四歲山西陽曲縣人
喬萬選年十五歲山西徐溝縣人
秦文藹年十五歲山西徐溝縣人
朱延壽年十三歲山西崞縣人

郭宗汾年十三歲山西陽曲縣人
趙滋枬年十四歲山西汾陽縣人
劉　和年十五歲山西徐溝縣人
張　策年十四歲山西沁水縣人
傅定元年十五歲山西陽高縣人
吳　宓年十六歲陝西涇陽縣人
張繼祖年十六歲陝西朝邑縣人
葉聲呂年十五歲陝西雒南縣人
王久誠年十六歲陝西城固縣人
王室藩年十六歲陝西山陽縣人

馬鍾彝年十六歲陝西綏德州人
唐仰虞年十六歲安徽含山縣人
許楚濤年十六歲安徽歙縣人
王道立年十六歲安徽青陽縣人
葉國士年十五歲安徽建德縣人
何幼强年十五歲安徽貴池縣人
吳　鋆年十五歲安徽桐城縣人
潘作仁年十六歲安徽懷寧縣人
楊育先年十六歲安徽懷寧縣人
李　棻年十六歲安徽廣德州人

胡義門 安徽 人 未到
吳曾禕 年十六歲 江蘇元和縣人
脫秉經 年十六歲 江蘇甘泉縣人
朱礪 年十六歲 江蘇通州人
徐讜 年十六歲 江蘇通州人
陳震亞 年十六歲 江蘇如皋縣人
曹彬 年十六歲 江蘇江都縣人
朱調孫 年十六歲 江蘇上元縣人
鍾慕蘇 年十五歲 江蘇上元縣人
曹傑 年十六歲 江蘇江都縣人

董修甲 年十六歲 江蘇六合縣人
吳倫 年十五歲 江蘇江甯縣人
張松黔 年十四歲 江蘇江甯縣人
楊洋 年十六歲 江蘇阜甯縣人
王賡 年十六歲 江蘇金匱縣人
繆穆 年十六歲 江蘇長洲縣人
范瀚增 年十五歲 江蘇上海縣人
范文增 年十四歲 江蘇上海縣人
陶毓麒 年十六歲 江蘇元和縣人
潘步亮 年十六歲 江蘇元和縣人

顧　鏞年十六歲江蘇吳縣人

李　達年十六歲江蘇吳縣人

張黌甫年十六歲江蘇崇明縣人

沈寶滎年十六歲江蘇長洲縣人

汪景熙年十五歲江蘇吳縣人

陶景亮　江蘇人　未到

謝　偉　江蘇人　未到

湯承佑年十六歲江西南豐縣人

湯承梯年十五歲江西南豐縣人

曹　棟年十六歲江西新建縣人

燕春臺年十五歲江西南昌縣人

杜　卿年十五歲江西瑞昌縣人

張時行年十五歲江西清江縣人

聶方岳年十五歲江西清江縣人

歐陽勛年十六歲江西贛縣人

陳家英年十六歲江西贛縣人

吳　偉年十五歲江西南昌縣人

程其保年十四歲江西南昌縣人

黃賢渭年十六歲江西南昌縣人

袁　琬年十五歲江西都昌縣人

吴士棻年十五歲江西南昌縣人
朱士式年十五歲江西新淦縣人
徐孝聯年十五歲江西大庾縣人
徐世良年十五歲江西湖口縣人
王復旦　江西　人　未到
陳烈勲年十五歲浙江錢塘縣人
余榮霦年十五歲浙江錢塘縣人
孫　璠年十六歲浙江海鹽縣人
王榮吉年十五歲浙江仁和縣人
朱肇祥年十六歲浙江錢塘縣人

孫士愷年十五歲浙江仁和縣人
陳　達年十六歲浙江餘杭縣人
樓光來年十六歲浙江嵊縣人
朱　翰年十六歲浙江仁和縣人
蔡　雄年十五歲浙江歸安縣人
朱斌魁年十四歲浙江江山縣人
李祖範　浙江　人　未到
林振彬年十六歲福建侯官縣人
鄭步青年十五歲福建侯官縣人
吴曾愈年十六歲福建閩縣人

朱朝禹年十六歲福建侯官縣人
陳汝弼年十五歲福建閩縣人
盧壽澂年十六歲福建閩縣人
余澤蘭年十六歲福建古田縣人
林貴玉　福建　人　未到
水祖增年十六歲湖北武昌縣人　未到
江秀炳年十六歲湖北黄陂縣人
嚴紱革年十五歲湖北黄岡縣人
夏安修年十六歲湖北黄岡縣人
吳樹韵年十五歲湖北武昌縣人

鄧立齋年十五歲湖北江陵縣人
李家鳳年十四歲湖北江夏縣人
田文錦年十五歲湖北江夏縣人
范定國年十四歲湖北武昌縣人
張烈綱年十五歲湖北廣濟縣人
王度年十五歲湖北黄梅縣人
章寅年十五歲湖北黄陂縣人
陳飛鵬年十五歲湖北漢川縣人
宗植心年十三歲湖北黄陂縣人
王代煦年十六歲湖南湘鄉縣人

朱世昀年十六歲湖南湘鄉縣人
向哲濬年十六歲湖南寧鄉縣人
朱丙炎年十五歲湖南湘鄉縣人
龔嗣修年十六歲湖南湘潭縣人
余箕傳年十三歲湖南長沙縣人
瞿國眷年十六歲湖南保靖縣人
劉　樸年十六歲湖南寧鄉縣人
郭應鍾年十六歲廣東南海縣人
陸　明年十六歲廣東鶴山縣人
俞　桊年十六歲廣東番禺縣人

鄒　榮年十五歲廣東番禺縣人
沈鵬飛年十六歲廣東番禺縣人
盧應祥年十六歲廣東三水縣人
曹　珽年十五歲廣東番禺縣人
陳佐鏇年十六歲廣東南海縣人
黃喬秋年十五歲廣東南海縣人
梁家駼年十六歲廣東番禺縣人未到
李宏甫年十六歲廣東三水縣人
郭希棠年十六歲廣東番禺縣人
黃叔巍年十六歲廣東東莞縣人

謝欣榮年十六歲廣東番禺縣人
黄季巖年十五歲廣東東莞縣人
羅清生年十五歲廣東南海縣人
陳雪芳年十六歲廣東南海縣人
謝寶添年十六歲廣東南海縣人
蘇志猷年十五歲廣東高要縣人
勞肇榮年 廣東 人 未到
唐崇慈年十五歲廣西全州人
陳學澧年十五歲廣西永甯州人
張子厚年十五歲四川樂山縣人

龔 毅年十五歲四川宜賓縣人
吴際泰年十四歲四川簡州人
曾繁暾年十六歲四川内江縣人
吴芳吉年十四歲四川江津縣人
劉 莊年十六歲四川德陽縣人
邱正倫年十五歲四川井研縣人
王志蘭年十六歲四川洪雅縣人
羅經綬年十四歲四川樂山縣人
潘作鑄年十四歲四川奉節縣人
周增禄年十四歲四川彭山縣人

白敦庸年十五歲四川西充縣人
王搢亞年十五歲四川三臺縣人
童錫祥年十五歲四川南川縣人
黄東禮年十五歲四川壁山縣人
鄢　明年十五歲四川華陽縣人
劉孝頤年十五歲四川達縣人
劉紹昆年十四歲四川成都縣人
畢近斗年十四歲雲南星貢縣人
嚴繼光年十五歲雲南太和縣人
傅　玠年十六歲貴州貴筑縣人

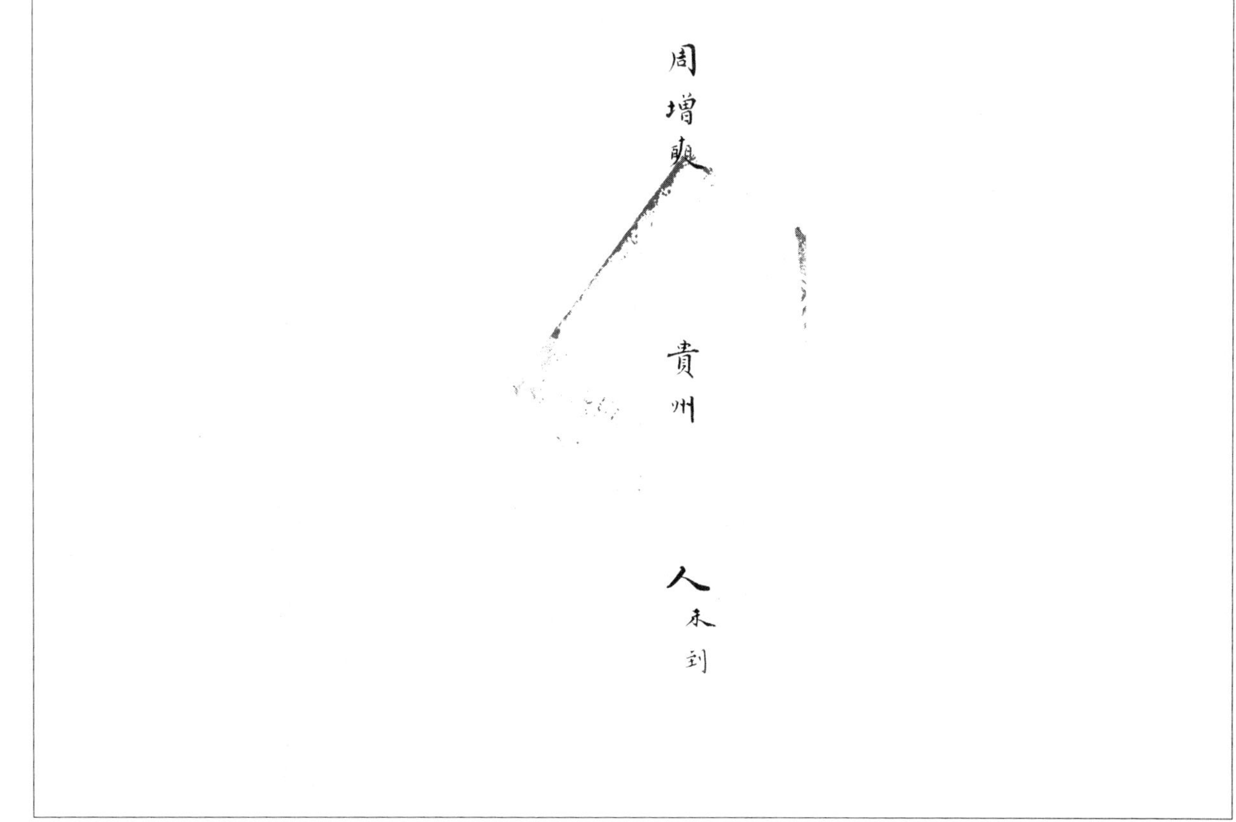

周增奎　貴州　人未到

附件二

附仁字

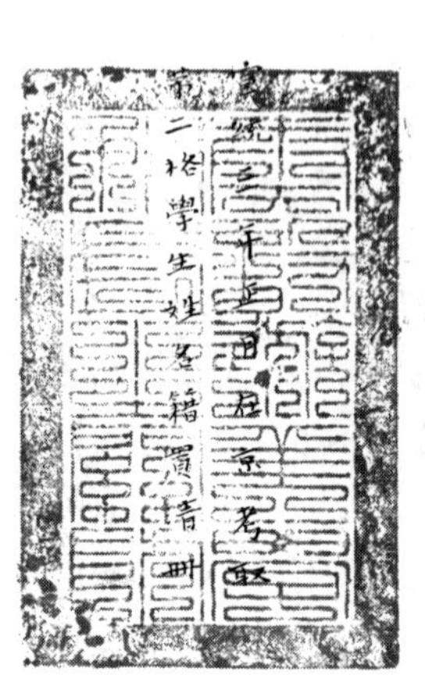

宣統三年正月在京考取第二格學生姓名籍貫清册

謹將宣統三年正月在京考取第二格學生年歲籍貫造具清册呈請

察核須至册者

李萃林年十三歲直隸灤洲縣人

陸貴埼年十五歲浙江桐鄉縣人

薛學海年十三歲江蘇無錫縣人

姜家漢年十二歲江蘇華亭縣人

施濟元年十五歲浙江錢塘縣人

徐　棫年十三歲江蘇宜興縣人

楊克念年十三歲湖南長沙縣人

楊士孝年十二歲湖南湘潭縣人

朱　彬年十三歲廣東南海縣人

王善佺年十五歲四川石柱廳人
劉崇鋐年十三歲福州閩縣人
楊紹曾年十四歲安徽懷寧縣人
潘家洵年十四歲江蘇吳縣人
胡光麃年十三歲四川廣安州人
張　瑜年十四歲四川洪雅縣人
李叔雲年十五歲安徽合肥縣人
陳　熹年十四歲福建閩縣人未到
嚴　琥年十五歲福建侯官縣人
張圖瀛年十五歲安徽蕪湖縣人

陳宏振年十三歲福建閩縣人
郭景汾年十四歲河南西華縣人
陳繩穀年十五歲湖南黔陽縣人病假
顧穀成年十二歲江蘇金匱縣人
張志讓年十五歲江蘇武進縣人
楊慶墤年十四歲湖北沔陽州人
錢沛猷年十五歲江蘇江陰縣人
葉鴻眷年十三歲江蘇上海縣人
張　堅年十四歲湖南善化縣人
趙　深年十二歲江蘇金匱縣人

朱鳳美年十三歲江蘇宜興縣人
關頌韶年十三歲廣東番禺縣人
唐文愷年十五歲江蘇崑山縣人
譚葆壽年十三歲廣東新會縣人
朱　道年十三歲湖北黃岡縣人未到
侯家源年十四歲江蘇元和縣人
藍　芬年十四歲江西高安縣人
耿嘉基年十二歲江蘇華亭縣人
祁錫權年十三歲直隸永年縣人
甘純啟年十五歲江蘇嘉定縣人

孫浩烜年十三歲江蘇崇明縣人
梁承厦年十三歲廣東順德縣人
鄭允清年十三歲河南濟源縣人
楊　鐸年十四歲直隸天津縣人
盧默生年十五歲湖北沔陽州人
鄒應歡年十五歲江蘇吳縣人
商承恩年十五歲正白漢軍旗人
龔理清年十五歲安徽合肥縣人
華　適年十二歲江蘇無錫縣人
麥佐衡年十五歲廣東南海縣人

汪心渠年十五歲安徽桐城縣人
華　灼年十二歲江蘇無錫縣人
李祥亨年十四歲直隸寗晋縣人
彭堯祥年十五歲廣東南海縣人
何錫瑶年十二歲河南滑縣人
楊承訓年十四歲湖南善化縣人
張道宏年十四歲安徽合肥縣人
阮尚中年十四歲江蘇奉賢縣人
凌其峻年十三歲江蘇上海縣人
冒景璋年十四歲江蘇如臯縣人

徐　梁年十四歲江蘇吴縣人
孫克基年十五歲湖南湘潭縣人
許震宙年十三歲浙江黄岩縣人
陸燮鈞年十四歲江蘇金匱縣人
熊正瑾年十二歲江西南昌縣人
趙明煦年十三歲山東萊陽縣人
榮　詔年十五歲鑲白旗人
余和春年十四歲江蘇丹徒縣人
陳兆蕃年十四歲江蘇奉賢縣人
孫家壐年十五歲直隸天津縣人

陳澤寬年十五歲浙江歸安縣人

榮　和年十五歲正黄旗人

湯用彤年十五歲湖北黄梅縣人

邵曾蔭年十五歲江蘇常熟縣人

李四平年十五歲直隸祁州人

曾以錕年十四歲河南固始縣人

劉樹墉年十五歲廣東新寧縣人

陳崇法年十四歲湖南湘陰縣人

陳長桐年十三歲福建閩縣人

柯昌清年十三歲山東滕州人

汪泰基年十五歲安徽旌德縣人

沈光苾年十五歲直隸武清縣人

吴新炳年十五歲江蘇江陰縣人

黄宗渠年十二歲湖南清泉縣人

裘智濬年十四歲浙江嵊縣人

楊殿甲年十二歲直隸南宫縣人

李郭舟年十五歲正黄旗人

趙學海年十二歲江蘇金匱縣人

鍾孟雄年十三歲江蘇上海縣人

金成美年十五歲河南項城縣人年齡不合格

梁　平年十五歲廣東順德縣人
周　冕年十二歲直隸大興縣人
張星垣年十五歲直隸高陽縣人
陳　禮年十四歲浙江諸暨縣人
潘封營年十四歲湖南湘鄉縣人
李權時年十四歲浙江鎮海縣人
方　定年十三歲江蘇楊子縣人病假
郁錫藩年十五歲江蘇無錫縣人
金熙章年十五歲江蘇嘉定縣人
薛學潛年十五歲江蘇無錫縣人

陸以達年十五歲江蘇太倉州人
伊克坦年十二歲正白旗人
方頤樸年十五歲江蘇楊子縣人
梁定吳年十三歲廣東三水縣人
白乃進年十四歲江蘇通州人
張師謹年十五歲浙江嘉善縣人
程樹仁年十四歲福建閩縣人
金邦直年十四歲安徽黟縣人
陶　讜年十四歲正白旗人
夏循塼年十五歲浙江仁和縣人

胡慶勲年十五歲廣東三水縣人
許元方年十四歲江蘇贛榆縣人
林志轍年十四歲福建閩縣人
宋仁静年十五歲江蘇奉賢縣人
蒲適轂年十四歲福建閩縣人
廷康年十五歲鑲白旗人
鍾培年十五歲正藍旗人
以上正取學生一百十六名
馮應麒年十四歲江蘇武進縣人
蔣祖烈年十四歲湖南湘鄉縣人

袁雲錦年十二歲直隸獻縣人
梁定蓟年十四歲廣東三水縣人
關祖光年十二歲廣西蒼梧縣人
高真年十二歲福建長樂縣人
袁慧炘年十二歲浙江桐廬縣人
岑裕駒年十二歲廣東三水縣人
陳蘇孫年十二歲福建閩縣人
崔學攸年十二歲廣東南海縣人
丁尚有年十四歲浙江歸安縣人
黄友聲年十四歲江西清江縣人

悦　祺年十三歲正藍旗保錕佐領下人
俞　檝年十五歲湖南善化縣人
王祖康年十五歲江蘇丹徒縣人
姚　鋆年十五歲貴州貴筑縣人
徐篤恭年十五歲浙江仁和縣人
但　偉年十五歲湖北蒲圻縣人
石　金年十四歲湖南清泉縣人病假
林志敦年十五歲福建閩縣人
林志軾年十四歲福建閩縣人
黃　勤年十五歲福建侯官縣人

李順井年十五歲湖北鍾祥縣人
楊興夏年十五歲江蘇無錫縣人
劉季辰年十五歲江蘇嘉定縣人
以上備取學生二十五名

附件三

前准考工司移交関於清華學堂案卷計稿七十二件文四十五件檢出送請查收為荷

總務廳先生均安

廣同上

外交部信牋

一九七

呈

遊美學務處謹

呈爲呈報事竊本年應送遊美學生按日分場考試各情形業已呈明在案兹經詳校試卷核定分數於前月二十九日揭榜取錄合格學生四十七名所有第一次考取學生姓名年歲籍貫另具清摺除申呈

學部外理合備文呈報伏乞

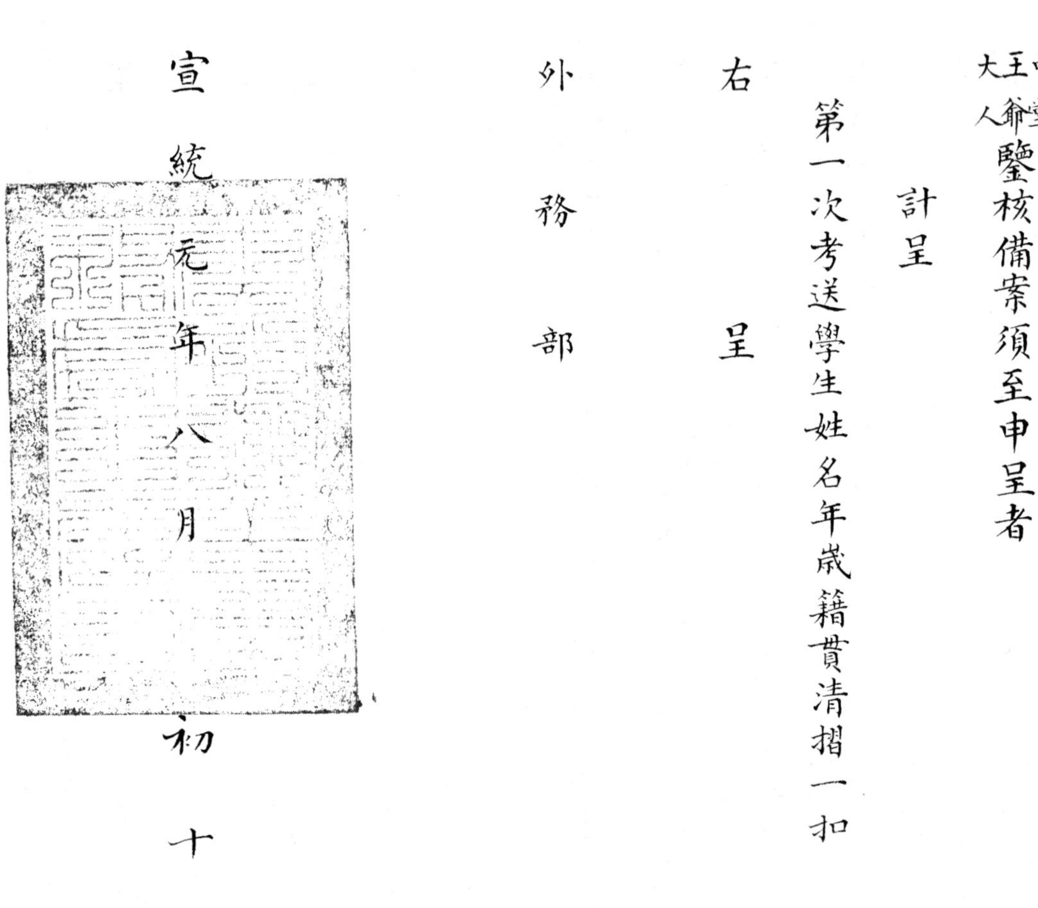

中堂王爺大人鑒核備案須至申呈者

計呈

第一次考送學生姓名年歲籍貫清摺一扣

右　　呈

外務部

宣統元年八月初十日

附件

謹將第一次考送學生姓名年歲籍貫列左

程義法年十八歲 江蘇吳縣人

鄺煦堃年十七歲 廣東番禺人

金濤年二十歲 浙江山陰人

朱復年二十歲 江蘇嘉定人

唐悅良年十九歲 廣東香山人

梅貽琦年十九歲 直隸天津人

羅惠僑年二十歲 浙江鄞縣人

吳玉麟年二十歲 江蘇元和人

范永增年二十歲 江蘇上海人

魏文彬年二十歲 直隸密雲人

賀楙慶年二十歲 江蘇丹陽人

張福良年十九歲 江蘇無錫人

胡剛復年十七歲 江蘇無錫人

邢契莘年十九歲 浙江嵊縣人

王士杰年二十歲 浙江奉化人

程義藻年二十歲 江蘇吳縣人

謝兆基年十九歲 浙江烏程人

袁昌運年十九歲 江蘇無錫人

李鳴龢年十九歲 江蘇上元人

陸寶淦年二十歲 江蘇上元人

朱維傑年十八歲 江蘇常熟人

楊永言年二十歲 江蘇嘉定人

何杰年十九歲 廣東番禺人

吳清度 年二十歲 江蘇丹徒人
徐佩璜 年二十歲 江蘇震澤人
王仁輔 年二十歲 江蘇崑山人
金邦正 年十九歲 安徽黟縣人
戴濟 年二十歲 江蘇吳縣人
嚴家騶 年二十歲 福建侯官人

秉志 年二十歲 河南駐防正藍旗人
陳焜 年二十歲 廣東增城人
張廷金 年二十歲 江蘇金匱人
陳慶堯 年二十歲 浙江鎮海人
盧景泰 年十八歲 廣東順德人
陳兆貞 年十八歲 廣東番禺人

袁鍾銓 年二十歲 江蘇江甯人
徐承宗 年十八歲 浙江慈谿人
方仁裕 年二十歲 江蘇青浦人
邱培涵 年十九歲 浙江烏程人
王健 年十九歲 直隸大興人
高崙瑾 年二十歲 江蘇句容人

張準 年二十歲 湖北枝江人
王長平 年二十歲 山東泰安人
曾昭權 年十六歲 湖南湘鄉人
王璡 年十九歲 浙江黄巖人
李進隆 年二十歲 湖南湘鄉人
戴修駒 年二十歲 湖南武陵人

一九八

江西撫院馮 為

咨請核示事。據江西提學使王同愈詳稱：專門科案呈奉撫院札開：宣統二年五月初九日，據留英學生黃炘祖稟請援案貼補官費等情到院，札司即便查明核議詳奪，並將原呈發還，該生收執等因奉此。本司遵查該生黃炘祖於光緒三十三年由日本轉遊英國，前署司林以庫款支絀，只准仍照留日學費給發作為津貼三年，以來歷經照匯在案。茲該生稟請援照洪鑄、黃家璐例加給官費。事雖同出一律，無如

目下贛省財政困難已達極點所請加給官費
此款實屬無從籌措至稟稱美國賠款為派送
留學之費下次派送往美以生名列入學額由
英往美為程七日視由華往須一月者既便英
美同文亦無重習語言之煩美洲有世界上最
大深布電機於生所習相合而於實地試驗上
尤有裨益果爾則於贛省庫帑無損而生仍得
達求學目的且生所學已有三年根柢現由中
國新行選送者亦曾略強一等等語併據將伯明
罕大學暨英國學部給與及格文憑兩紙呈驗

前來伏查該生所陳尚屬實在情形派送游美

學費既有的款並可省本省津貼之費且核其

程度實在部章派美學生第一格之上盡可從

免再入京館肄習藉收事半功倍之效理合將

核議緣由詳送察核可否將該生堪以派送游

美實在情形並將該生原禀及文憑二紙轉行

咨送

外務部暨

學部查照核覆如荷邀准應請由

部給予咨文發由

駐英公使轉飭該生遵照領費赴美以符
部派定章並於贛省應派學額內列入該生一
名備案實為公便再該生文憑兩紙仍請由
部核辦後發由
駐英公使轉飭該生收回合併聲明等情到本
撫院據此除將抄稟文憑咨送
學部查核外相應咨明為此合咨
貴部請煩查核施行須至咨者
計咨送　抄稟清摺一扣
右　　咨

外務部

宣統三年三月二十六日

附件

錄留英學生黃炘祖稟詞

撫帥大公祖大人鈞座敬稟者竊生於光緒三十三年蒙前 學憲林 以留日本學費每年中銀四百圓轉派來英於茲三年矣今春加滙百圓略補鎊虧前玉山留學日本學生管藝畢業回國其公費日幣四百圓信郡學生公請於前學憲林移入生份藉作津貼當蒙批准又為玉山大富戶張雲孫所阻迄今期年尚未領到事多掣肘只能自咎命之乖阨也此間百物騰貴區區五百圓之款即前留日費四百圓及今歲加鎊虧百圓僅足官費五分之一將何以自存且本年五百圓之數早由玉山前任大令稟明學憲權由生家中領來寄滙濟燃眉急復承高監督高誼憫生食苦就學自出囊金墊借三十六鎊據云時價合中銀四百圓有幾此款必於下次滙到學費內扣還是生明年學費五百圓今歲已用去四百餘則明歲學膳費將何取給言念及此不禁寒心遊子天

涯旅居店絶粮其景况之悽愴可想見也每當課餘自修偶念及命途乖蹇輒心弛腦亂不能再讀即讀亦不能解書義無已只得掩卷野行任足所之心定復回寓再讀或則往游景教堂中坐聽説法非敢信教亦效陳白沙氏動中習静學説鎮此方寸耳此中艱苦自歷者自知之恐非言語筆墨之所能形容而一詳道之者也生於伯明罕大學上學期物理專科夏季大考皆及格總教頗因丁氏給有文憑復應英國學部化學試驗理説與實驗解析皆及格文憑甫發下呈驗本學期習電機科按機器分三科以電學科為最難以習者必兼通物理化學冶金及最高等算術故中學生就是科者甚少是科效用甚廣於江西尤便利適宜廬山瀑布著名中土天然隱熱可因之生電工作而汽機及煤炭之消耗費可從之節省矣據物理公例天地間之熱力與工作二事不生不滅而相為循環消長者也有熱力即可變為工作有工作即可變為熱力水由太陽熱力蒸為

汽氣汽降為雨雨積高原遂成瀑布瀑布下注之勢可利用之轉機生電
為工作故科學家稱瀑布為隱熱廬山大瀑布此天以隱熱賜贛閩贛貧
厲其貧民食力於工為興全國實業之基礎天然利益棄之可惜且其地
通大江將來必為國中大工廠萃集之區而電學工程實為第一着下手處
憲台大人素以培材為當今急務上學期物理科同班中浙省子弟如胡祖同
徐新陸兩君皆
帥節蒞浙時派送者課餘皆能道及
明達舉動為浙
造福處生茹苦於英忍飢寒就學於今三年矣學且隨成而費不足救死不
暇胡以言學願
帥座一施其
大仁慈育材之心以處浙生之一例以處生成其隨成學業則生死肉骨他日

苟有所就飲水思源三生戴

德矣且留比學生洪鑄已蒙

批准照留英學生黃家璐例加給官費彼留比學生尚得援留英學生例

得官費生留英大學且校試皆能及格客冬郵上大學考試判出及格表可證視彼僅能考

入大學者當加一等乃不得補官費未免向隅萬一庫欵支絀敢請轉送

往美伏查美政府還拳亂賠欵為派學生之需頓省必有學額伏祈下次

派送以生名入一學額且由英往美為程僅七日視由華往須一月者便

甚英美同文無重習語言之煩美洲有世界上最大瀑布電機於生所習

相合而於實他試驗上尤有大裨益果爾則於江省庫帑無損而生仍得

赴求學目的一舉兩便之策也且生所學已深具根底視由中國新行選

送者必當略強一籌如蒙

俯賜允准乞由郵

示知附寫好

信封一俾有所恃而無絕糧之虞則得安心一志向學仰副

培材

至意再者生出國有年久荒中籍席前尺寸光陰盡銷磨於科學中稟辭必

多誤謬失格例應然知

明達者必能宥其小節憫其苦心而一

玉成之也故敢不揣冒昧上塵

聽聞臨穎盼切不勝感激待

命之至敬請

崇安

學生黃炘祖謹稟

一九九

洛軍諮處遣派學生赴美肄業事，兹將美外部並該議院決議各件咨送查照辦理由

外務部左侍郎胡 行 四月 賀六 日

外務部右侍郎曹 行 四月 賀六 日

考工司

呈爲咨行事。選派學生二名赴美留學一事，前准駐美張大臣電稱美外部稱該學生西六月十四日入學業，經本部咨復在案。兹復准該大臣咨稱准美外部復稱經上下兩議院決議准收中國學生二名入堂肄業

等語並將決議印本附送前來茲將美外部
復文並附件譯錄漢洋文各一分請轉咨
軍諮處查照辦理等因相應將原件咨行
貴處查照可也須至咨者 附漢洋文
軍諮處
宣統三年四月 日

二〇〇

欽命督理税務大臣　爲

咨呈事。本處奏設税務學堂，原爲造就人才以爲異日整飭税務之用。查各關所用洋員多係由外國學堂學生選充。現在税務學堂科學雖以西文教授，惟各學生若非選派出洋肄業，深恐難得特達之才。查遊美學務處每年派生出洋專習實業，額數頗多，税科人才與實業尤有關係。

國家侍用孔亟，應請轉飭遊美學務處於每次派生出洋時，准由税務學堂選其造詣最高學生二名，附入額内一併派往肄業，一俟畢業回國，交回本處派差

以資深造而示鼓舞相應咨呈

貴部查照見復可也須至咨呈者

右咨呈

外務部

宣統二年四月初捌日

監印委員度支部筆帖式定保

二〇一

欽命管理軍諸處事務郡王銜多羅貝勒載、多羅貝勒毓 爲

咨覆事。准

貴部咨開選派學生二名赴美留學一事，前准駐美張大臣電稱，美外部稱該學生西六月十四日入學業經本部咨覆在案。茲復准該大臣咨稱，准美外部復稱，經上下兩議院決議，准收中國學生二名入堂肄業等語，並將決議印本附送前來。茲將美外部復文並附件譯録漢洋文各一分請轉咨軍諮處查照辦理等因，相應將原件咨行貴處查照可也。附漢洋文等因。准此。查此案本處前准駐美張大臣轉譯美國陸軍大臣狄覲臣來函，並附彼國兩院通過決議書等，因前來。當經電飭該學員陶叔懋等務宜遵守彼國一切謦章及院中規律，勤奮向學，以宏造就在案。茲准前因，相應咨覆貴部查照可也。須至咨者。

右　咨

外務部

宣統

十　柒　日

二〇二

遊美學務處謹
呈為申復事宣統三年四月十八日接奉
劄開准江西巡撫咨稱據留英學生黄炘祖稟請援案貼補官費經飭司查明該生於光緒三十三年由日本轉遊英國請加給官費因贛省款絀無從籌措至稱美國賠款為派送留學之費下次派送往美以生名列入學額由英往美路程既便且又同文美洲又有世界上最大瀑布電機於生所習相合而於實地試驗上尤有裨益等情請由部查核給予咨文發交駐英大臣轉飭遵照等因並將該生原稟抄送前來除該生抄稟文憑已經該撫咨送學部核辦外所請是否可行相應抄錄原咨原稟劄行遊美學務處查核辦理聲復等因奉此查本處定章凡送往美國

遊學學生須就本京清華學堂高等科中選擇咨送今該
生黄炘祖以留英學生欲於下次派送往美時以生名列
入學額核與定章未符礙難照准所有遵劄查核留英學
生礙難派送往美緣由理合備文申復伏乞
鈞部察核施行須至申復者

右　申　呈

外　務　部

宣統三年五月初四日

二〇三

咨復江西巡撫留英學生黄炘祖請於下次派送往美時列入學額未便照准由

行　行

外務部左侍郎胡
外務部右侍郎曹

五月　日
五月　日

考工司

呈為咨復事本年四月十四日接准

來咨以留英學生黄炘祖稟請援案貼補官費下次派

送往美以生名列入學額請由部查核等因當經本部

札行遊美學務處核辦去後兹准申稱本處定章凡

送往美國遊學學生須就本京清華學堂高等科

中選擇咨送今該生黄炘祖以留英學生欲於下次派
送往美時以生名列入學額核與定章未符礙難照
准等因前來相應咨復
貴撫查照可也須至咨者
江西巡撫
宣統叁年伍月　　日

二〇四

遊美學務處謹

呈爲申呈事宣統三年四月十二日接奉

劄開准稅務處咨稱本處奏設稅務學堂原爲造就人才

以爲異日整飭稅務之用查各關所用洋員多係由外國

學堂學生選充現在稅務學堂科學雖以西文教授惟各

學生若非選派出洋肄業深恐難得特達之才查遊美學

務處每年派生出洋專習實業額數頗多稅科人才與實

業尤有關係請轉飭遊美學務處於每次派生出洋時准

由稅務學堂選其造詣最高學生二名附入額内一併派

往肄業一俟畢業回國交回本處派差以資深造而示鼓

舞等因前來相應劄行遊美學務處查核聲復本部以便

轉復等因奉此查稅務學堂原爲造就人才以爲異日整

飭稅務之用誠與實業不無關係該處所請於本處派生

出洋時准由稅務學堂選其造詣最高學生二名附入額

内一併派往肄業等情本属自可照辦惟查本學堂學生人數衆多而派赴美國遊學之生每年秖限五十名現擬附派之學生二名自不便定爲永遠額數致與本處奏定章程有所窒礙所稱每次派生二名一節應於本届遣派二生畢業回國之後再行酌核續派所有遵劄查核稅務處請派學生出洋緣由理合備文申復爲此申呈

王爺
大人察核施行須至申呈者

右 申 呈

外 務 部

宣 統 三 年 五 月 初 九 日

二〇五

AMERICAN LEGATION,
PEKING.

To F. O. No. 90.

June 6, 1911.

Your Imperial Highness:

As the time is approaching for the choice of students to be sent to America this year for study in American educational institutions I wish to suggest that in the number chosen a few young women be selected to be trained in America as teachers for the girls' schools of China. In case this suggestion meets with favor I shall be glad to assist the Chinese Government in making arrangements for the care of the young women chosen, both en route to America and after their arrival there. I am informed that Miss Helen Gould, who has a world-wide reputation for philanthropy, will be pleased to arrange for superintending the Chinese young women in America.

As to the details, Dr. Tenney, the Chinese Secretary of the Legation, will be pleased to meet at any time any one appointed by Your Highness' Board and discuss with him all the necessary arrangements.

I avail myself of this opportunity to renew to Your Imperial Highness the assurance of my highest consideration.

W. J. Calhoun

American Minister.

To His Imperial Highness
Prince of Ch'ing,
President of the Board
of Foreign Affairs.

附件

逕啟者，茲因續派游美學生不久即屆出洋之期，據本大臣意見，此次果能添派女生數人，以備回國後充當女教員，實為有益之事。如貴親王以此言為合宜，本大臣願盡襄助之情，於該女士行路妥為照料。至於女生到美時一切關照，各事，聞有萬國著名之顧樂德姑娘情願擔任。為此函達貴親王查照，請即派員與本館丁參贊協商詳細辦法可也。此候日祉。附洋文

美國使署

嘉樂恒啟 五月十一日

二〇六

農工商部爲咨呈事。宣統三年五月初四日，接據杭州商務總會呈稱：奉部劄開，宣統二年九月二十五日由軍機處鈔交出使義國大臣吳宗濂奏請令各省本籍巨商集款派生出洋學習本業片，奉硃批：覽。欽此。欽遵到部，抄奏飭遵等因。遵即謹錄粘抄，知照分會、分所暨本城商董去後，茲據商人蔡雷澤等四名備具資斧，願赴美國學習工商

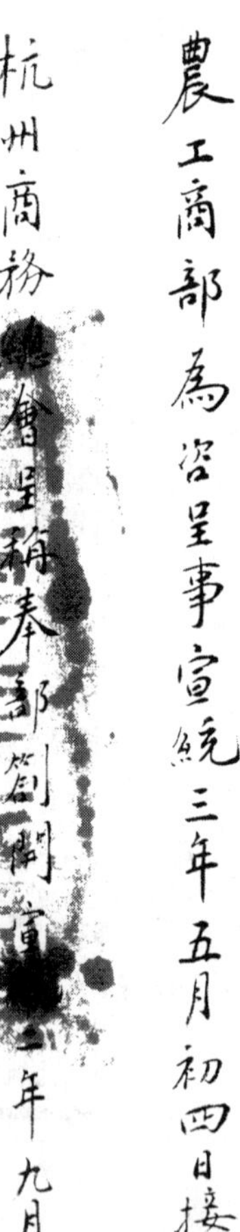

等事取具保結隨帶相片呈請發給該生等
赴美國學習本業考察商務護照並請駐
京美領事簽字等情並附該生等履歷附
呈相片保結前來查該生等赴美學習商業自
應發給護照以資保護相應將該生等履歷
並附相片保結
貴部查核辦理並希咨行出使美國大臣查
照可也須至咨者

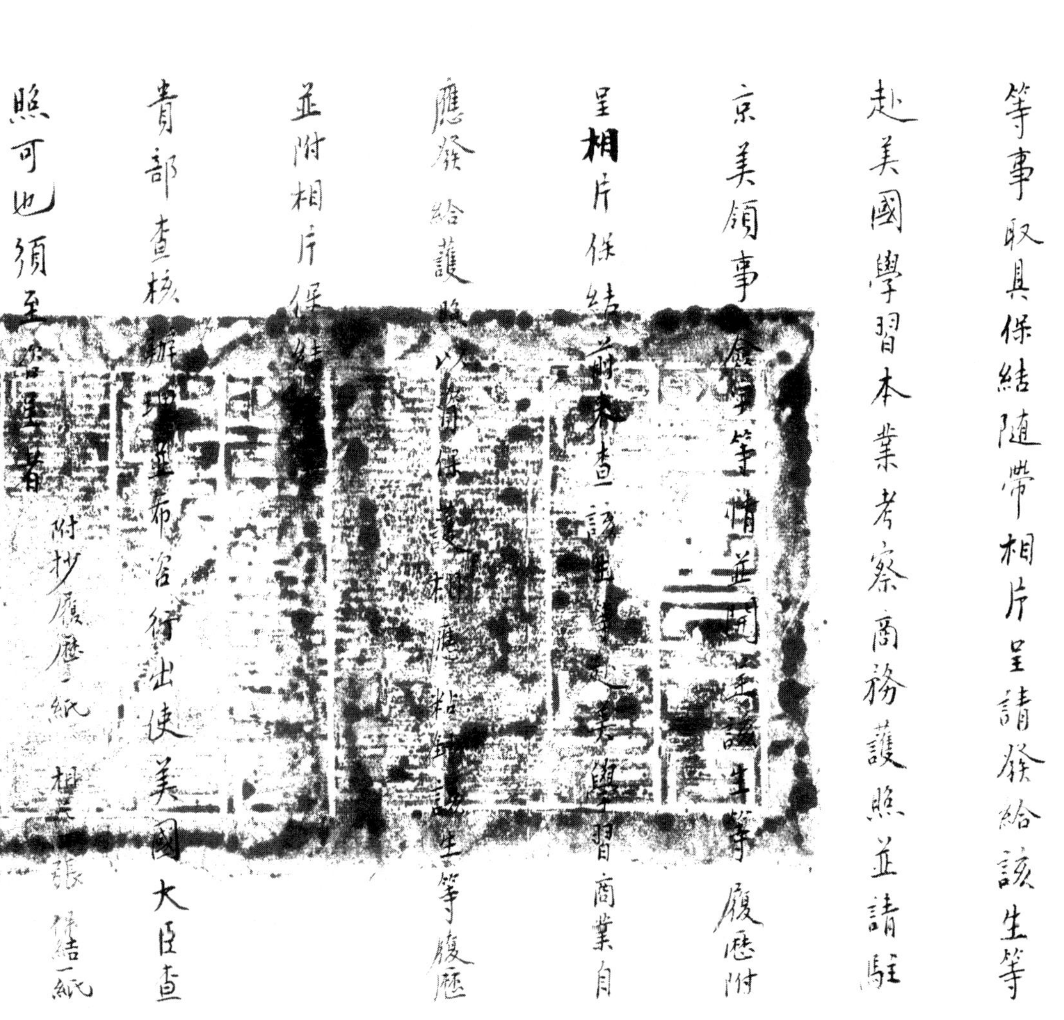

附抄履歷紙　相片　張　保結一紙

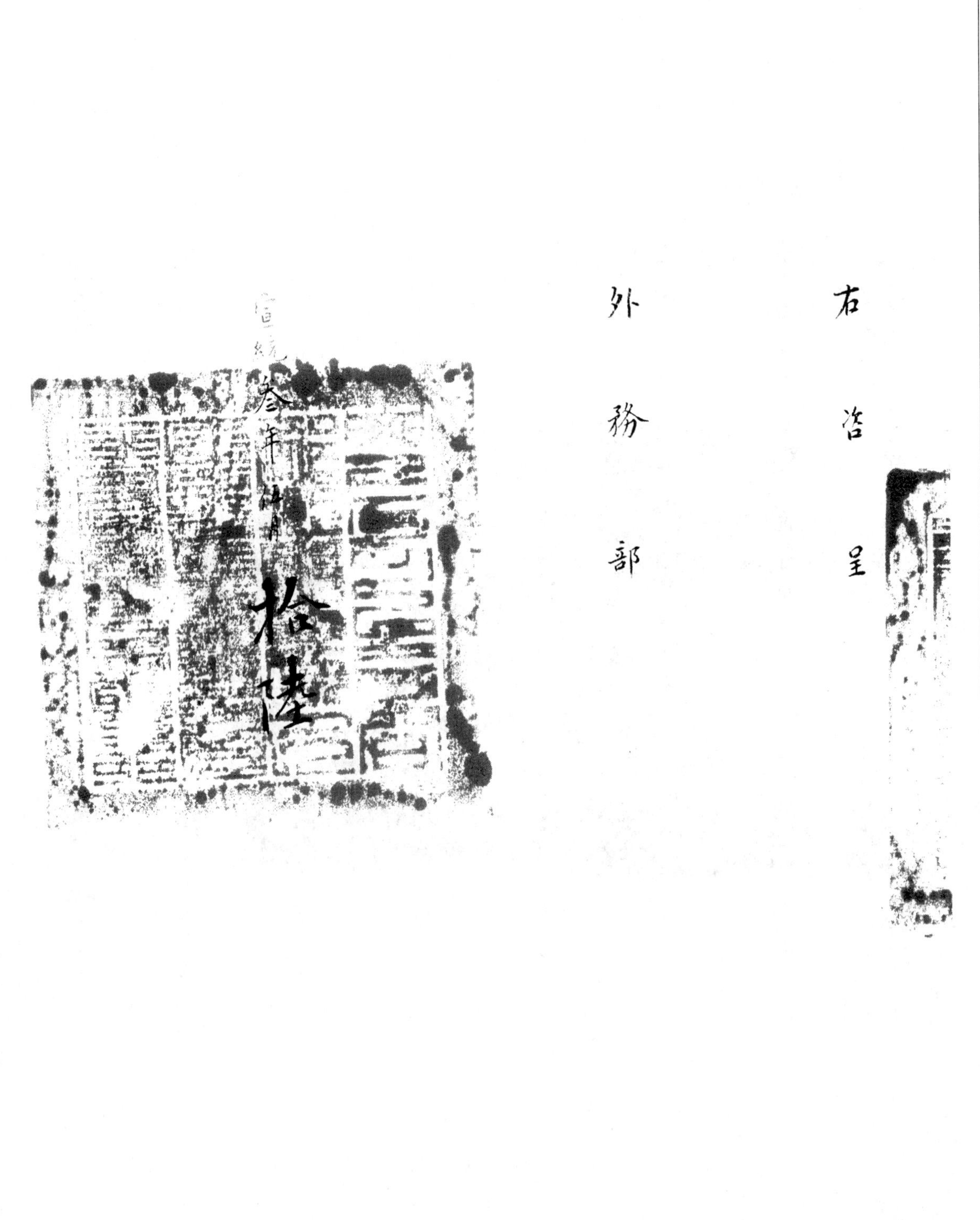

右咨呈

外務部

宣統叁年肆月拾陸

附件

今開呈出洋赴美商業学生四名

蔡雷澤 年二十四歲 浙江鎮海縣人

蔡潤 年二十九歲 浙江鎮海縣人

陈林生 年二十歲 浙江鎮海縣人

鄺群英 年二十八歲 浙江慈谿縣人

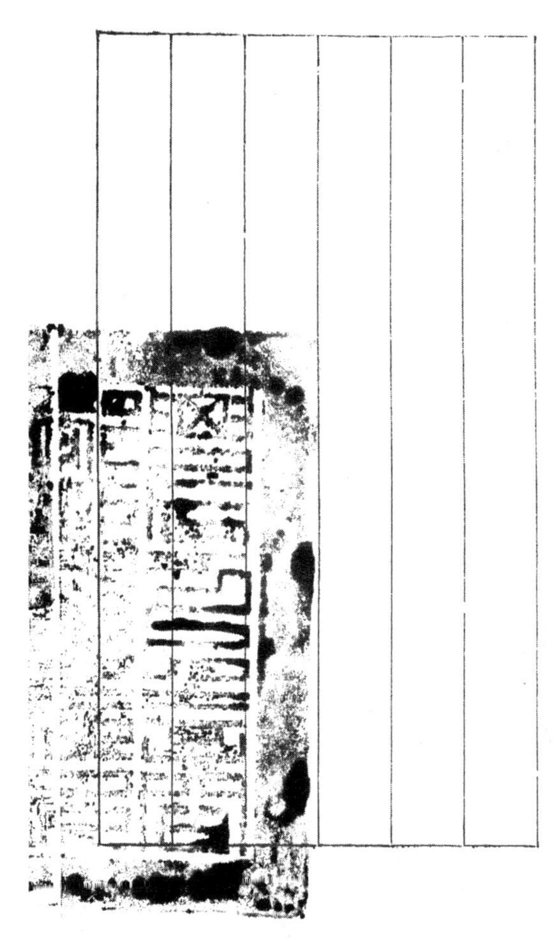

二〇七

陸軍部為咨呈事軍醫司案呈據陸軍醫
學堂教習方擎面稱現奉
貴部札派赴美英德等國調查醫務不日
即將起程等語查軍醫學堂教員現乏
之人該員教授甚為得力擬商請
貴部暫緩派往俟本部所聘洋教員到堂
後再令該員前往實級
公誼相應咨呈
貴部查照並希見覆可也須至咨呈者
右咨呈
外務部

宣統三年五月廿五日

監印官朱鑑徵
科員常□□校對

復美韓署使函

逕復者前准

來函以此次續派游美學生出洋果能添派女生數人願盡襄助之情請派員與丁參贊協商詳細辦法等因當經本部札行游美學務處核復去後茲據復稱查選送女學生赴美游學本處原有此意祇以合格學生一時難得故未實行茲

嘉大臣函稱願盡襄助之情甚爲感荷一俟詳定章程選擇得人即可派送惟此次所送男生不久即屆出洋女生尚待選定恐難一同派送等因相應函復

貴署大臣查照可也此佈順頌

日祉

堂銜

宣統三年六月　日

二〇九

遊美學務處謹

呈爲申請撥發經費事案查宣統三年第一次在美學務

經費前經奉撥在案現在本年第二次撥款又已届期並

准駐美監督電催自應續行請撥以資接濟查得此次應

發各款共計美金洋叁萬壹千肆百陸拾元應請飭下江

海關道由收回賠款項下照數撥出電滙交駐美監督領

收支用所有請撥辛亥年第二次在美學務經費緣由理

合開列清摺備文申呈

鈞部俯賜鑒核施行須至申呈者

計呈清摺一扣

右　申　呈

外　務　部

宣統三年六月初六日

附件

謹將辛亥年第二次請撥在美學務經費數目列左

俱按月照西歷計算

一第一次遣派學生四十七名三箇月學費每名每月金洋八十元係按大學各生辦法

共計金洋一萬一千二百八十元

一第二次遣派學生六十九名三箇月學費每名每月金洋八十元係按大學各生辦法

共計金洋一萬六千五百六十元

一監督一員三箇月薪水每月金洋二百元共計金洋六百元

一漢文書記一員三箇月薪水每月金洋八十元共計金洋二百四十元

一漢文書記一員三箇月薪水每月金洋五十元共計金洋一百五十元

一洋文書記一員三箇月薪水每月金洋七十元共計金洋二百一十元

一自費生薛錦標一名三箇月津貼共計金洋一百二十五元

一自費生祁玉麟一名三箇月津貼共計金洋一百二十五元

一使館學生高英 陳懋解 何鴻逵 鄒應崧 譚葆廉 周澤岐六名三箇月學費每名每月金洋八十元共計金洋一千四百四十元

一陸軍學生王廷榮 陶叔懋二名三箇月學費每名每月金洋八十元共計金洋四百八十元

一監督處三箇月公費共計金洋二百五十元

以上十一柱共計美金三萬一千四百六十元

二一〇

遊美學務處謹

呈為申呈事案查本處每年派送遊美學生應按經費數目酌定名額在清華學堂高等科學生中選送前經呈明在案現由本處按照經費數目考錄清華學堂高等科學生六十三名以充是選經該學堂造具清册咨送前來本處覆核無異除將派員護送出洋情形另行申報外所有本年考錄派送遊美學生姓名年齡籍貫清摺理合備文

申呈

鈞部俯賜鑒核備案須至申呈者

右　　申　　呈　附清摺一扣

外　務　部

宣　統　三　年　六　月　十　二　日

附件

第三次遣派遊美學生姓名年歲籍貫清摺

黃國棟年十九歲福建同安縣人、
周明玉年二十歲浙江鎮海縣人、
張福運年二十歲山東福山縣人、
司徒堯年二十歲廣東開平縣人、
吳　憲年二十一歲福建侯官縣人、

顧宗林年十九歲浙江上虞縣人、
江山壽年二十歲江蘇嘉定縣人、
高大綱年二十歲浙江仁和縣人、
朱起蟄年二十歲浙江錢塘縣人、
陳德芬年二十歲浙江嘉善縣人、
張貽志年二十歲安徽全椒縣人、

衛挺生年十九歲湖北棗陽縣人、
周倫元年二十歲浙江鄞縣人、
史　宣年二十歲廣東番禺縣人、
姜蔣佐年二十一歲浙江平陽縣人、
張傳薪年十九歲福建邵武縣人、
吳　康年二十歲江蘇吳縣人、

譚其蓁年十八歲四川滎經縣人、
黃明道年二十一歲廣東香山縣人、
陳長蘅年二十一歲四川榮昌縣人、
劉崇勤年二十一歲福建閩縣人、
陳承栻年二十一歲福建閩縣人、
徐　青年二十歲江蘇金匱縣人、

鮑錫藩年二十歲浙江歸安縣人、

崔有濂年十九歲安徽太平縣人、

鄭輔華年二十一歲福建永定縣人、

史譯宣年二十歲山東福山縣人、

龍　夷年十九歲四川榮縣人、

梅光迪年十九歲安徽宣城縣人、

楊光弼年十九歲直隸天津縣人、

孫繼丁年二十一歲山東蓬萊縣人、

陳明壽年二十一歲江蘇元和縣人、

胡博淵年二十一歲江蘇陽湖縣人、

宋建勳年二十歲福建莆田縣人、

羅邦杰年十九歲江蘇上海縣人、

顧惟精年二十歲江蘇無錫縣人、

楊孝述年二十一歲江蘇華亭縣人、

裘維瑩年十九歲江蘇金匱縣人、

何慶曾年二十一歲廣東順德縣人、

陸鴻棠年二十歲江蘇上海縣人、

黃宗發年二十一歲安徽無為縣人、

柴春霖年十九歲甘肅臯蘭縣人、

徐仁錆年二十一歲江蘇宜興縣人、

鍾心煊年十九歲江西南昌縣人、

嚴　昉年二十歲浙江烏程縣人、

王　謨年二十一歲福建閩縣人、

邱崇彥年二十一歲浙江諸暨縣人、

趙文銳年二十一歲浙江嵊縣人、

王　賡年十六歲江蘇金匱縣人、

孫學悟年二十歲山東文登縣人、

蔡　翔年二十歲湖北漢川縣人、

陸懋德年二十一歲浙江會稽縣人、

梁基泰年二十歲廣東番禺縣人、

虞振鏞年二十歲浙江慈溪縣人、

費宗藩年二十歲江蘇震澤縣人、

陳嘉勲年二十一歲湖南湘陰縣人、

梁杜蘅年二十歲廣東三水縣人、

許彥藩年二十歲浙江秀水縣人、

鄧宗瀛年十九歲貴州貴筑縣人、

章元善年二十歲江蘇長洲縣人、

陸守經年二十歲江蘇青浦縣人、

甘純啟年十五歲江蘇嘉定縣人、

張景芬年二十歲福建永定縣人、

二一一

呈

遊美學務處謹

呈爲申呈事案查清華學堂章程内開凡取入本學堂之

新生均先試業一學期甄别去留又本學堂開設之初擇

肄業高等之學生學行優美者按照經費數目酌定名額

咨送遊學等因均經呈明奏定在案現由本處遵照定章

於本年五月二十三日至二十六日舉行中等科甄别考

試取定留堂學生二百七十四名不及格而退學者二十三名假滿未到開除者三名二十七日至六月初二日舉行高等科考試學科計十四門一中文論說二中國歷史三中國地理四英文論說五英文法六修辭學七文學史八代數九幾何十三角十一物理化學十二世界歷史英史美史十三植物學動物學地文學十四德文法文拉丁文各科試卷經

鈞部派員認真校閱評定分數覈以平時品行學業積分嚴定去取查照本年經費數目取定遊美學生六十三名成績稍次仍留本堂肄業者五十五名不及格而退學者八名假滿未到開除者四名除將取定送美遊學各生姓名另文呈報外所有此次考試清華學堂中等高等兩科

學生情形及留堂退學各生姓名清摺理合備文申呈

鈞部俯賜鑒核備案須至申呈者

右　申　呈　附清摺一件　考試高等科中西題紙一分

外務部

宣統三年六月十一日

附件一

謹將高等中等兩科留堂退學各生姓名列左

高等科留堂學生五十五名

楊　哲　張承隆　全劍英　倪徵暘　沈德先
何　穆　黄材勳　吴貽榘　陳榮鼎　楊炳勛
周中砥　嚴宏楧　吴大昌　陳　藩　戴芳瀾
薛次功　許世箴　錢治瀾　李盛璲　陸鳳書
周文勳　卓文悦　韓作辛　李叔雲　朱　禧
楊丙吉　楊伯燾　胡仕鴻　何運煌　原廷楨
凌啟鴻　樂森璧　宋慶瑞　趙　毅　魯邦瞻
廖慰慈　朱德展　戈　中　何傳騮　趙喜森
陸貴堉　彭嘉滋　沈寶潔　廖　烈　王景賢
陸貴堭　阮寶江　謝維麟　程宗陽

以上四十九名應留堂補習一年再行考驗擇品學較優者送美遊學

張行恆　黄衍鈞　劉乃予　鮑錫瓚　劉天成
唐天民

以上六名應留堂補習二年再行考驗擇品學較優者送美遊學

高等科退學學生十二名

李祿驥　李祖光　卓榮思　郭尚賢　徐　震
朱　銘　葉其菁　程紹伊　王元懋（假滿不到開除）　胡明堂（假滿不到開除）
陸品琳（假滿不到開除）　車志城（假滿不到開除）

中等科留堂學生二百七十四名

唐宗慈　童錫祥　張松齡　顧　鏞　王代煦

曹明鑾 盧默生 陳學澧 藍 芬 張志讓
劉 莊 唐仰虞 曹 傑 陳汝弼 吳曾愈
王室藩 何幼强 章 寅 白敦庸 劉孝頤
張 保 林貴鈺 吳新炳 王榮吉 顧穀成
劉 樸 傅定元 吳 宓 王善佺 吳曾禕
楊育先 朱 翰 朱調孫 黄秉禮 胡光麃

余箕傳 潘作仁 龔嗣修 陳兆蕃 李權時
曾繁暾 孫挽瀾 汪心渠 朱延壽 謝寶添
徐孝聯 邱正倫 陳家英 李汝祺 姜家漢
陳 達 孔慶顏 張廣輿 孫家璽 江秀炳
湯承梯 鍾慕縣 孫克基 鄭允清 施濟元
喬萬選 郭景汾 李郭舟 朱斌魁 劉振綱

朱士式 葉馨吕 程其保 王道立 劉季辰
張星垣 瞿國春 湯用彤 凌其峻 朱 礪
曹 棣 陳雪芳 朱肇祥 吳士棻 蔡 雄
李祥亨 葉鴻春 向哲濬 吳樹勛 麥佐衡
侯家源 金熙章 曾廣騑 龔理清 馬鍾彝
黄賢渭 張鬯甫 李順井 范瀚增 楊慶瓊

燕春臺 潘家洵 薛學潛 陳長桐 脱秉經
朱世昀 胡慶勳 陸 明 許楚濤 嚴絨華
鄒 榮 曹 彬 鄢 明 吳際泰 林振彬
梁幹廈 羅經綬 郭希棠 阮尚中 彭堯祥
黄季巖 潘步亮 孫 瑙 俞 檝 余澤蘭
龔 毅 葉國士 陳崇法 趙學海 楊承訓

林志轍 黄宗渠 孫延中 王楮丞 張廷玉
劉樹墉 全宸棟 張道宏 朱朝禹 湯承佑
朱丙炎 劉崇鋐 李四平 朱鳳美 繆 穆
余榮震 陸燮鈞 汪泰基 田文錦 張烈綱
陳宏振 黄 勤 張幹臣 奚 倫 李萃林
陳世楨 潘封營 楊紹曾 孫浩煊 陳佐鏇

李恩科 王 度 熊正瑾 華 通 唐文愷
徐 棫 薛學海 王祖廉 黄叔巍 徐 驤
楊克念 張時行 杜 卿 梁上彬 譚葆壽
冒景瑋 畢近斗 張 堅 張子厚 郭宗汾
張 瑜 余和春 榮 和 鄒應歡 徐 梁
榮 詔 嚴 琥 錢沛猷 李 達 吴方吉

李宏甫 沈光苾 夏循墫 華 灼 徐世良
郁錫藩 魏祖壽 朱 彬 許震宙 陳飛鵬
陳烈勳 鄭步青 沈鵬飛 陶毓騏 但 偉
趙滋栯 夏安修 傅 玠 商承恩 温祖蔭
鄧立齋 李 棻 俞 桜 許善初 宋仁静
蒲遹轂 鍾 培 羅清生 王培深 石 金

方頤樸 楊頤桂 曾以錕 盧壽潵 趙 深
楊 洋 李家鳳 樓光來 林志敦 曹 綎
吴 鋆 汪景熙 梁承廈 劉紹昆 秦文薌
董修甲 周增禄 歐陽勵 郭應鍾 陳 禮
邵曾蔭 楊士孝 朱 滑 嚴繼光 袁 琬
孫建中 楊興亰 劉 和 聶方岳 白乃進

陳伯英　蔣祖烈　徐篤恭　崔學攸　馮應麒

黄喬秋　程樹仁　林志軾　陳熹　梁定蔚

何錫瑶　關頌韜　張策　張圖瀛　陶讜

吴偉　謝欣榮　宗植心　盧應祥　鍾孟雄

姚鎣　關祖光　陳蘇孫　趙明煦　梁定吴

耿嘉基　伊克坦　丁尚有　許元方

中等科退學學生二十六名

陸以達　楊殿甲　孫士愷　潘作鑄　王志蘭

李承先　范文增　裘智濬　張桂齡　范定國

方定　張天祥　廷康　張師謹　金邦直

黄友聲　楊鐸　悦祺　陳繩穀　袁雲錦

周寬　麥裕駒　袁慧炘　蘇志猷（假滿不到開除）　柯昌清（假滿不到開除）

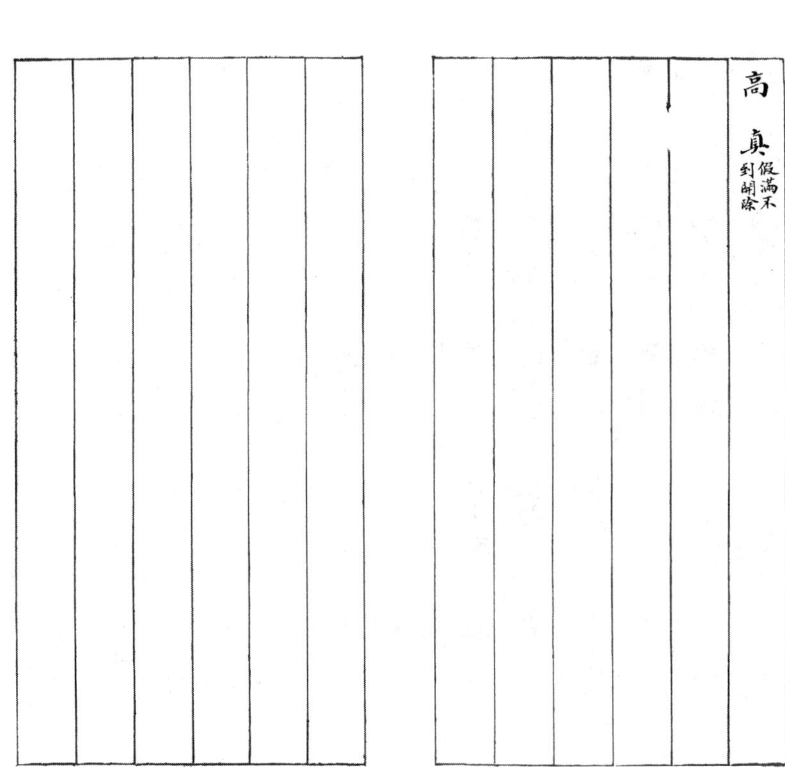

高真（假滿不到開除）

附件二

中文論説題初二日下午一鐘半至四鐘半

大學脩齊治平必推本於正心誠意而始於格物致知説

中國地理題初二日十鐘至十二鐘

(一)我國地勢可分爲山嶽邱陵平原沙漠四部何地屬於何部試列舉以對

(二)詳記松花江之源流及其沿岸要地

(三)我國何地今歸他國租借其期限爲若干年

(四)牛莊芝罘兩埠商務素盛近時何以日衰試詳其故

(五)西藏之政治宗教產業交通其情形若何試分述之

以上五題須全作

中國歷史題初二日八鐘至十鐘

(一)漢代封建郡縣制度之大要

(二)三國分立時之重要人物及其最著之事業

(三)唐代六都護府其所轄爲今何地

(四)張居正之相業

(五)英法聯軍入寇之始末

以上五題須全作

附件三

ENGLISH GRAMMAR.

1. What kinds of words or combinations of words can be used as substitutes for a noun? Examples.
2. Mention the principal kinds of adjectives and explain their uses.
3. What are the two distinct uses of "who" and "which"? Examples.
4. Conjugate the verb "to need" for the present, past and future tenses in the active voice.
5. What are interrogative adverbs and how are they used? Examples.
6. Define a preposition. What may be used as its objects?
7. Mention the four kinds of Co-ordinative conjunctions, with two examples of each.
8. Name the interjections denoting joy, grief, approval, attention, contempt and doubt.
9. Analyse the following sentence:-

   The merchant having much property to sell caused all his goods to be conveyed on camels, there being no railway in that particular part of the country.
10. Combine the following into a simple sentence:-

    Henry was fond of his children. This was one strong point in his character. His fondness for learning was another strong point. In other respects his character was devoid of any commendable qualities.

VVVVVVVVVVVVVVVVVV

27th day of 5th Moon, 3rd year of Hsuantung. (June 23, 1911).

SUBJECTS FOR ENGLISH COMPOSITION (Time 2 hours)

(27th day of 5th Moon, 3rd year. June 21, 1911.)

1. The Anti-opium Crusade in China.

2. The Nationalization of Chinese Railways.

3. Confucius.

4. Difficulties of the English Language.

RHETORIC

Time one hour.

(June 23, 1911. 27th day of 5th Moon, 3rd year.)

1. Construct some examples to illustrate the rule that words used in composition should have exactness of meaning.
2. What is a climax? a double negative? a euphemism? a mixed metaphor? a simile? Examples.
3. Point out the differences between the uses of will and shall.
4. How is force imparted to style?
5. What are the various kinds of sentences? State rules denoting their general uses.
6. Explain narration, exposition, description and argumentation.
7. What are the principal uses of the comma, the colon and the dash?

Answer 6 of the above questions.

ENGLISH LITERATURE

Time one hour.

23rd day of June, 1911. 27th day of the 5th Moon, 3rd year of Hsuantung.

1. Write briefly on the life of William Shakespeare. What are the titles of his principal tragedies?
2. Who was Joseph Addison? What are his best known writings?
3. Who wrote the Waverly Novels? What do you know of Robert Burns?
4. Who are the great historians of England? Mention what they wrote.
5. Who was the greatest poet of the Victorian era? State the titles of his most famous poems.
6. Who is your favorite English author? Give reasons.

VVVVVVVVVVVVVVVVVVVVV

ALGEBRA (Time 3 hours).

(28th day of 5th Moon, 3rd year of Hsuantung. June 24/11

1. Find the cube root of 123 to five places of decimals by binomial theorem.
2. Find the sum of ten terms of an arithmetical progression whose first term is M and whose second term is N.
3. Solve: $\frac{X - 8}{X - 10} + \frac{X - 4}{X - 6} = \frac{X - 5}{X - 7} + \frac{X - 7}{X - 9}$.
4. Solve the following equations simultaneously:

   $\frac{1}{X} - \frac{1}{Y} = \frac{1}{3}$, $\frac{1}{X^2} + \frac{1}{Y^2} = \frac{5}{9}$.
5. Expand $(1 + X)^{-3}$ into four terms by the binomial theorem.
6. Resolve into six factors:

   $a^9 - 64 a^6 - a^3 + 64$.
7. A train travelled a certain distance at a uniform rate. Had the speed been 6 miles an hour more the journey would have been occupied four hours less and had the speed been six miles an hour less, the journey would have occupied six hours more. Find the distance.

PLANE TRIGONOMETRY (one hour)

(28th day of 5th Moon, 3rd year of Hsuantung. June 24,11.)

1. If X and Y are positive angles whose sum is less than 90^0 prove from a figure that

$$\sin(x+y) = \sin x \times \cos y + \cos x \times \sin y$$

$$\cos(x+y) = \cos x \times \cos y - \sin x \times \sin y.$$

2. Prove :

$$\sin 2x = \frac{2 \tan x}{1 + \tan^2 x}.$$

3. Simplify the expression $a \cos(90^0 - x) + b \cos(90^0 + x)$.

4. Prove that in any plane triangle,

$$a^2 = b^2 + c^2 - 2bc \operatorname{Cos} a.$$

LATIN (Time 2 to 5 p.m.)

28th day of 5th Moon, 3rd Year of Hsuantung. June 24, 1911.)

1. What is inflexion and what are the two kinds of inflexion? Examples.

2. Decline together/ superba regina, magister aeger, leo, exercitus, and fides.

3. What conjugation, mood, voice, tense, number and person do the following verbs indicate:

   deleverant, capiemus, emito, audiveram, amarentur.

4. What are deponent verbs? Give the principal parts of hortor.

5. Translate into English:

   Leo magnus dormiebat in silva: prope ludebant mures et incaute unus nasum leonis tetigit (touch). Leo experrectus (arouse) murem corripit. Tum mus oravit eum: Da mihi veniam, gratus tibi ero. Leo multum ridens respondet O misera bestiola, quid tu mihi proderis? Sed ignoscam tibi et dimittam te, nam leones sunt generosi. Effuge (scamper). Mus effugit. Pauls post leo, praedam quaerens, inciderat in laqueos. Fremebat maxime. Cito mus, qui fremitum audiverat, accurrit. Acutis dentibus laqueorum nodos rodit et laqueos solvit. En, parvus mus summo periculo biberat magnum Conem.

6. Trnaslate into Latin: A runaway ass finds the skin of a lion in a forest. He arrays himself with (induo) the skin and was frightening the beasts and people as if he were a lion. The country people hide themselves in their villages and the wolves, bears, stags, horses, sheep, all the beasts seek safety in flight. After he has run wild (saevio) in this manner for a long time through the fields, at length his master comes.

VVVVVVVVVVVVVVVVVVVV

GEOMETRY. (Time 2 hours)

(28th day of 5th Moon, 3rd year of Hsuantung. June 24, 1911).

1. Prove:

   The sum of the three angles of a triangle is equal to two right angles.

2. Prove:

   The lines joining the middle points of the sides of a triangle divide the triangle into four equal triangles.

3. Show how to inscribe a circle in a given triangle.

4. The base of a triangle is 32 feet, its altitude is 20 feet, what is the area of the triangle cut off by drawing a line parallel to the base and at a distance of 15 feet from the base.

5. Prove:

   The sum of any two face angles of a trihedral angle is greater than the third face angle.

6. Prove: The volume of a triangular pyramid is equal to one third of the product of its base and altitude.

7. A right circular cone whose altitude is 12 feet, and the radius of whose base is 9 feet, is cut by a plane 4 feet from and parallel to the base; find the lateral surface and the volume of the frustum thus formed.

8. What is a great circle of sphere, a small circle of a sphere and the axis of a circle of a sphere?

ELEMENTARY PHYSICS (Time 2 hours)

1st day of 6th Moon, 3rd year of Hsuantung. 26th June, 1911).

1. A 50 gram weight attached to one end of a uniform rod 120 cm. long causes it to balance about a point 20 cm. from that end. Find the weight of the rod.

2. With what velocity must a ball be shot upward to rise to the height of 180 meters.

3. If two forces of 1200 pounds each acting on a point at an angle of 60°, find their resultant in two ways.

4. (a) Explain the construction and uses of a mercurial thermometer.

   (b) Define absolute temperature.

5. (a) Discuss the theory of magnetism.

   (b) Explain two methods for magnetizing a piece of steel.

6. If the pressure to which 10 c.c. of air is subjected changes from 76 cm. to 40 cm., the temperature remaining constant, what does its volume become?

7. (a) Define heat of fusion and heat of vaporization.

   (b) If water were like gold, in contracting on solidification, what would happen to lakes and rivers during a cold winter. Why?

8. State the law of reflection and the law of refraction.

CHEMISTRY (Time 3 hours)

1st day of 6th Moon, 3 rd year of Hsuantung. June 26,1911.)

1. Write out the following reactions:-

    (a) $Cr_2 (So_4)_3 + 3 Na_2 Co_3 + 3 H_2 O$,

    (b) $2 Na Br + Mn O_2 + 2 H_2 SO_4$,

    (c) $Ca (OCl)_2 + H_2O + Co_2$

2. Give an account of the properties of chlorine, sulphur and oxygen. How may chlorine be obtained from manganese dioxide and bleaching powder?

3. What weight of sulphur in hydrosulphide must be used in changing copper oxide into copper sulphide if copper sulphide has required 7 grams of hydrogen for the process? (H=2 ; S=32.06).

4. Give the Atomic theory, and the laws of definite and multiple proportions.

5. In bleaching describe the manner in which the bleaching powder is aided by the carbonic acid of the air so as to change the substance to colorless.

6. What are the constituents of the air? Why is air essential to both plants and animals?

7. It has been shown that chlorine, bromine and iodine are very similar elements. How can you find out the close atomic weight of bromine when the atomic weights of chlorine and iodine are known? (chlorine=35.45, iodine= 126.85).

8. Define and illustrate base, reversible reaction, electrolyte, nascent state, dibasic acid.

VVVVVVVVVVVVVVVV

GENERAL HISTORY (Time 2 hours).

1st day of 6th Moon, 3rd year of Hsuantung. June 26,1911.)

1. Name some of the most prominent Greek philosophers and tell briefly what they each taught; special attention should be paid to Greek contributions to the physical sciences.

2. What do you understand by the "Laws of the Twelve Tables "? Describe the Roman family under the provisions of these Laws.

3. What are the three chief elements of European civilization? Tell briefly what did each contribute to modern civilization?

4. State in what realms parallels may be sought in the character of the 16th and the 19th century.

5. What are the chief provisions of the Peace of Westphalia? What war did it bring to an end and in what way did it influence universal history?

6. What are the causes and what are the chief results of the French Revolution?

7. What did Peter the Great do to effect reform in Russia? What reforms did he introduce into his country?

8. Describe briefly the most important commercial routes in the Middle Ages.

9, When was the modern German Confederation formed? What had furthered and what had retarded the formation of the union?

10, Describe briefly the life and work of Metternich.

ENGLISH HISTORY (Time 2 hours)

1st day of 6th Monn, 3rd year. June 26, 1911.)

1. Trace the effects of the Crusades on English History.

2. What were the chief elements of strength possessed by King John in his struggle with the Pope, the English Church, and the Barons?

3. Do you consider that the physical Conformation of England has been of historical importance? Why?

4. What points have been from time to time occupied by England and other powers to secure their road to India? Give a brief account of the fortunes of each.

5. Describe briefly the present organization of the British Government, How do the three divisions of the political power work under this system?

6. What is the Habeas Corpus Act? When was it passed? What was the original intention of passing it and what has it secured to the British people?

7. State briefly the struggle between Charles I and the Long Parliament. What great events did it lead to?

8. The Veto Bill is at present engaging the mind of the British nation. What historical bearing has the Bill with the House of Lords?

9. What were the effects, both political and economical, of the Wars of Roses?

10. What do you understand by the Reform Bill of 1832? What great changes have been brought about by that Act?

VVVVVVVVVVVVVVVV

HISTORY OF THE UNITED STATES OF AMERICA.

(Time 2 hours. 1st day of 6th Moon, 3rd year. June 26, 1911.)

1. When, where and by whom was the first colony sent to North America? What happened to this colony?

2. Describe briefly the Town system in New England.

3. What were the principal provisions of the Stamp Act of 1765? Was it favorably received in America?

4. What led the Continental Congress to issue paper currency during the War of Independence? Was this a wise scheme? Why?

5. It has been asserted that during the American Revolution, "the foreign aid did the Americans a real harm." Can you find any justification for this statement?

6. What do you understand by the Monroe Doctrine? When and by whom was it first adopted? What effect has it on American diplomacy?

7. What do you know about the following personages in American History? Ulysses Simpson Grant, Thomas Jefferson, Abraham Lincoln, Philip H. Sheridan, and John Jones?

8. What are the relations of the States to the American Nation? Have the States the right to secede? How has this question been settled?

9. What led the Americans to wage war against Spain? What has America gained by the War?

10. What do you know about the Burlingame Treaty? Compare the rights granted by that Treaty to Chinese emigrants and the subsequent American legislations relating to them.

GERMAN (Time 1 hour)

1st day of 6th Moon, 3rd year of Hsuantung. June 26, 1911.)

1. Trnaslate into English:-

Ein reicher Jüngling zu Rom hatte krank gelegen an einem schweren Übel;endlich genas er und werd gesund. Da ging er zum ersten Male hinaus in den Garten und war wie neugeboren und voll Freud und lobte Gott mit lauter Stimme. Und er wandte sein Antlitz gen Himmel und sprach: "O du Allgenungsamer, konnteein Mensch dir etwas vergrgelten, wie gen wollte ich alle meine Habe geben.!" Solches horte Hermas, genannt der Hirte, und sprach zu dem reichen Jünglinge:"Von oben kommt die gute Gabe; dahin vermagst du nichts zu senden. Komm, folge mir! "

2. Translate into German:-

He is a good man, but no great poet. What you say gives me great pleasure. I am four years older than you. Three times nine is twenty-seven. They do not know each other. I give you the best I have. Of what are you speaking? The child would have died if I had not come. She will not be able to go this evening. I find myself again at home. Germany is a land of music. Good morning, doctor. How do you do this morning? America was discovered by Columbus. He is not as rich as you. He speaks German well. Pay attention. To speak German we must think in German. May he succeed! Children like to play. Leave me alone.

3. Decline in full, singular and plural, the German equivalents for: A tree, my brother, the good soul.
4. What are the reflexive and intensive pronouns in German? Give an example of each.
5. Give the principal parts of the following verbs: denken, wenden, baren, bitten, fressen, halten, laden, lugen, schlafen, sprechen, werden.
   Conjugate folgen in the present and perfect conditional, mogen in the present, perfect and future subjunctive; and haben in all the tenses indicative.

VVVVVVVVVVVVVVVVVVV

FRENCH (Time 1 hour).
2st day of 6th Moon, 3rd year. June 26, 1911.)

1. What is a nasal vowel? How many separate nasal vowel sounds in French? Separate the nasal vowel sounds in the following words: Quand, Orient, temps, emprunter, tombre, enfant, ombre patience, banquet, pente, femme, humble, jeun, maintenant.

2. Give the principal parts of tho following verbs: sentir, offrir, lire, craindre, mettre.

   Conjugate in the simple tenses aller, dire, recevoir.

3. How do the adjectives form their plurals and feminines? Illustrate with examples.

   Compare beau, bon, mauvais, mal, beaucoup.

4. Translate into French: Do you know French? To speak French we must think in French? Pay attention. The price of this book is five dollars. He is as rich as you. Is she good? She is. What you say is true. Which of these boys do you speak of? Do not make fun (moquer) of other people. America was discovered by Christopher Columbus. I have only one desire, that of being happy. The more contented one is the happier one is. It is the best I can do. May he succeed! She raised her hands. Children like to play. I heard my brother say that he will come. Leave me alone.

5. Translate into English: La cour était au chateau de Madrid.

   La reine mere entouree de ses dames, attendait dans sa chambre que le roi vint dejeuner avec elle avant de monter a cheval; et le roi, suivides princes, traversait lentement une galerie ou se tenaient tous les hommes qui devaient l'accompagner a la chasse. Il ecoutait avec distraction les phrases qui adressaient les courtisans, et leur repondait souvent avec brusquerie. Quand il passa devant les deux freres, le capitaine flechit le genou, et presenta le nouveau cornette. Mergy, s'inclinant profondement, remercia Sa Majeste de l'honneur qu'il venait d'en recevoir avant de l'avoir merito.

VVVVVVVVVVVVVVVVVVVVVV

ELEMENTARY PHYSICS (Time 2 hours)

1st day of 6th Moon, 3rd year of Hsuantung. 26th June, 1911).

1. A 30 gram weight attached to one end of a uniform rod 120 cm. long causes it to balance about a point 20 cm. from that end. Find the weight of the rod.

2. With what velocity must a ball be shot upward to rise to the height of 180 meters.

3. If two forces of 1200 pounds each acting on a point at an angle of 60°, find their resultant in two ways.

4. (a) Explain the construction and uses of a mercurial thermometer.

   (b) Define absolute temperature.

5. (a) Discuss the theory of magnetism.

   (b) Explain two methods for magnetizing a piece of steel.

6. If the pressure to which 10 c.c. of air is subjected changes from 76 cm. to 40 cm., the temperature remaining constant, what does its volume become?

7. (a) Define heat of fusion and heat of vaporization.

   (b) If water were like gold, in contracting on solidification, what would happen to lakes and rivers during a cold winter. Why?

8. State the law of reflection and the law of refraction.

VVVVVVVVVVVVVVVVVVVV

ZOOLOGY(Time 1 hour)

1st day of 6th Moon, 3rd year. June 26, 1911.)

1. Give a general classification of animals. Describe the differences which usually exist between animals, plants and minerals.

2. Describe the process of digestion in man.

3. What is ruminating or chewing the cud? Mention some of the principal ruminants and their services to man.

4. What are aerial and aquatic animals? Give examples.

5. Is a bat a mammal or a bird? State reason for your answer.

6. How do you distinguish reptiles, amphibians and fishes? Give examples.

7. What characterises Reptiles? Can you name and give examples of the four orders of reptiles?

8. Is the whale a fish or a mammal? State reasons for your answer.

9. Describe the metamorphesis of the frog.

10. Describe the sponge.

(Answer 6 of the above 10 questions).

VVVVVVVVVVVVVVVV

BOTANY (Time 1 hour)

1st day of 6th Moon, 3rd year. June 26, 1911.)

1. What are organs of nutrition and organs of reproduction?

   Describe the respective function of the nutritive organs.

2. In what different forms the root can take?

3. Describe the germination of a bean.

4. What do the terms adhesion, cohesion and suppression denote in botany?

5. Mention the differences between dicotyledons and monocotyledons.

   How do you distinguish angiesperms from gymnesperms.

6. What are simple and compound leaves? Illustrate.

7. Describe briefly the seed.

8. How do you account for the green colouring of a plant?

9. Describe the circulation of fluids through the tissues(diffusion).

10. Mention the state of cohesion and adhesion of the different parts of the buttercup flower.

(Answer six of the above ten questions).

VVVVVVVVVVVVVVVV

Describe the respective function of the nutritive organs.

PHYSIOGRAPHY (Time 1 hour)

1st day of 6th Moon, 3rd year, June 26, 1911.)

1. What is the meaning of Geography? Define Mathematical or Astronomical Geography, Physical Geography, and Political and Commercial Geography.
2. What is an island? Distinguish the following terms: Group, Archipelago, Islet, Eyot, Peninsular, and Isthmus. Give examples.
3. Define the terms Cataract, Cascade, Rapid and Canal. What is meant by the term Watershed?
4. How do you account for the existence of Volcanoes?
5. Explain the existence of water wells in Peking.
6. Explain how rain is caused. Describe the relation of wet and dry mountain shopes to the trade winds.
7. What is a Cloudburst? A Rainbow? A Tornado? A Waterspout? How are they formed?
8. How are tides formed? What is a bore?
9. Describe a Glacier of the Alpine type. What are Terminal and Medial Moraines?
10. Describe the movement of waves and their action on the lands.

(Answer 6 of the above 10 questions).

VVVVVVVVVVVVVVVV

二一二

外務部

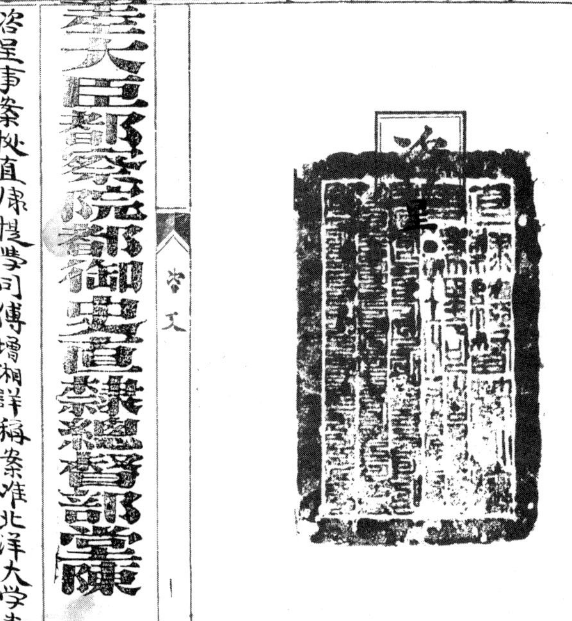

咨文

欽差大臣都察院都御史直隸總督部堂陳　為

咨呈事案拠直隸提學司傅增湘詳稱案准北洋大学堂咨稱案拠北洋

大學堂土木工採鑛冶金兩乙班畢業學生朱焜郭春剛楊卓鈕翔青酈

英傑梁朝玉詹宗錫等呈稱窃生等在堂肄業有年宣統二年年假畢業本年蒙

學部考試均吞列優等伏思生等分科雖已畢業究應派赴外洋加習二三年实

用方有把握北洋向有定章留美学額数十名遇有缺出應選北洋大学堂之

優等[illegible]優等之土木工採鑛冶金兩甲班畢

業学生業由北洋派員帶赴美現值續派生等之期側聞本年續派
經費無著須俟籌有的款再行派送之輾轉設法勢必延誤本年美國開
学之期生等又須俟一年光陰虛擲最為可惜生等在京聞留美學務
處本年應派學生尚有數額可補伏乞咨明學司詳請督憲咨商
外務部將生等酌選數名并入本年派充留美学生之額在
外務部同一培植人材必無畛域之成見而生等之受賜多矣抑生等更有
請者本年北洋籌款未定嗣後必有妥善辦法當不至久懸無著將來北
洋大学堂之畢業生無須再援此例合併声明等因據此理合據情咨達
轉詳咨商
外務部為此合咨請煩迅速照轉施行等因准此理合備文詳請鑒核迅
賜轉咨查照實為公便等情到本大臣據此除批示據詳已悉仰候據情
轉咨
外務部核覆再行飭遵此繳等因印發外相應咨請
貴部請煩查照核覆飭遵施行須至咨者

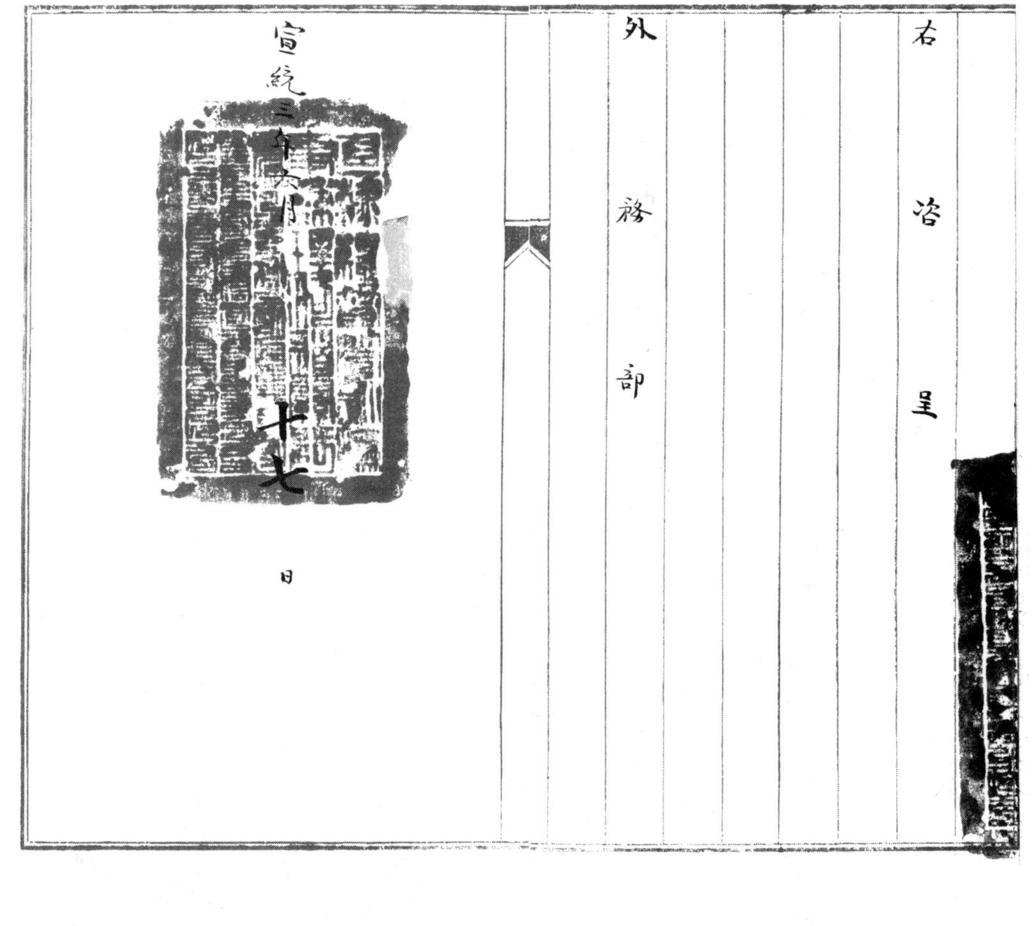

右咨呈

外務部

宣統三年六月十七日

二一三

札行游美學務處准内閣抄交陳善同奏請慎選高等實業專門最優等畢業生赴美就學一摺録旨鈔奏知照並核復由

外務部左侍郎胡　六月大日

外務部右侍郎曹　六月六日

考工司

呈爲札行事。宣統三年六月十五日准内閣交欽奉

諭旨：御史陳善同奏慎選高等實業專門最優等畢業生赴美就學等語，著該部知道。欽此。併將原奏鈔交前來，相應恭録

諭旨，鈔録原奏，札行游美學務處查照核辦，併聲復。

可也須至札者 附鈔件

右札游美學務處 准此

宣統三年六月 日

二一四

農工商部爲咨呈事宣統三年六月十五日由内閣鈔出御史陳善同奏請慎選高等實業專門最優等畢業生赴美國就學等語一片奉
硃批該部知道欽此欽遵到部查此案關係游學是否應由
貴部主稿會同學部暨本部辦理相應咨行查照見復可也須至咨者

右咨呈
外務部
宣統叁年陸月拾貳日

二一五

遊美學務處謹

呈爲申呈事本處考選第三次遊美學生情形前經呈明

在案查此項學生暨護送委員等現已定於本年閏六月

十三日乘坐波斯輪船由滬放洋除函知駐滬委員備齊

護照請駐滬美領事簽字外應請

鈞部照會駐京美公使並電知駐美欽使照會美外部轉

飭税關一體知照理合備文申請

鑒核施行須至申呈者

右　　申　　呈

外　　務　　部

宣統三年六月二十三日

二一六

函美韓署使第三次游美學生定於閏月十三日由滬放洋希轉達政府由

行 行

外務部左侍郎胡 六月 日

外務部右侍郎曹 六月 日

致美韓署使

逕啟者：據遊美學務處呈稱，第三次遊美學生暨護送委員等定於閏六月十三日乘坐波斯輪船由滬放洋等因，前來相應函達貴署大臣查照，即希轉達貴國政府可也。此布，順頌

日祉

全堂銜

宣統三年六月　日

二一七

遊美學務處謹

呈為申復事宣統三年六月二十五日接奉

劄開准北洋大臣咨稱據直隸提學司傅增湘詳准北洋大學堂咨稱據北洋大學堂土木工採礦冶金兩乙班畢業學生朱焜鄔養剛楊卓鈕翔青鄺英傑梁朝玉詹榮錫等呈稱生等於宣統二年年假畢業本年學部考試均列優等亟思派赴外洋加習二三年以資造就查北洋定章留美學額數十名遇有缺出應選北洋大學堂之優等畢業生補充去年部考優等之土木工採礦冶金兩甲班畢業學生業由北洋派定六名赴美現值續派生等之期聞本年續派經費無著俟籌有的款再行派定勢必延悞本年美國開學之時期生等守俟一年光陰可惜竊聞留美學務處本年應派學生尚有數額可補乞咨商外務部將生等酌選數名并入本年派充留美學生之額俟北洋籌

有的款將來北洋大學堂之畢業生即無須再援此例等因咨請查照核復前來所請是否可行相應劄行遊美學務處酌核聲復等因奉此查本處定章每年遣派學生赴美遊學應就本學堂高等班中選擇酌派北洋學生所請酌選數名并入本年派美學額之處礙難照辦所有遵劄核復緣由理合備文申呈

鈞部俯賜鑒核施行須至申復者

右　　申　　呈

外　　務　　部

宣統三年閏六月初伍日

二一八

遊美學務處謹

呈為申呈事本屆考選遊美學生等情前經呈報在案查此次學生遠涉重洋人數衆多自應查照向例派員護送以昭鄭重現已派委本處英文教員鍾文鰲英文文案譚輝章學生施贊元等護送前往定於閏六月十三日由滬放洋所有派員護送緣由理合申呈

鈞部鑒核備案須至申呈者

右　申　呈

外　務　部

宣統二年閏六月十二日

呈

遊美學務處謹

呈為申呈事案查本處擬添招清華學堂學生一百名查照上次考選學生辦法略予變通不分高等中等及第一二格名目考取之後視其年齡學力編入相當班次等情曾經呈明在案現已遵照定章於本年閏六月初十日舉行第一場考試學科計三門一國文二英文三代數應考

者約五百人取錄分數較優者一百六十名十六日至十八日續行第二三四場考試學科計十門一幾何二三角三物理四化學五本國歷史六外國歷史七地理八動植生理九地文地質十德文或法文各科試卷均經認真校閱評定分數并派西醫考驗體格務求强固計取錄編入高等科第三年級者九名編入高等科第二年級者二十四名編入高等科第一年級者三十八名編入中等科第五年級者二十四名編入中等科第四年級者五名合計一百名除申報
學部外所有此次考錄清華學堂學生緣由理合備文申
呈
大部俯賜察核備案須至申呈者

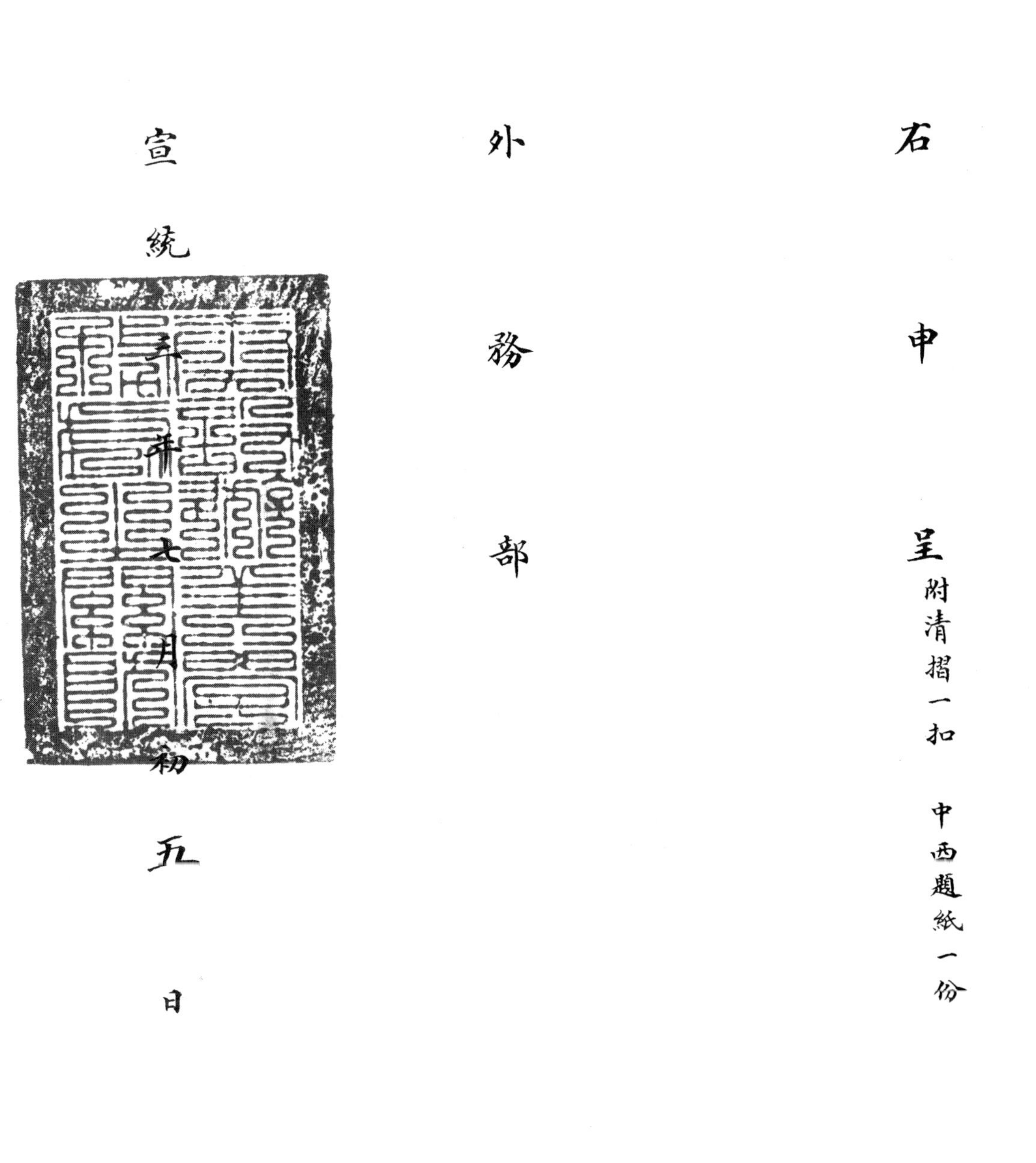

右申

呈附清摺一扣 中西題紙一分

外務部

宣統三年七月初五日

附件一

ENGLISH (Time 3 hours)

1. "The sky is changed!—and such a change! O night,
And storm, and darkness, ye are wondrous strong,
Yet lovely in your ~~strong~~ strength, as is the light
Of a dark eye in woman! Far along
From peak to peak, the rattling crags among,
Leaps the live thunder! Not from one lone cloud,
But every mountain now hath found a tongue,
And Jura answers through her misty shroud,
Back to the joyous Alps, who call to her aloud".

(a) What part of speech, & in what construction, is each of the words underlined?

(b) Point out & name two figures of speech in the passage quoted above.

(c) In a prose paragraph of about 100 words describe a thunder storm in the mountains.

2. Define & illustrate the meaning of the following:- Infinitive, Interjection, Clause, Capitalization, predicate.

3. Write an essay of about 300 words on "The Need of Currency Reform in China".

GEOMETRY

1. Any 2 sides of a triangle are together greater than the third side.

2. How many sides has a regular polygon if each exterior angle is 60°.

3. Angles in the same segment of a circle are equal.

4. The areas of similar polygons are proportional to the squares on the corresponding sides.

5. To find the locus of points from which the tangents drawn to 2 given circles are equal.

6. Draw a circle to touch a given circle & also to touch a given straight line at a given point.

7. In any triangle the middle points of the sides, the feet of the perpendiculars from the vertices to the opposite sides, & the middle points of the lines joining the orthocenter to the vertices are concyclic.

8. In a convex solid angle the sum of the face angles is less than 4 right angles.

9. The 4 lines which join the vertices of a tetrahedron to the centeroids of the opposite faces meet at a point which divides them in the ratio 3 : 1.

10. The sum of the angles of a spherical triangle is greater than 2 & less than 6 right angles.

PHYSICS

1. Define 5 of the following terms: acceleration, momentum, cohesion, heat of vaporization, principal focus, index of refraction.

2. A mass of 100 grams has an initial velocity of 500 centimeters per second. A retarding force of 5000 dynes acts on it. How long will it take the body to come to rest & how far will it travel?

3. Starting with the energy stored in coal, name & describe the successive forms through which this energy passes in being used to generate electricity.

4. 100 grams of ice at 0^0 C is mixed with 10 grams of steam at 100^0 C. Find the resulting temperature. Heat of fusion of ice = 80; heat of vaporization of water = 535.

5. Explain the process of vaporization on the kinetic theory. On what does the pressure of a saturated vapor depend?

6. Six batteries each of 2 volts E.M.F. & 3 ohms internal resistance are placed in series with a coil of 20 ohms resistance & a resistance consisting of 3 coils in parallel each of 30 ohms resistance. Find the current flowing through the circuit & find the potential difference across the terminals of one battery.

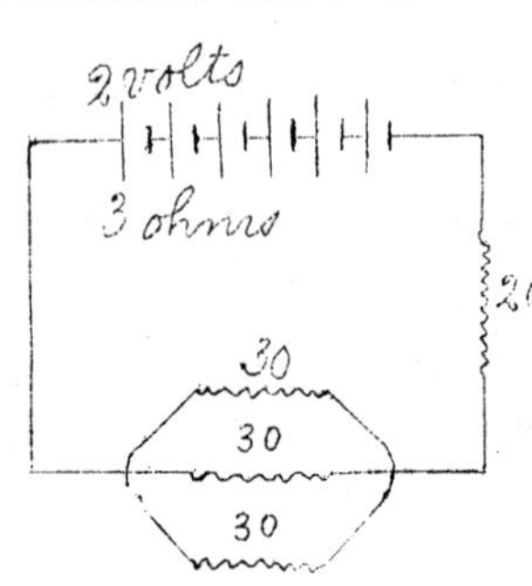

7. Explain in detail the Molecular Theory of Magnitism.

8. An object 40 centimeters in front of a convex lens produces an image 60 centimeters on the other side of the lens. Find the focal length of the lens & the relative size of image to object.

(answer 6 questions only)

CHEMISTRY

1.(a)Ice melts upon the application of heat, while wood chars. Explain briefly why one of these changes is regarded as chemical & one as physical.

(b)States & illustrate the Law of Definite Proportion.

(c)Define briefly the terms: reduction, neutralization. Give an illustration of each.

(d)Give at least two reasons for the belief that the oxygen & nitrogen of the atmosphere are not in chemical combination.

2. (a)Complete three of the following equations, using formulas:

iron + sulphuric acid =
zinc oxide + nitric acid =
calcium hydroxide + carbon dioxide =
marsh gas + oxygen (ignited) =
hydrogen sulphide + lead nitrate =

(b)Classify the compounds given below into: acids, bases, salts, anhydrides:

SO_3, $NaNO_3$, HBr, $Ba(OH)_2$, $CaSO_4$, P_2O_5, H_3BO_3, NH_4OH,

H_3PO_4, CO_2.

3.State, from personal experience, hpw carbon dioxide was prepared in the laboratory, & write the reaction involved. State two properties of carbon dioxide which were ascertained by experiment, & describe these experiments briefly. How may it be shown that carbon dioxide is one of the products of respiration?

4.How may hydrogen sulphide be prepared? State 3 of its properties. What products are formed when a jet of hydrogen sulphide burns in air? Give 2 characteristic properties of concentrated sulphuric acid, & 2 important uses to which this acid is put, explain its action upon wood.

5.Name 2 compounds of sodium which are commonly employed in the household, & give the uses of each.
What are the constituents of common gunpowder? What is the formula of caustic potash?

6.(a) What volume of oxygen, measured under standard conditions, will be evolved when 108 grams of mercuric oxide are decomposed by heating?

(b) What will be the volume of this oxygen at 770 mm. pressure and 27° C?

Atomic weights: Hg = 200, O = 16. Weight of 1 liter of oxygen under standard conditions is 1.43 grams.

GENERAL HISTORY

1. Describe the reforms of Clisthenes.

2. State the causes & results of the Peloponnesian War.

3. Write a short biographical sketch of:

(1) Julius Caesar.

(2) Marius.

4. Explain the meaning of the following expressions

(1) dictator

(2) patricians

(3) plebeians

(4) proscription

5. Give an account of the barbarian invasion of the early middle ages showing their effects.

6. What were Charlemagne's service to civilization?

7. Give the causes for the decay of feudalism.

8. What were the causes of the Protestant Revolt (Reformation)? Its results?

9. What were the chief characteristics of the reign of Queen Elizabeth?

10. Give the causes of the French Revolution.

ZOOLOGY (Time 1 hour)

1. What is protoplasm? Describe an amoeba.
2. What functions must an animal perform in order to be considered alive?
3. What are the essential differences between animals & plants.
4. Describe briefly the life history of the frog.
5. Classify the following animals: ~~ameoban~~ amoeba; hydra; earthworm; crayfish; frog; cat; hawk; mosquito; seal; ape; dog.
6. What is metabolism?
7. What do you understand by "fertilization of the ovum"?
8. How does respiration in fish differ from that in animals?

(answer any 5 of the above 8 questions)

VVVVVVVVVVVVVVVVVVVVVVVVVVV

BOTANY (Time 1 hour)

1. What are the main differences between dicotyledons & monocotyledons?
2. Under what conditions will the germination of seed take place?
3. What relation does plant life bear to animal life & how does vegetable life serve the animal economy?
4. What agencies in nature promote the distribution of plants?
5. How is the root of a plant protected from injury? What are its functions?
6. How does the circulation of fluids in plants take place? What do you understand by osmosis & diffusion in relation to plants?
7. To what is the green coloring of plants due?
8. What is cross fertilization? a hybrid? a sport?

(answer any 5 of the above 8 questions)

PHYSIOLOGY (Time 1 hour)

1. Outline the circulation of the blood in man.
2. Describe the process of digestion.
3. Name the 3 classes of ~~digestions~~ food elements.
4. Why is it necessary for students to take systematic physical exercises?
5. What do you understand by a reflex action?
6. How may a muscle be stimulated to contract? What is fatigue?
7. What functions do the following organs perform: liver; kidneys; pancreas?
8. Why is it necessary to take deep breaths of pure air? What element in the air is necessary to life? How is it taken up by the red blood cells?

(answer any 5 of the above 8 questions)

CCCCCCCCCCCCCCCCCCCCCCCCC

PHYSICAL GEOGRAPHY

1. Define each of the following & give the name & location of a particular example of each: canon, continental island, delta, glacial lake.

2. Describe the characteristics of a river in each of the following stages of its development: (a) youth, (b) maturity, (c) old age.

3. State the cause of monsoons & mention a region where they occur frequently.

4. Describe the conditions under which dew is produced.

5. Explain by the aid of a diagram the change of seasons.

GEOLOGY

1. Define each of the following: fiord, fossil, geode, metamorphism.

2. Mention & characterize 4 varieties of common igneous rocks.

3. Mention the agents of weathering. Describe the effects of weathering.

4. Account for the formation of salt lakes in two different ways.

5. Name two kinds of rock of organic origin & state from what organic remains each kind was formed.

6. What are terminal moraines? How are they formed? Give a notable example of a terminal moraine.

(answer any 5 of the above 6 questions)

Elementary German Examination.

1. Translate into idiomatic English:

"Harry, wache auf, es ist schon ein viertel neun! "

"Ach Fritz, ich bin noch so schläfrig. Heute ist doch Sountag!" Lass uns noch ein bisschen schlafen.

"Aber ich dachte du wolltest in die Kirche gehen, um eine deutsche Predigt anzuhören."

"Ja, das mochte ich auch, aber wir haben beinahe noch drei Stunden, nicht wahr?"

"Ach nein, Harry, hier fangt der Gottesdienst gewöhnlich um halb zehn an, und wir müssen spätestens zwanzig Minuten nach neun da sein, wenn wir Plätze bekommen wollen."

"Was sagst du? Das klinbt ja, als ob wir ins Theater gingen. Ist denn die Kirche immer voll?"

"Die unsrige immer! Wir haben einen prachtvollen Männer, und der prediger spricht auch sehr gut. solche schöne Musik und eine so gute Predigt hört man nur selten. Steh doch auf, wir müssen eilen."

2. Translate into German:
   1. The boy takes the book & lays it on the table.
   2. When the girl saw me she asked me whether I had seen her little brother.
   3. The children ran out of the house, through the garden, and into the woods.
   4. I should like to see the man who was at quarter past ten.
   5. What is the holding in her hand?

3. (a) Declime the following in the singular and plural:
   1. sein kleiner Sohn,
   2. dieser gute Vater.
   3. jene alte Frau,
   4. unser neues Haus.

   (b) Compare the following adjectives, giving the two forms of the superlative for each one : gut, hoch, nah, klein, jung, gross, breit.

4. (a) Give the principal parts of the following: gehen, reiten, fallen, schlafen, kommen, schon machen.

   (b) Conjugate <u>geben</u> and <u>loben</u> in the present & imperfect, indicative and subjunctive.

5. (a) Give a synopsis, third person singular, indicative & subjunctive, of: machen, fahren, werden, haben,

   (b) What is meant by (1) the "transposed order", (2) the "inverted order in a German sentence? Write a sentence in German in which the "normal order" is used; one in which the "inverted order" is used; one in which the "transposed order" is used.

Elementary French Examination.

1. Give the principal parts of the following verbs: aller, boire, dire, faire, lire, pouvoir, prendre, savoir, venir, voir.
2. Write with the definite article the singular and the plural of the following nouns: bird, eye, horse, knife, voice.
3. Translate:
   (1) Today it is hot, and we are going to the woods.
   (2) In the woods behind our house there are large trees and small ones.
   (3) Here is my friend; he lives in the country & has been here since yesterday.
   (4) I am going to see my uncle; I am going there by rail.
   (5) We are going to have some friends to dinner this evening, and I have bought some flowers to decorate the table.
   (6) My uncle and aunt are at our house. They arrived this morning.
   (7) They are going for a walk in the garden after breakfast.
   (8) Why do you not give me them? I am going to give you them at once.
   (9) While I was at church my brother was taking a walk on the mountain.
   (10) If the weather is fine, we shall go to-morrow.
   (11) The days of the week are: Sunday, Monday, Tuesday, Wednesday, Thursday, Friday, Saturday.
   (12) I like to read, but I cannot read this evening; I have no book.
   (13) Do you wish me to accompany you? No, I wish you to stay at home.
   (14) Find me my exercise-book, if you please. Find it for me.
   (15) If I had my books, I should prepare my lessons.
4. Translate:

Deux hommes étaient voisins, et chacun d'eux avait une femme et plusieurs petits enfants, et son seul travail pour les faire vivre.

Et l'un de ces deux hommes s'inquiétait en lui-même, distant: "Si je meurs ou que je tombe malade, que deviendront ma femme et mes enfants?"

Et cette pensée ne le quittait point, et elle rongeait son coeur comme un ver ronge le fruit où il est caché.

Or, bien que la même pensée fût venue également à l'autre père, il ne s'y était point arrêté; "car, disait-il, Dieu, qui connaît toutes ses créatures et qui veille sur elles, veillera aussi sur moi, et sur ma femme, et sur mes enfants."

Et celui-ci vivait tranquille, tandis que le premier ne goûtait pas un instant de repos ni de joie intérieurement.

附件二

國文題閏六月初十日

人有不爲而後可以有爲論

玩人喪德玩物喪志説

上開兩題任作一題爲完卷

中國歷史題

(一)趙武靈王胡服騎射以令百姓其功效若何

(二)漢武帝崇尚儒術不廢武功試言其要

(三)唐代三師三公係何官名職守若何有時無人則闕其官其命意安在

(四)唐時與外國互市海陸情形若何

(五)李忠定疏請宋高宗以漢之高光唐之太宗宋之藝祖太宗爲法可謂能責難於君者試詳其旨

五題全作爲完卷

地理題

(一)舊愛琿城在何處原設何官何年移駐他處移去後與今日生何種關係

(二)象山港大鵬灣分屬何省其港内形勢如何

(三)美利堅全國約分爲幾大區域每區域内地勢如何物產如何試述其略

(四)英吉利海軍根據地由歐至亞指臂相連試一一詳其所在

(五)巴拿馬運河開鑿之歷史如何將來於世界有何影響

五題全作爲完卷

附件三

Algebra (time 3 hours)

(1.) Shew that

$$\frac{(a+b)^3-c^3}{a+b-c}+\frac{(b+c)^3-a^3}{b+c-a}+\frac{(c+a)^3-b^3}{c+a-b}$$ is equal

to $2(a+b+c)^2+a^2+b^2+c^2$.

(2.) The united ages of a man and his ~~children~~ wife are 6 times the united ages of their children. Two years ago their united ages were 10 times the united ages of their children, and 6 years hence their united ages will be 3 times the united ages of their children. How many children have they?

(3) Solve

$$x(x+y+z)=6$$
$$y(x+y+z)=12$$
$$z(x+y+z)=18$$

(4) Solve

$$x^2+6\sqrt{x^2-2x+5}=11+2x$$

(5) Find the square root of

(I) $1-2^{2n+1}+4^{2n}$ (II) $9^n-2\cdot 6^n+4^n$

(6) Simplify (I) $\left(a^{1+\frac{q}{p-q}}\right)^{\frac{p}{p+q}} \div \sqrt{\frac{a^{2p}}{(a^{-1})^{p}}}$

(7) If $\frac{x+z}{y}=\frac{z}{x}=\frac{x}{z-y}$; determine the ratio

$x:y:z$

Trigonometry

(1) Prove $\tan\theta + \cot\theta = \sec\theta \operatorname{cosec}\theta$

(2) A ship which was lying $2\frac{1}{2}$ miles N. W. of a shore battery with an effective range of 14 miles, steers a straight course under cover of darkness until she is due N of the battery, and just out of range. In what direction does she steam?

(3) Prove $\tan(A+B) = \dfrac{\tan A + \tan B}{1 - \tan A \tan B}$

(4) If A, B, & C be the angles of a Triangle: prove
$\tan\frac{B}{2}\tan\frac{C}{2} + \tan\frac{C}{2}\tan\frac{A}{2} + \tan\frac{A}{2}\tan\frac{B}{2} = 1$

(5) Prove the law of sines: $\dfrac{a}{\sin A} = \dfrac{b}{\sin B} = \dfrac{c}{\sin C}$

(6) Prove the law of cosines: $a^2 = b^2 + c^2 - 2bc\cos A$

(7) The altitude of a rock is observed to be 47°; after walking 1000 ft. towards it up a slope inclined at 32° to the horizon the altitude is 77°. Find the vertical height of the rock above the first point of observation, given $\sin 47° = \cdot 731$

(8) Solve the equation

$$\tan^{-1}\frac{x-1}{x+1} + \tan^{-1}\frac{2x-1}{2x+1} = \tan^{-1}\frac{23}{36}$$

(9) If α, β, γ are angles, unequal & less than 2π, which satisfy the equation $\frac{a}{\cos\theta} + \frac{b}{\cos\theta} + c = 0$, prove that

$\sin(\alpha+\beta) + \sin(\beta+\gamma) + \sin(\gamma+\alpha) = 0$

(10) Find the sum of the series

$$\tan^{-1}\frac{x}{1+1\cdot 2x^2} + \tan^{-1}\frac{x}{1+2\cdot 3x^2} + \cdots + \tan^{-1}\frac{x}{1+n(n+1)x^2}$$

附件四

謹將遊美學務處取定清華學堂學生姓名年齡籍貫

開列於左

取錄編入高等科第三年級學生計九名

趙　訒年十八歲山東莒州人

鄭輔維年十八歲福建永定縣人

黄憲澄年十八歲廣東新寗縣人

葉玉良年十七歲廣東三水縣人

李寶鎏年十八歲廣東香山縣人

馬國驥年十八歲江蘇青浦縣人

侯德榜年十八歲福建侯官縣人

余文燦年十八歲廣東新寗縣人

王正序年十八歲浙江奉化縣人

取錄編入高等科第二年級學生計二十四名

李　昶年十八歲湖南長沙縣人

陸保琦年十八歲浙江烏程縣人

孫恩麐年十八歲江蘇高郵州人

鈕樹棻年十八歲浙江秀水縣人

唐　鉞年十七歲福建侯官縣人

黄漢河年十七歲福建同安縣人

王大亮年十八歲四川威遠縣人

鮑明鈐年十八歲浙江鄞縣人

程瀛章年十七歲江蘇震澤縣人

徐允鍾年十七歲直隸大興縣人

程錫騏年十八歲江蘇上海縣人

邱培瀾年十八歲浙江烏程縣人
潘文炳年十七歲江蘇新陽縣人
勞啟祥年十八歲湖南善化縣人
范　鐸年十八歲江西瑞昌縣人
周文剛年十八歲廣東順德縣人
蔡星五年十八歲廣東新寗縣人

許鼎基年十七歲浙江烏程縣人
吕彦直年十七歲安徽滁州人
張天祥年十八歲安徽建德縣人
李紹昌年十八歲廣東香山縣人
陳立廷年十八歲山東福山縣人
俞曹濟年十八歲浙江海寗州人

王文培年十八歲直隸深州人
取錄編入高等科第一年級學生計三十八名
鄭維藩年十八歲浙江嘉興縣人
常作霖年十七歲直隸撫寗縣人
馬善寳年十八歲山東歷城縣人
何　魯年十六歲四川成都縣人

吳欽烈年十八歲浙江諸暨縣人
凌　冰年十七歲河南固始縣人
李思廣年十八歲安徽石埭縣人
蔣正誼年十八歲江蘇武進縣人
江履成年十八歲福建閩縣人
陳鶴琴年十八歲浙江上虞縣人

裘汾齡年十七歲江蘇無錫縣人
壽頌萬年十八歲浙江諸暨縣人
陶景亮年十六歲江蘇長洲縣人
王鏗成年十八歲廣東東莞縣人
李　剛年十七歲直隸邯鄲縣人
福　源年十六歲滿洲廂黄旗人

林灤慶年十七歲江蘇上元縣人
金祥鳳年十八歲江蘇上海縣人
顧學海年十八歲浙江錢塘縣人
朱　端年十八歲江蘇無錫縣人
陳憲武年十八歲廣東香山縣人
鄒慰高年十七歲江蘇寶山縣人

丁　翼年十七歲浙江諸暨縣人
虞育英年十八歲安徽合肥縣人
俞希稷年十七歲安徽婺源縣人
李　崗年十八歲浙江歸安縣人
盧壽祺年十八歲江西上饒縣人
應尚才年十五歲浙江奉化縣人

胡政新年十七歲江蘇上海縣人
戴修驊年十八歲湖南武陵縣人
盧其駿年十八歲江西贛縣人
李權亨年十八歲廣東南海縣人
黄鳳華年十八歲廣東四會縣人
施　青年十七歲浙江錢塘縣人

陳紹舜年十八歲福建閩縣人
金岳霖年十六歲湖南長沙縣人
林兆銘年十八歲福建閩縣人
梁　驤年十八歲廣東嘉應州人
取錄編入中等科第五年級學生計二十四名
李光前年十七歲福建南安縣人
吳興業年十六歲直隸灤州人
汪悳章年十八歲江蘇元和縣人
劉永濟年十八歲湖南新寗縣人
吳　鼎年十七歲江蘇嘉定縣人
孫邁方年十七歲安徽壽州人
吳惠榮年十七歲江蘇吳縣人

張信元年十八歲直隸天津縣人
薛代章年十八歲江蘇崇明縣人
卞綬成年十八歲江蘇陽湖縣人
駱德武年十七歲湖南長沙縣人
魯　暹年十七歲浙江餘杭縣人
周　浩年十八歲江蘇江寗縣人
吳樹珏年十七歲四川安縣人
張樹棠年十八歲廣東長樂縣人
瞿　煒年十八歲江蘇崇明縣人
俞慶堯年十七歲江蘇太倉州人
王　冕年十八歲浙江樂清縣人
張祖詒年十八歲江蘇丹徒縣人

李應徵年十八歲廣東新寧縣人
王鎔經年十六歲江蘇吴縣人
鍾啓祥年十六歲廣東南海縣人
唐官賞年十八歲廣東香山縣人
楊炳畬年十八歲廣東香山縣人
取錄編入中等科第四年級學生計五名
姜榮光年十八歲四川安岳縣人
顧　璋年十八歲江蘇江寧縣人
王啓珅年十八歲湖南醴陵縣人
劉以琳年十八歲福建閩縣人
鄒輝寶年十八歲福建龍溪縣人

二二〇

學部爲咨行事。專門司案呈：案查前准兩江總督咨商選送暨南學堂最優等畢業學生六名赴美游學等因，當經本部電覆，准令來京應考游美第一格學生，或入清華學堂高等科肄業，並札送游美學務處收考在案。嗣因該生等程度畧有參差，計取入該校分插各班者僅有三名，尚有三名未經錄取。查此項學生業經部覆令其來京，應准一律收入清華學堂，酌量

程度插入較次各班肄業以資造就而
慰僑情除劄知游美學務處外相應
咨行
貴部查照可也須至咨者
右 咨
外務部
宣統叁年柒月 初八 日

二二一

和會司
呈為咨行事據廣東順德縣留學美國大學法政
理財科畢業生蔡曾庸呈稱竊生於光緒三十三
年由上海往美國入威士剛辛大學習法政理財
科考得學士碩士兩學位惟文憑內所書之名係
序東二字合併聲明現屆學部考試擬援照學
部奏定新章由出使各國大臣或各省督撫或各
部院堂官咨部送考等因前來除畢業文憑及出
使大臣証明書由該生自行呈驗外相應咨行
貴部查照收考可也須至咨者
學部
宣統三年七月 日

遊美學務處謹

呈爲申報事竊駐美遊學監督一差前派駐美使館參贊

容揆兼辦二年以來尚稱妥協惟現在學生日多事務益

繁非另派專員辦理不足以專責成而期周密查有美國

大學畢業生黄鼎福建人年三十八歲畢業回國十有四

年歷充山西大學堂上海梅溪書院及滬甯鐵路等差教

育素有經驗辦事亦甚勤敏以之派充駐美遊學監督洵

堪勝任擬比照使館參贊薪俸每月庫平銀五百兩折合

美金三百二十元房租公費每月美金一百元電報查學

等費應令實用實銷附粘單據報明本處查核分别准駮

以昭核實除申報

學部並咨行駐美出使大臣暨分行外理合具文呈報

鈞部核准備案須至申者

右　　呈

外務部

宣統三年七月十四日

二二三

片復内閣直督請奬教員裴愛仁等與章相符任納福既經病故可毋庸議由

行

外務部左侍郎胡

八月廿三日

行

外務部右侍郎曹

八月廿三日

和會司

呈爲片復事。接准

片稱：直隸總督片奏美國教員裴愛仁等請

奬寶星一片，宣統三年八月十六日奉

硃批：内閣查核具奏。欽此。原奏内開：裴愛仁等三員

請奬三等第一寶星，與定章係屬相符。至任納

福一員意在追卹惟各國通例凡得賞寶星者
身故尚應恭繳任納福業經病故該督所請礙
難核准從前遇有此等奏案係如何辦法相應
片行查明迅復等因前來查身故請獎寶星
本部向無辦過成案該洋教習任納福既已病
故自可毋庸置議其裴愛仁等三員寶星第
級核與定章相符相應片復
貴閣查照可也須至片者
內閣
宣統三年八月　日

宣統三年九月初旬下午德館[illegible]
顏參議接見，郝云，上海德國醫學堂現擬編譯
醫書，貴國學部名詞館已否編有該項專門名詞，
請即惠送一份，轉寄該學堂，以便通國醫學書所用
名詞，歸於一律。答以當函詢名詞館嚴提調，如果
已經編有此項名詞表，當即送一份去。
郝又問，現聞美國輪船公司業主大賴君，擬與中國
合資開設中美輪船公司，是否果有此事。答以此
係商業性質，本部並無所聞，不㨿深知如何情形。
郝又云，近聞美比兩國資本家，擬借給中國政府海
軍經費四千萬元，是否確有其事。答以本部並不
知有此事。
郝又云，本館近接駐濟南德領事來電，孫中丞擬向四
國息借款項，修造沂濟等四條鐵路，並稱當向北京政
府力助此議云云，貴部知有此事否。現在時局艱難，諒貴
國政府刻尚無暇及此。答以本部並未聞知，想此時政府，
亦無暇提及此事也。
又問以濟浦事，哈大臣於本部[illegible]七派

工程，只得隱道之允許，不能舉[illegible]成，郝
云，本館近接上海德總領事來電，該處德商亦不反對此
節，聞以哈大臣之意如何。郝云，諒哈大臣亦不至反對，惟須
得本國外部之允許。又問以哈大臣業與朱大臣接洽否，
郝云，並不知，惟一二日內外交團為借南京現洋，接濟事，將
開會議，想此事亦必提及。
郝又云，本館接宜昌德領事電，稱該處已為叛兵佔據，並
有鐵路工人一萬五千名，因不能支領現洋，頗為鼓噪，事甚
可慮。又云，膠州與漢口設有無線電報，惟日內無甚消息。
又寒暄數語而去。

二二五

遊美學務處謹

呈爲申呈事前奉

鈞諭於清華學堂幼年生中擇取功課最好成績優美者

送赴美國肄業等因遵即委託該堂中等科第一二三年

級各科教員各就本班學生中擇功課最佳者列單保薦

復由本處擇傳面試業經選得國文英文成績較優年齡

合格之薛學海等十四名遣派赴美肄業所有此次選派

幼年學生赴美情形除申報

學部外理合開具清摺申請

大部鑒核備案須至申者

右　　申　附清摺一件

外　務　部

宣統三年九月初三日

附件

謹將赴美幼年學生履歷清摺開具於左

薛學海年十四歲江蘇無錫縣人

范瀚增年十四歲江蘇上海縣人

胡光麃年十四歲四川廣安州人

盧壽澄年十六歲福建南臺縣人

陳宏振年十四歲福建閩縣人

蔡　雄年十五歲浙江歸安縣人

黄季巖年十五歲廣東東莞縣人

郭錫朋年十五歲河南西華縣人

李　達年十五歲江蘇吴縣人

潘家洵年十五歲江蘇吴縣人

余箕傳年十四歲湖南長沙縣人

陳蘇孫年十二歲福建侯官縣人

楊士孝年十四歲湖南湘潭縣人

李郭舟年十五歲廣東駐防旗人

二二六

肇翁大君子大人閣下夙叨
雅愛感不去心比維
勛祺懋介爲頌兹有啟者海瀾在京承辦滙文學堂
卅載於兹叨賴
政界諸大君子格外照拂用得竭力職務頗見成
效惟以地址偪狹不能再加擴充往往阻來遊者向
學之志寸衷時抱不安近知左一區地方有
國家鑄錢局一所停廢已久房舍均皆頹壞若蒙

將此廢址賞給敝堂以為增修高等學舍之用
必於教育前途大有裨益伏念我
華美二國睦誼素敦文化交輸
朝廷曾設留美專科仰見不分畛域之至意海瀾此
為仰贊
德化起見想
大部主持公益必不斥為非分干請不揣冒昧用敢
瀆懇祈

閣下不外遠人據情回
堂如蒙
俯允則異日見有效果皆出
大德所賜矣肅此恭請
鈞安伏維
惠鑒不戾

滙文學堂校長劉海瀾謹上

附件

H. H. LOWRY.

PRESIDENT
PEKING UNIVERSITY

PEKING, CHINA.

劉海瀾

字信濤京師匯文大學堂監督

二二七

陸軍部　為

咨呈事本部於宣統三年七月初七日奏留軍醫學堂
教習翰林院檢討方擎暫緩赴美一片本日奉
旨依議欽此業經咨行欽遵在案查現時湖北用兵軍醫人員
不敷調遣當將軍醫頭班學生派往各處醫院以資應
用堂中功課已不吃緊該員係由
貴部奏派赴美研究醫學自應遵照前往除札軍醫
學堂外相應咨呈

貴部查照飭遵可也須至咨呈者

右咨呈

外務部

宣統三年九月貳拾貳日

監印官福肇

二二八

The American Minister has the honor to enclose herewith a letter addressed to Mr. Ying Hsing-wen, a returned student who studied at the United States Military Academy at West Point, with the request that it be transmitted to the Ministry of War for forwarding to the addressee. The American Minister regrets that he is not aware of the Chinese characters composing Mr. Ying Hsing-wen's name.

Mr. Calhoun avails himself of this opportunity to renew to the Ministry of Foreign Affairs the assurance of his highest consideration.

Enclosure: One lettor.

Peking, January 29, 1912.

附件

逕啟者，兹有

貴國學生應興文，係在本國官立武備學堂肄業，現寄來洋函一件，希函送陸軍部，請其代爲轉送。惟該學生姓名是否即此應興文三字，本大臣無由得悉，兹將英文原信奉上，即希

查照，是荷。此佈，順候

日祉。附洋文並洋函一件

嘉樂恒啟 十二月拾壹日

美國使署

二二九

函陸軍部

敬啓者，接准美嘉使函稱：在本國官立武備學堂肄業學生應興文寄來洋函一件，希函送陸軍部代爲轉送。惟該學生姓名是否即此三字，無由得悉等因。特此函送貴部查明轉送，並見復是荷。順頌公祺。附洋文函

外務部公啓

宣統三年十二月　日

Editorial Name List of Volume V

A SERIES OF DOCUMENTS ILLUSTRATING THE DIPLOMATIC RELATIONS BETWEEN CHINA AND FOREIGN COUNTRIES IN THE QING DYNASTY

CORRESPONDENCE BETWEEN CHINA AND UNITED STATES

VOLUME V

EDUCATION

THE FIRST HISTORICAL ARCHIVES OF CHINA
PEKING UNIVERSITY, CHINA
LA TROBE UNIVERSITY, AUSTRALIA